Teatro Sempre

Coleção Estudos
Dirigida por J. Guinsburg

Equipe de realização – Revisão: Soluá Simões de Almeida; Produção: Ricardo Neves e Raquel Fernandes Abranches.

Sábato Magaldi

Teatro Sempre

Dados Internacionais de Catalogação na Publicação (CIP)
(Câmara Brasileira do Livro, SP, Brasil)

Magaldi, Sábato
Teatro sempre / Sábato Magaldi. — São Paulo :
Perspectiva, 2006. — (Coleção estudos ; 232 / dirigida por
J. Guinsburg)

ISBN 85-273-0763-4
1. Crítica teatral 2. Teatro – Brasil – História
I. Guinsburg, J.. II. Título. III. Série.

06-4129 CDD-792.0981

Índices para catálogo sistemático:
1. Brasil : Teatro : História e crítica
792.0981

EDITORA PERSPECTIVA S.A.
Av. Brigadeiro Luís Antônio, 3025
01401-000 – São Paulo – SP – Brasil
Telefax: (0--11) 3885-8388
www.editoraperspectiva.com.br
2006

Para

Wilson Figueiredo
Autran Dourado
Jacques do Prado Brandão
amigos da adolescência e da vida inteira

Sumário

Introdução

Um jornalista especializado publica, ao longo dos anos, numerosos comentários, cujo destino será o mesmo do veículo que o acolheu. Quem deseja procurar algo que não guardou precisa deslocar-se até a sede do órgão da imprensa ou à biblioteca pública, se é que ela dispõe das várias coleções de jornais. Sendo difícil essa tarefa, cabe admitir que um autor resolva reunir suas colaborações, que freqüentemente também permanecem inéditas, porque transmitidas apenas em palestras.

Esse critério, que pertence ao princípio da possível utilidade, e não ao da perfeição literária, foi o que presidiu à fatura deste livro, como à de *Depois do Espetáculo*, vindo a lume em 2003 pela mesma editora Perspectiva. Registra-se a diversidade dos temas teatrais, de acordo com os estímulos momentâneos surgidos. Vários nomes são retomados, mas de um ângulo diferente, na tentativa de enriquecer a visão antes exposta. Espero que ao menos um ou outro capítulo corresponda ao interesse do leitor.

Introdução

1. De Anchieta a Artur Azevedo

Entende-se por teatro brasileiro aquele que foi realizado, a partir das últimas décadas do século XVI, segundo modelos europeus. Os indígenas tinham as suas manifestações artísticas, sobretudo de dança e canto, mas elas não se comunicaram ao nosso palco. Os jesuítas, no propósito de catequese do gentio e de censura aos costumes dos portugueses transferidos à colônia, utilizaram com inteligência a forma dramática, inspirada nos autos de Gil Vicente (1470-1537) e, por extensão, do teatro religioso medieval, quando já se impusera, entre outras, a dramaturgia elisabetana. Cabe ponderar, entretanto, que as peças de José de Anchieta (1534-1597), de composição ingênua e tosca, sem apuro estético evidente, só poderiam ter sido produzidas no Brasil.

A "nacionalização" do auto anchietano, em face do europeu, se prende a vários fatores: as representações eram circunstanciais, isto é, se ligavam a um acontecimento local específico, desde a chegada de um padre ou de uma relíquia das Onze Mil Virgens, à festa do Santo padroeiro; dirigindo-se o espetáculo a um público variado; acolhia o plurilingüismo (o português, o castelhano e o tupi) e, se os espectadores eram apenas índios, unicamente a sua língua, para total eficácia da comunicação; e, afeiçoando a estrutura do auto ao gosto indígena, o desfecho aproveitava com freqüência a dança.

Em Gil Vicente, as classes elevadas, de acordo com os hábitos da corte, falam o castelhano, enquanto o português é o idioma do povo. Anchieta dá uma explicação, em *Na Vila de Vitória*, para não se circunscrever ao vernáculo. O Governo indaga à Villa de Victoria: "pois que sois de Portugal, / como falais castelhano?" Ao que ela replica: "Porque quiero dar su gloria / a Felipe, mi señor, / el qual siempre es vencedor, / y por él habré victoria / de todo perseguidor. / Yo soy suya, sin porfia, / y él es mi rey de verdad, / a quien la suma bondad / quiere dar la monarquia / de toda la cristiandad". A supremacia da religiosidade confere a Filipe II, de Espanha, o poder soberano, além do que Portugal e suas colônias passaram, em 1580, para o domínio espanhol.

Das oito obras mais caracteristicamente teatrais preservadas da criação de Anchieta, *Na Festa de São Lourenço* se distingue pela complexidade e pelo interesse. Encenada em 1583 ou pouco antes, no terreno da Capela de São Lourenço, em Niterói, destinava-se a prestar homenagem ao santo, na tradição medieval de celebrarem os burgos, no palco, os feitos dos padroeiros, nos dias a eles consagrados.

Com o martírio de São Lourenço, três diabos desejam destruir a aldeia pelo pecado. Guaixará, o rei, e Aimbirê e Saravaia, seus servidores, têm os nomes tirados de índios tamoios, que se aliaram aos conquistadores de França contra os portugueses. Para assegurarem sua supremacia, os demônios pregam a permanência dos velhos costumes indígenas, estimulando a bebida de cauim, o hábito do fumo, a prática de curandeirismo. Guaixará fala: "De enfurecer-se, andar matando, / comer um ao outro, prender tapuias, / amancebar-se, ser desonesto, / espião, adúltero / – não quero que o gentio deixe". Quando se dispõe a assaltar a aldeia, São Lourenço vem em defesa dela, e os diabos são aprisionados, com a ajuda do Anjo e de São Sebastião. Num anacronismo que dá bem a medida de que o auto de inspiração medieval menospreza o realismo em favor da perspectiva da eternidade, a trama inclui os imperadores romanos Décio e Valeriano, impenitentes perseguidores dos cristãos.

A elaboração literária, ainda que elementar, está presente no contraste com que são caracterizados os imperadores: Valeriano treme de medo, ao passo que Décio se vangloria de poder ser quase igual aos deuses, numa soberba que a tragédia grega já punia sem apelo. Não se trata de um só diabo, personificação abstrata do real, mas de três demônios, coadjuvados por auxiliares menores, e eles se definem por vícios humanos, como a covardia, a bebedeira e a mentira. Anchieta não observa o preceito da verossimilhança: Aimbirê dá lição moral, em castelhano, a Décio, e Valeriano replica ao diabo em tupi... Tudo se subordina ao intuito apologético e o espetáculo visava a fortalecer, no público, o desejo de não abandonar os preceitos religiosos.

Os índios, preparados pelos padres, interpretavam diversos papéis, assumindo mais intimamente os ensinamentos filtrados pelos diálogos. Os elencos não contavam com a participação de mulheres. E a cenografia não se continha, forçosamente, num espaço fechado. No recebimento que fizeram os índios de Guaraparim ao padre provincial Marçal Beliarte, passou-se do porto ao caminho que levava à igreja, concluindo-se o diálogo no terreno fronteiro a ela. A escassez de elementos construídos conferia à natureza o papel de pano de fundo para a representação.

O teatro jesuítico não deixou descendência e pouco se conhece da atividade cênica desenvolvida nos séculos XVII e XVIII, por certo em virtude da escassez de documentos. Não se pode considerar dramaturgia *Hay Amigo para Amigo* e *Amor, Enganos y Celos*, do baiano Manuel Botelho de Oliveira (1637-1711), réplicas respectivamente de Zorrilla e Montalván, ainda que se pretenda intitulá-lo o primeiro comediógrafo brasileiro. Nenhuma certeza existe a respeito de sua encenação e o próprio gênero que lhes atribuiu o autor – "descante cômico reduzido em duas comédias" – as afastaria do destino do palco. A verdade é que dificilmente suas personagens se sustentariam de pé em cena.

Edições esparsas, relativas a festas de casamentos de príncipes ou em honra de uma autoridade, dão conta de espetáculos teatrais, num programa formado ainda por procissões, compostas de danças e bailes, por cavalhadas e touradas etc. Nas *Crônicas do Cuiabá*, de José Arouche de Toledo Rendon, a cujo manuscrito o prefaciador A. de Toledo Piza acrescentou a descrição de festas celebradas em 1790, em honra do ouvidor Diogo de Toledo Lara Ordonhes, fica patente o vulto da parte teatral, constituída de 14 montagens diferentes, entre 8 de agosto e 11 de setembro. Mencionam-se os títulos das obras, entre as quais a tragédia *D. Ignez de Castro*, a comédia *Tamerlão*, a ópera *Ésio em Roma*, o entremez dos *Sganarellos*, e o único autor citado é Voltaire, de quem se representou a tragédia *Zaíra*. O comentarista alude ao talento dos intérpretes (os papéis femininos estão a cargo de homens), e a análise de *Tamerlão na Pérsia*, representada por crioulos, fornece curioso testemunho: "Quem ouvir falar neste nome dirá que foi função de negros, inculcando neste dito a idéia geral que justamente se tem que estes nunca fazem cousa perfeita e antes dão muito que rir e criticar. Porém não é assim a respeito de um certo número de crioulos que aqui há; bastava ver-se uma grande figura que eles têm; esta é um preto que há pouco se libertou, chamado Victoriano. Ele talvez seja inimitável neste teatro nos papéis de caráter violento e altivo. Todos os mais companheiros são bons e já têm merecido aplausos nos anos passados"'.

Preservou-se o drama *O Parnaso Obsequioso*, do árcade e futuro inconfidente Cláudio Manuel da Costa (1729-1789), escrito "para se recitar em música" na cidade de Vila Rica, atual Ouro Preto, em 5 de dezembro de 1768, data do aniversário de D. José Luís de Meneses, Conde de Valadares, governador e capitão-general de Capitania de Minas Gerais. No cenário do Monte Parnaso, Apolo, Mercúrio, Calíope, Clio, Talia e Melpomene louvam o aniversariante, novo governador da capitania. O tom bajulatório é a norma das manifestações públicas da época, deixando, por isso, de ser estranhável. Falta teatralidade ao verso duro, e essa obra circunstancial não deve exemplificar o teatro dos ótimos poetas árcades, tradutores de Metastásio e Maffei. A casa de espetáculos de Ouro Preto é considerada a mais antiga da América do Sul.

O século XVIII assistiu à instalação, em muitas cidades, de um teatro regular, em "casas da ópera", especialmente edificadas. Mas as informações históricas são imprecisas e não se sabe, por exemplo, se a Ópera dos Vivos, cuja existência se deduz de menção a uma rua com o seu nome, em 1748, é a mesma Casa da ópera, dirigida pelo Padre Ventura, no Rio de Janeiro. Esse religioso é tido como o mais antigo entre os brasileiros que realizaram espetáculos teatrais na cidade. As noticias, incertas, mencionam que, além do padre, eram mulatos os outros atores, e o desempenho pecava por não ultrapassar o estádio de rudimento. Um incêndio destruiu a Casa da Ópera em 1769, possivelmente quando se encenava a peça *Os Encantos de Medéia*, de Antônio José, o Judeu. Construíram salas especializadas, além do Rio, de Vila Rica e outras, as cidades de Diamantina, Recife, São Paulo, Porto Alegre e Salvador.

Esse surto imobiliário ajudava a estabilizar-se a atividade cênica em trabalho regular. Mesmo que sejam insuficientes os documentos a respeito da vida teatral então desenvolvida, pode-se deduzir que ele criou as condições objetivas para o aparecimento posterior de autores e elencos especializados. Uma consciência teatral se formará na primeira metade do século XIX, na esteira da independência política, proclamada em 1822, despertando todas as potencialidades da nova nação.

O teatro já conhecera certo progresso a partir de 1808, com a transferência da corte portuguesa para o Rio, ao escapar da invasão napoleônica. D. João VI, empenhado em viver numa sede mais civilizada, acresceu às medidas políticas e econômicas a criação de bibliotecas, museus, jornais e escolas superiores, e o incentivo da vida artística, dentro da qual prosperou o palco. Por outro lado, o romantismo, que valorizava por toda parte as fontes nacionais, ajudou no Brasil a formar-se uma consciência de país, e começou a consolidar-se, nos vários campos, a atividade cênica.

O ator João Caetano dos Santos (1808-1863), cansado de desempenhar papéis menores em conjuntos portugueses, formou, em 1833, uma companhia brasileira, a fim de "acabar assim com a dependência de atores estrangeiros para o nosso teatro". Lutador infatigável, escreveu em *Memória* ao marquês de Olinda que "sem um teatro nacional, sustentado pelo Governo, não poderá progredir a escola, morrendo sempre o país à míngua de atores e autores". Se ele não conseguiu sensibilizar as autoridades e faleceu na maior pobreza, ficou para a posteridade como a imagem do grande ator trágico, talhado para viver os heróis shakespearianos (de fato, João Caetano foi um excepcional

Otelo, embora na versão edulcorada de Ducis). Criticado por muitos por abrir mais espaço aos dramalhões franceses que às peças nacionais, seu nome se vincula, no entanto, a dois acontecimentos fundamentais da nossa literatura dramática: a estréia, a 13 de março de 1838, da peça *Antônio José ou o Poeta e a Inquisição*, de Gonçalves de Magalhães, e, a 4 de outubro daquele ano, da comédia *O Juiz de Paz na Roça*, de Martins Pena.

No prefácio de *Antônio José*, Magalhães (1811-1882) registra: "Lembrarei somente que esta é, se me não engano, a primeira tragédia escrita por um brasileiro, e única de assunto nacional". Outra observação curiosa do autor: "Ou fosse pela escolha de um assunto nacional, ou pela novidade da declamação e reforma da arte dramática (substituindo a monótona cantilena com que os atores recitavam seus papéis, pelo novo método natural e expressivo, até então desconhecido entre nós), o público mostrou-se atencioso, e recompensou as fadigas do poeta". Ainda que ele chefiasse o grupo literário que introduziria, entre nós, o romantismo, acrescenta, no prefácio: "Eu não sigo nem o rigor dos clássicos nem o desalinho dos segundos (os românticos). [...] antes, faço o que entendo, e o que posso. Isto digo eu aos que ao menos têm lido Shakespeare e Racine".

É discutível que o tema do texto seja nacional, pois Antônio José, nascido no Rio de Janeiro, transfere-se menino para Portugal, a cuja História do Teatro pertence sua obra, e toda a ação transcorre em Lisboa. Do romantismo, a peça apresenta uma característica expressa por Victor Hugo no prefácio de *Cromwell*: "le beau n'a qu'un type; le laid en a mille" ("o belo só tem um modelo; o feio tem mil"). Por isso, o propulsor da ação é o mau Frei Gil, que persegue Antônio José, pelo desejo de conquistar a atriz Mariana, amada do dramaturgo, e não porque ele praticaria o judaísmo. Repelido em seu intento tortuoso, o frade vilão quer encerrar o judeu nos cárceres inquisitoriais. Quando os familiares do Santo Ofício prendem o indefeso autor, Mariana morre instantaneamente – recurso fantasioso, como de resto parece arbitrária toda a trama –, muito mais um golpe teatral que uma peripécia coerente com a natureza da heroína. Golpe, de qualquer forma, que traz para frei Gil a revelação fulminante de sua culpa e, se não poupa Antônio José da morte na fogueira, ao menos restaura a moralidade, pelo arrependimento e pela penitência do pecador, devolvido ao seio da Igreja.

Na tragédia *Olgiato*, cujo argumento foi tirado da história milanesa, Magalhães esqueceu o assunto nacional, colocando mais uma vez, como pano de fundo da história, um vilão, no caso o Duque Galeazzo Sforza, que não aparece entre as personagens, nos mesmos moldes de Pompeu, título de obra de Corneille. O autor assim se justifica: "Se eu introduzisse Galeazzo em cena, ver-me-ia forçado, para conformar-me ao gosto do tempo, a dar-lhe o seu torpe e infame caráter; o que, além de vexar o ator que o interpretasse, incomodaria os espectadores e ofenderia a moral pública, coisa de que tão pouco entre nós se cuida. Seria talvez nímio escrúpulo de minha parte, mas, que jogo de cena poderia haver com um tigre que ia direito ao crime, de que alardeava?" Fiel ao seu temperamento mais neoclássico, Magalhães leva adiante o raciocínio: "Não me desgosta o emaranhamento e complicação do enredo dramático, nem me desagrada a barafunda romântica; mas dou todo o devido apreço à simplicidade, energia e concisão das tragédias de Alfieri e Corneille".

Enquanto *Antônio José* pinta o desenvolvimento da ação maléfica de Frei Gil, *Olgiato* constrói sua trama a partir do dever superior de libertar a corte do tirano. Privilegia-se, assim, a nobreza dos caracteres, o desprendimento das recompensas terrenas, a noção de honra, expressa na sentença do protagonista: "a morte é dura! mas a glória eterna". Abatido o duque, os libertadores são vítimas da incompreensão popular, e vão perecer no cadafalso, sem o que se fugiria ao esquema normal da tragédia.

Ninguém hoje, no Brasil, se anima a encenar Gonçalves de Magalhães, relegado ao escaninho dos marcos históricos, sem vitalidade para seduzir as novas platéias. Pode-se supor, no entanto, que uma montagem vigorosa quebraria a frieza e o cerebralismo que ressecam as duas tragédias.

Com Martins Pena (1815-1848), ocorreu fenômeno oposto ao lançamento de Magalhães. Nenhum manifesto propondo nova escola, mas estréia anônima em que seu nome nem constava do cartaz. Na curta existência de 33 anos, minada pela tuberculose, ele teve oportunidade, porém, de escrever obra numerosa, constituída de 20 comédias e seis dramas. E que traçou as linhas fundamentais da nossa comédia de costumes, cultivada no século XIX e sobrevivendo, apesar das alterações normais de gosto, até os dias de hoje. Não seria absurdo afirmar que a comédia inaugurada por Martins Pena é o gênero mais genuinamente brasileiro.

Todos os estudiosos citam o historiador literário Sílvio Romero, que julgou a obra do comediógrafo o painel histórico da vida do país, na primeira metade daquele século. Ainda agora é válida a observação segundo a qual "parece que o dramatista brasileiro está vivo entre nós e escreveu hoje as suas comédias". O retrato que faz Pena da sociedade de seu tempo não se diferencia muito de um que poderia ser realizado em nossos dias, salvo as cores mais carregadas, libertas de traços românticos, necessárias à verossimilhança atual.

Esse ponto de vista não é devedor de uma focalização sociológica da arte. Porque interessa, com o material manipulado, o resultado artístico, sem dúvida o fundamental para o autor. Fica patente, de qualquer modo, que as comédias parecem ter nascido de um projeto global muito claro, em que estava em jogo um inventário completo de vida brasileira. Tudo o que propiciasse exploração cômica, em qualquer área, sensibilizava Martins Pena.

Para se ter uma idéia da temática, seguem-se as principais constantes da obra. O comediógrafo opunha o estrangeiro ao brasileiro, desejando o primeiro tirar sempre vantagem das reservas inexploradas do país. Naquele momento, proclamada a Independência, já não era o português o inimigo, mas o inglês, empenhado em estender por toda parte as garras imperialistas. Em outro grupo de peças, a corte contrapõe-se ao sertão, e o homem "civilizado" é esperto e inescrupuloso, ao passo que o interiorano se distingue pela ingenuidade e pela rudeza, a que não faltam o bom caráter e o respeito à palavra dada.

Martins Pena faz questão de criticar os três poderes. O Executivo está exemplificado em funcionários corruptos, que tiram partido da função estatal. O Legislativo recebe o seu quinhão de sátira, pela inutilidade dos discursos dos deputados. Até o Judiciário toma decisões menos inspiradas nas leis que no miúdo interesse pessoal dos magistrados. Não se poupa nenhuma profissão.

Não será sem propósito afirmar que a observação do mundo à volta antecipa, em Martins Pena, algumas características do realismo. A inspiração romântica se encontra sobretudo na pintura do amor, sentimento dos jovens, coroado pelo *happy end*, depois dos obstáculos opostos pelo interesse paterno. O comediógrafo se mostra implacável, também, com as inclinações serôdias, cobertas sempre pelo ridículo.

No drama, o autor foi muito menos feliz. Isto é, ele se perdeu por completo nas intrigas mirabolantes e inverossímeis, a ponto de incorrer sempre em deslavado dramalhão. No centro da trama, ele punha o conflito entre o vilão e o nobre de alma, não recuando ante os motivos mais rocambolescos. É de tal forma insustentável a condução das histórias que, ao ser apresentado há algumas décadas um desses dramas, o encenador optou pela paródia, alcançando, aliás, efeito bastante curioso.

Menciona-se que o ator João Caetano definia as comédias de Martins Pena como "pachouchadas". Por outro lado, ele o cognominou também "o Molière brasileiro". Em um e outro conceitos, há evidente exagero. Não se pode menosprezar o criador de um gênero que, não obstante certo primarismo e ingenuidade, jorrava uma seiva espontânea, e alcançava segura eficácia cômica. Longe está ele, também, do Molière da grande fase, insuperável na pintura de caracteres como o Tartufo, o Misantropo e Don Juan. A psicologia de Pena não vai além da elaboração de tipos, que mal arranham a superfície dos indivíduos. Ainda assim, são muito vivas as composições dos médicos (na eterna crítica à Medicina, um hidropata se imiscui no debate entre a alopatia e a homeopatia, pregando as virtudes da água como panacéia universal), do diletante (o maníaco de música), do ciumento (um Otelo cômico) etc. etc.

Nem os vícios atingem estatura superior, bastando-se no território da mediocridade. Espertalhões, pequenos contrabandistas, juiz de paz que se vende em troca de uma vantagem irrisória, falsificadores menores, irmãos que desviam dinheiro das almas, desonesto caixeiro de taverna, meirinhos prevaricadores – essa a fauna de que se valeu o comediógrafo, numa imagem bem pouco abonadora das características do brasileiro.

A comédia ganha interesse, pelo mecanismo teatral posto em prática. O diálogo é ágil, direto, vibrante, não se perdendo em retórica. Martins Pena inaugura, em nosso palco, a tradição da linguagem cênica espontânea, que parece colhida na rua e não de torneios verbais pejados de artificialismo. Em *O Cigano*, o cocheiro de ônibus, tipo bem carioca, assim se dirige à moça: "Vidoca, cá o rapaz é filósofo, e filosofia primeiro que tudo. O casamento não é negócio de estucha".

Sob um certo prisma, Joaquim Manoel de Macedo (1820-1882), popularizado aos 24 anos de idade com a publicação do romance *A Moreninha*, continua a comédia de costumes lançada por Martins Pena. Só que ela é menos ingênua que a do antecessor (o que representaria um progresso), mas abdica também da originalidade, num ecletismo que desfigura a própria fisionomia. Não reconhecer que ele escreveu alguns dos nossos melhores textos do século XIX significaria, por outro lado, injustiça histórica, embora sua obra, concedendo ao gosto menos exigente do público, se perde freqüentememte em facilidades.

Iniciando-se no palco aos 29 anos, quando já era festejado como romancista, tentou primeiro o drama, em *O Cego*, recebido com frieza, e a seguir a "ópera" *O Fantasma Branco*, farsa que agradou principalmente pela personagem Tibério, soldado fanfarrão cujo modelo remonta à Comédia Nova grega. Mas a primeira contribuição expressiva de Macedo está presa a um acontecimento histórico de relevo: com a "ópera" *O Primo da Califórnia*, "imitada do francês" (*L'Oncle d'Amérique*, de Scribe), abriu-se em 12 de abril de 1855 o Ginásio Dramático, transpondo para o Rio de Janeiro as conquistas do *Gymnase* parisiense. O dramalhão histórico e a tragédia clássica, terreno em que frutificou a carreira de João Caetano, cederam lugar ao repertório com personagens modernas, talhadas ao gosto do dia. Os "dramas de casaca" – alusão ao vestuário elegante do momento – povoaram o novo palco. Essa renovação se fez por obra da atriz Maria Velluti, desligada da Cia. João Caetano, sob a responsabilidade financeira do dinâmico empresário Joaquim Heliodoro, que se valeu a princípio do ensaiador francês Emílio Doux, responsável pela nacionalização completa de um espetáculo parisiense da atualidade. O desempenho natural e a iniciativa moralizadora e civilizadora marcaram a reforma realista, nos moldes da nova escola francesa, impondo também o nome dos artistas Furtado Coelho, Gabriela da Cunha, Adelaide Amaral e Joaquim Augusto Ribeiro de Sousa.

O Primo da Califórnia, cuja matriz, além da fonte francesa próxima, é *Volpone*, de Ben Jonson, tem como alvo a sociedade hipócrita, que cultiva as aparências, em detrimento do valor legítimo. Sofre todas as privações o músico Adriano Genipapo, por estar acometido, no dizer da criada, da "tísica das algibeiras". Brincadeira inocente leva os amigos a inventar para ele uma herança e, a partir da impostura, tudo muda em sua vida: os credores passam a colaborar com ele, permitindo a criação de sólida economia. Editam-lhe a obra, trazem-no para a orquestra, e o pária da sociedade se transforma em respeitável cidadão. Só o dinheiro deixa aparecer o talento. O protagonista não perderia a oportunidade para moralizar: "Este mundo tem uma alma de bilhetes de banco e um coração de monjolo:"

Não conhecendo o favor do público, em tentativas sérias como *O Cego* e *Cobé* (drama indianista), Macedo preferiu voltar a temas já gastos, mas capazes de sensibilizar a platéia. Surgiu *Luxo e Vaidade*, título que representa um alvo para o moralista. Uma família ostenta suposta nobreza, com o objetivo de alcançar casamento vantajoso para a filha. Quase a destrói a ruína, quando um parente, rico fazendeiro em Minas, a salva de maneira providencial, comprovando uma vez mais a virtude do campo, contra os ilusórios valores da cidade. Sentenças éticas, nutridas de lugares-comuns, acompanham os acontecimentos. Na mesma senda, *Lusbela* dramatiza a expiação de uma decaída – uma das numerosas versões brasileiras de *A Dama das Camélias*. O autor condena a sociedade impiedosa, cuja intransigência gera terrível tragédia. A concessão, escondida sob a capa do sentimento generoso, não deixa de ser apontada pelo severo crítico Machado de Assis, que registra a fragilidade dos recursos melodramáticos de Macedo.

Como, então, afirmar que se devem ao dramaturgo alguns dos melhores textos do século passado? Entre eles cabem ser mencionados *A Torre em Concurso*, que volta freqüentemente ao cartaz, *Romance de uma Velha* e *Cincinato Quebra-Louça*, de maior elaboração literária, longe dos excessos farsescos habituais, *O Macaco da Vizinha* (atribuído ao autor) e *A Moreninha*, que ele próprio adaptou ao palco (depois de duas versões assinadas por outros nomes), mais de trinta anos após o aparecimente do livro.

Em *A Torre em Concurso*, numa cidadezinha do interior pretendem construir a torre da igreja, mas o edital estabelece que deve ser inglês o engenheiro, exprimindo o complexo de inferioridade nacional, que só reconhece qualidade no alienígena. Eis aí um pretexto admirável para dois espertalhões nacionais passarem por estrangeiros, desmoralizando a lei e a mentalidade tacanha expressa pela exigência. Dois partidos formam-se, para sustentar um e outro candidatos, e, quando pareceria inevitável a condenação de semelhante processo eleitoral, o autor comenta, por meio de um porta-voz: "O sistema eleitoral é a bela e grandiosa consagração da soberania do povo; é o órgão pelo qual a voz da nação se faz ouvir... [...] Ai de nós se se devesse julgar o sistema eleitoral por essas saturnais, que se mascaram com o nome de eleições! [...] porventura o medonho tribunal da Inquisição com as suas torturas, as suas fogueiras e os seus horrores pode manchar a pureza da santa lei de Cristo?". A facilidade "burlesca" da peça, entre outros defeitos, não empana a objetiva crítica dos costumes, consolidando a tradição iniciada por Martins Pena. Daí ser justo considerar *A Torre em Concurso* a melhor comédia de Macedo.

Ao adaptar para o palco *A Moreninha*, o dramaturgo preservou-lhe o encanto romântico, ainda que admitisse localizar realisticamente a ação na Ilha de Paquetá (não mencionada no romance) e os estudantes dialoguem com francesas, que não constam do original. A força propulsora da história continua a idéia de fatalização romântica de dois seres, marcados um para o outro desde crianças. Na descoberta infantil, o casal troca juras e relíquias. A vida significa separação, que deixa ambos insatisfeitos. Augusto, desconhecendo o nome da eleita, gasta-se em amores passageiros, até que encontra Carolina, com quem quase trai a lembrança da meninice. Providencial a fidelidade ao passado, que faculta o "reconhecimento", nos adolescentes, das crianças apaixonadas, não traídas pela nova inclinação, apenas confirmadora de um impulso irresistível. A reincidência do "encontro" testemunha a eternidade de um sentimento fatal – romantismo do amor absoluto, superior a quaisquer desvios da existência insatisfatória. Nessa bonita crença, acima da oratória sentenciosa, reside o charme do ficcionista Joaquim Manuel de Macedo.

Dramaturgo de envergadura superior é sem dúvida José de Alencar (1829-1877), embora ele se tenha dedicado ao teatro apenas dos 28 aos 32 anos, abandonando-o, para dar prosseguimento à carreira de ótimo romancista, porque "já me havia de sobra convencido que a platéia fluminense estava em anacronismo de um século com as idéias do escritor". Não são por certo as discutíveis idéias estéticas do autor a razão de sua superioridade, mas o seguro instinto do palco, a inteligência do diálogo e o talento perspicaz do ficcionista.

A análise que empreende Alencar da situação do nosso teatro, além de superficial, aponta para um ideário dramatúrgico inaceitável. Escreveu ele:

> No momento em que resolvi escrever *O Demônio Familiar* [sua segunda peça], sendo minha tenção fazer uma alta comédia, lancei naturalmente os olhos para a literatura dramática do nosso país em procura de um modelo. Não o achei; e verdadeira comédia, a reprodução exata e natural dos costumes de uma época, a vida em ação não existe no teatro brasileiro. Dois escritores, é verdade, começaram entre nós a escrever para o teatro; mas a época em que compuseram as suas obras devia influir sobre a sua escola.
>
> O primeiro, Pena, muito conhecido pelas suas farsas graciosas, pintava até certo ponto os costumes brasileiros; mas pintava-os sem criticar, visava antes ao efeito

cômico do que ao efeito moral; as suas obras são antes uma sátira dialogada, do que uma comédia.

Depois de Pena veio o Sr. Dr. Macedo, que, segundo supomos, nunca se dedicou seriamente à comédia; escreveu em alguns momentos de folga duas ou três obras que foram representadas com muito aplauso.

Não achando pois na nossa literatura um modelo, fui buscá-lo no país mais adiantado em civilização, e cujo espírito tanto se harmoniza com a sociedade brasileira: na França.

Completa Alencar seu raciocínio: "a escola dramática mais perfeita que hoje existe é a de Molière, aperfeiçoada por Alexandre Dumas Filho, e de que a *Question d'Argent* é o tipo mais bem acabado e mais completo". O autor de *A Dama das Camélias* incorporava, segundo o discípulo brasileiro, a naturalidade ao teatro, o qual passou a reproduzir "a vida da família e da sociedade, como um daguerreótipo moral". "O *jogo de cena*, como se diz em arte dramática, eis a grande criação de Dumas". Acrescentando a esses princípios o conceito segundo o qual o teatro é uma escola, Alencar pautou a trama de suas peças, que entretanto não sucumbem ao propósito ético, mercê da espontaneidade do ficcionista, incapaz de deturpar as histórias em benefício de fins moralizadores.

Verso e Reverso, a primeira incursão cênica de Alencar, define-se como belíssimo cântico de amor do provinciano ao Rio de Janeiro. Um jovem estudante paulista só enxerga defeitos na metrópole. Ao descobrir seu amor pela prima, tudo se transforma, e o que antes desagradava se enche de encanto. A intenção do escritor, entretanto, fora a mais simples: "Não será possível fazer rir, sem fazer corar?" Desgostara-se ele, certa noite, no Ginásio, quando uma senhora enrubesceu, por ouvir numa pequena farsa uma graça livre e um dito grosseiro.

O Demônio Familiar coloca em cena o moleque Pedro, escravo que por pouco perturba a paz de uma família. Inspirado no Fígaro de *O Barbeiro de Sevilha,* ele maquina um casamento rico para o senhor, inconsciente dos males que provocava. A liberdade lhe é concedida, pois apenas com ela se age responsavelmente – condenação do autor ao meio escravocrata, origem dos absurdos sociais. Enaltecendo em *A Mãe* uma escrava que se mata para salvar o filho, Alencar realiza novo testemunho abolicionista, crença que o parlamentar conservador abandonará anos depois.

Não deixaria ele de pagar tributo à fraqueza bem-pensante do realismo em dramas como *As Asas de um Anjo* e *A Expiação.* Ciente do parentesco de sua criação com o modelo francês, o autor observou: "Vitor Hugo poetizou a perdição na sua *Marion Delorme*; A. Dumas Filho enobreceu-a n'*A Dama das Camélias*; eu moralizei-a n'*As Asas de um Anjo*; o amor, que é a poesia de Marion, e a regeneração de Margarida, é o martírio de Carolina (sua protagonista); eis a única diferença, não falando do que diz respeito à arte, que existe entre aqueles três tipos". Moralista às raias do delírio, Alencar leva Carolina ao arrependimento e ao matrimônio, mas *As Asas de um Anjo* termina sem que ela e o marido se permitam ter relações sexuais. Talvez pelo artifício desse desfecho é que *A Expiação* retoma as personagens e, depois de treze anos, vendo o marido a nobreza de Carolina, consuma com ela o casamento. A defesa dos laços familiares transfere o casal para a roça: "Aí vive-se isolado do mundo, e por isso mais perto de si e dos seus!".

Produziu ainda o autor *O Crédito*, que examina o papel do dinheiro na sociedade brasileira; *O que é o Casamento?* (rebatizada por Mário de Alencar, filho do escritor, com o nome de *Flor Agreste*), que investiga a estrutura do matrimonio, célula da vida familiar; e a comédia lírica *A Noite de São João*, musicada por Elias Alvares Lobo, que trata do amor dos primos Carlos e Inês, numa festa tradicional de 24 de junho, e em que um pequeno obstáculo é vencido pelas virtudes sibilinas do alecrim, plantado pelos jovens, esperançosos de se verem unidos.

A despedida melancólica de Alencar do teatro se deu com sua mais ambiciosa tentativa cênica – *O Jesuíta*, escrita a pedido de João Caetano, para "solenizar a grande festa nacional no dia 7 de setembro de 1861". O ator, contudo, desistiu de apresentar o drama, depois de alguns ensaios, e ele chegou à cena em 1875, no desempenho de Dias Braga, e foi um malogro total. A propósito, Alencar alude à "indiferença desse público híbrido, que desertou da representação de um drama nacional, inspirado no sentimento patriótico, para afluir aos espetáculos estrangeiros". Invectiva ele: "Não havia ali o sainete do escândalo; não insultava-se a religião; não abundavam os equívocos indecentes; não se incensava essa puerilidade de homens barbados, chamada maçonaria".

No estudo "O teatro brasileiro (A propósito d'*O Jesuíta*)", o dramaturgo examinou vários episódios históricos, que poderiam comemorar a data da Independência. Nenhum lhe inspirou "o drama nacional, como eu o cogitava". Resolveu, por isso, "criá-lo da imaginação, filiando-o à história e à tradição, mas de modo que não as deturpasse".

Ao conceber *O Jesuíta*, Alencar concretizou uma profunda alegoria da brasilidade. O protagonista da peça, Samuel, disfarçava-se há 18 anos como médico italiano (a ação se passa em 1759, nos tempos da colônia), quando, na realidade, era o vigário-geral da Companhia de Jesus no Brasil. Precursor da formação do país, no desfecho ele explica, para aqueles a quem destinava a missão de continuá-lo, o sonho que o alimentou:

> Esta região rica e fecunda era e ainda é hoje um deserto; para fazer dela um grande império, como eu sonhei, era necessária uma população. De que maneira criá-la? Os homens não pululam como as plantas; a reprodução natural demanda séculos.

Lembrei-me que havia na Europa raças vagabundas que não tinham onde assentar a sua tenda; lembrei-me também que no fundo das florestas ainda havia restos de povos selvagens. Ofereci àqueles uma pátria; civilizei estes pela religião. Daniel, o cigano, era o elo dessa imigração que em dez anos traria ao Brasil duzentos mil boêmios; Garcia, o índio, era o representante das nações selvagens que só esperavam um sinal para declararem de novo a sua independência. Mas isto ainda não bastava; os judeus, família imensa e proscrita, corriam a abrigar-se aqui da perseguição dos cristãos; Portugal e Espanha pela intolerância, a Inglaterra pelo protestantismo, a França pelo catolicismo, lançariam metade de sua população nesta terra de liberdade e tolerância, onde toda religião poderia erguer o seu templo, onde nenhum homem seria estrangeiro.

O ideal expresso pelo porta-voz de Alencar representa, até hoje, o mais puro sentimento brasileiro.

Não conseguindo seduzir por muito tempo o autor de *Senhora*, o teatro se mostrava pouco atrativo para um ficcionista de seu porte. Ninguém duvida, porém, de que o palco sintetizou algumas das facetas mais generosas da contraditória personalidade do escritor.

No romantismo, o teatro atraiu por toda parte os poetas, e não havia razão para que fenômeno idêntico deixasse de ocorrer no Brasil. Gonçalves Dias (1823-1864), popularizado sobretudo como poeta indianista, escreveu *Patkull* e *Beatriz Cenci*, frágeis experiências dos vinte anos, mas realizou em *Leonor de Mendonça* por certo o melhor drama nacional do século XIX. *Boabdil*, sua última incursão na dramaturgia, pagou total tributo ao melodrama inaceitável, talvez na desesperada tentativa de chegar ao palco, o que nunca ocorreu em vida do escritor.

Leonor de Mendonça, impressiona o leitor desde a lucidez do prólogo, uma das mais interessantes páginas da nossa estética. Afirma nele Gonçalves Dias: "Há aí também outro pensamento sobre que tanto se tem falado e nada feito, e vem a ser a eterna sujeição das mulheres, o eterno domínio dos homens. Se não obrigassem D. Jayme a casar contra a sua vontade (com D. Leonor de Mendonça), não haveria o casamento, nem a luta, nem o crime. Aqui está a fatalidade, que é filha dos nossos hábitos. Se a mulher não fosse escrava, como é de fato, D. Jayme não mataria sua mulher". Com base apenas em indícios, o ciúme leva à catástrofe, lembrando obviamente o *Otelo* shakespeariano. O autor apressa-se a esclarecer o problema: "O duque é cioso, e, notável cousa! É cioso não porque ama, mas porque é nobre. É esta a diferença que há entre Otelo, e D. Jayme. Otelo é cioso porque ama, D. Jayme porque tem orgulho. [...] O Duque mata a Leonor de Mendonça, mas sem lágrimas, porque o orgulho não as tem".

Revelando aguda consciência histórica, Gonçalves Dias prossegue: "É a fatalidade cá da terra a que eu quis descrever, aquela fatalidade que nada tem de Deus e tudo dos homens, que é filha das circunstâncias e que dimana toda dos nossos hábitos e da nossa civilização; aquela fatalidade, enfim, que faz com que um homem pratique tal crime porque vive em tal tempo, nestas ou naquelas circunstancias".

A relação dos protagonistas está assim sintetizada: "os defeitos da Duquesa são filhos da virtude; os do Duque são filhos da desgraça: a virtude que é santa, a desgraça que é veneranda. Ora, como o que liga os homens entre si não é, em geral, nem o exercício nem o sentimento da virtude, mas sim a co-relação dos defeitos, a Duquesa e o Duque não se poderiam amar porque eram os seus defeitos de diferente natureza".

Unido pelo matrimonio, mesmo sem amor, o casal prosseguiria o seu cotidiano árido, se não perturbasse o equilíbrio a presença impetuosa do jovem Alcoforado. Em lance arrojado, típico dos heróis românticos, ele salva numa caçada a vida de Leonor. Não podendo esperar dela correspondência sentimental, pelos vetos sociais impostos, ele procura nas lutas de África morte gloriosa. Antes, apenas uma entrevista, que será a perdição de ambos. No diálogo noturno que a duquesa concede a Alcoforado, Gonçalves Dias esmera a delicadeza de fino psicólogo.

Conscientemente, não há o que reprovar a Leonor. A Alcoforado, ela confessa:

> É à cabeceira de meus filhos que eu vos direi que vos amo; eu vos amo, porque sois bom, porque sois nobre, porque sois generoso; eu vos amo, porque tendes um braço forte, um coração extremoso, uma alma inocente; eu vos amo, porque vos devo a vida, porque não tendes mãe, e eu vos quero servir de mãe porque sofreis, e eu quero ser vossa irmã. É um amor compassivo e desvelado, que poderia ser reprovado na terra, mas que eu não creio que o seja nos céus.

Nem houve tempo para que o sentimento, expresso em palavras tão puras, fosse posto à prova. Incontestavelmente, o risco admitido por Leonor, ao marcar encontro nos seus aposentos, à meia-noite, tinha algo de uma inclinação erótica não trazida ao nível da consciência. Nesse jogo de ambigüidade está o talento do ficcionista. Ao surpreender o colóquio da mulher e do jovem, o duque teve ótimo pretexto para se livrar dela, mesmo se ele próprio precisou desempenhar o papel de carrasco. Outros ingredientes psicanalíticos sustentam a inflexibilidade do duque, homem avesso, por múltiplas razões, ao contato feminino. O êxito de uma montagem pelo Teatro Brasileiro de Comédia, nos anos cinquenta do século passado, comprova que o público atual pode ser sensível à trama sutilmente urdida de *Leonor de Mendonça* e à linguagem nobre e despojada de Gonçalves Dias.

Casimiro de Abreu (1839-1860) compôs *Camões e o Jau*, cena dramática bem acolhida em Lisboa, em 1856 (o poeta tinha somente 17 anos de idade e não reincidiu no teatro). Álvares de Azevedo (1831-1852) deixou uma "tentativa dramática", *Macário*, que necessita de adaptação para ser levada à cena, impressionando o leitor pelas intuições geniais. Depois de *Leonor de Mendonça*, o melhor texto teatral de um poeta pertence a Castro Alves (1847-1871): *Gonzaga ou a Revolução de Minas*, cujo protagonista não é Tiradentes, protomártir da nossa Independência, mas o árcade cantor de Marília de Dirceu, provavelmente porque ela poderia figurar no rol de personagens, criando boa oportunidade para a atriz Eugenia Câmara, que era sua amante. Não obstante o pesado tributo que a peça paga ao melodrama, a trama tem laivos de imaginação muito sugestivos, como a circunstância de imiscuir-se na história dos inconfidentes o problema dos escravos, permitindo ao poeta fazer mais um libelo a favor do abolicionismo, tema que o celebrizou. E soube ele valorizar um projeto que participava dos ideais revolucionários – a Proclamação da Independência seguida do regime republicano, o que veio a ocorrer muitos anos depois de sua morte. Desbastado dos excessos oratórios, *Gonzaga* dispõe de generosidade para sensibilizar principalmente o público jovem, como, aliás, desejava Castro Alves.

O palco foi o ideal da juventude de Machado de Assis (1839--1908), nosso maior ficcionista. Amor só em parte correspondido, porque lhe faltou verdadeira vocação para criar figuras vivas em cena. A análise introspectiva, associada a um estilo sutil de meios-tons – marca do escritor maduro, a partir do romance *Memórias Póstumas de Brás Cubas* –, não se casa bem com a linguagem do teatro, que reclama a síntese. Por isso, consideram-se as peças machadianas exercícios de preparação do grande romancista e contista.

Quintino Bocaiúva, amigo de Machado, escrevera a propósito de dois textos do início de sua carreira: "as tuas comédias são para serem lidas e não representadas" – juízo que pode estender-se às demais peças, ainda que *Lição de Botânica*, por exemplo, mereça vez por outra uma montagem simpática. O crítico observara, também, com acerto, o parentesco da feição de Machado com os provérbios de Musset.

Ao invés de se associarem a positividades, as comédias machadianas evocam negações: não têm mau gosto (algumas frases, às vezes, parecem estranhas num escritor tão requintado), não se entregam a exageros, não admitem melodramaticidade. Daí, talvez, também, o seu fôlego curto, que se ajusta melhor ao ato único. São simples exposições de uma idéia espirituosa, um provérbio com feitio moral, uma sentença que, por ser conclusiva, solicita antes um pequeno entrecho. Gênero que se adequava bem ao tipo de representação a que elas se destinavam – saraus literários de arcádias e ateneus dramáticos, reunindo um público diminuto e especial, composto o elenco apenas de homens. O dramaturgo enveredou para as composições de circunstância, cujo reduzido alcance ele próprio reconhecia. Ao escrever *Os Deuses de Casaca*, Machado ressentiu-se da falta das deusas, e confessou, com modéstia, no prólogo: "Damas, sem vosso amparo a obra se acabou!" As limitações conscientes não favoreceram mesmo a construção de uma grande dramaturgia.

A graça leve inoculada na trama, o espírito observador e de tênue ironia introduzidos no diálogo salvaram esse teatro do lugar-comum.

Simplicidade e não primarismo o qualifica. As intrigas se tecem com episódios relativos ao matrimônio, amuos de um casal ou primícias do amor. Não cabe aí a paixão violenta, com arroubos verbais. O intérprete de Machado não sua no palco. Certo imponderável que cerca os episódios banais privilegia as sugestões do escritor, não trocadas em miúdo para a platéia. Não vão além dos caprichos as dificuldades de adaptação dos esposos: se surge um perigo real para o casamento, o autor introduz de novo a calmaria. Ceticismo e amargura, matéria dos últimos romances, já se instilam em *Quase Ministro*, sátira da bajulação nacional aos políticos. Ao saber que o apaniguado não figurava no novo ministério, o cortejo de aduladores, mobilizado à simples notícia de sua possível nomeação, desfez-se em busca do verdadeiro escolhido. Machado ainda não inoculara negro humor na crítica às fraquezas humanas.

Cada peça contém uma tranqüila lição. A mulher que se guia pela conveniência e não pelo ímpeto do coração recebe castigo. Concluem os homens, sentenciosos, em outro texto: "quando não se pode atinar com o caminho do coração, toma-se o caminho da porta". O primo do "quase ministro", apaixonado por cavalos, moraliza no desfecho da história: "Um alazão não leva ao poder, mas também não leva à desilusão". Os protagonistas de *Não Consultes Médico*, ao curar-se um com o outro de desilusões amorosas, ilustram o provérbio grego: "Não consultes médico; consulta alguém que tenha estado doente". O título *Lição de Botânica* já enfeixa o cunho didático – a Botânica aplicada conduz o homem ao amor.

As personagens são simples, definidas numa ação linear, mas ainda assim desenham-se com sutileza, que faz supor lutas íntimas. Um silêncio, uma pausa, uma coqueteria, uma motivação pouco esclarecida deixam entrever uma vida interior diversa das pobres atitudes objetivas que as criaturas via de regra tomam. Machado tinha consciência de que "é de sobre individualidades e fatos que irradiam os vícios e as virtudes, e sobre eles assenta sempre a análise". Seu "gosto dramático moderno" repudiava, também, o "desfecho sanguinolento". Na confluência dessas duas indicações, confessadas em crítica, repousa a forma de sua comédia. O pudor de exprimir-se e derramar gestos largos define o indivíduo machadiano. Até mesmo os apaixonados, propensos às indiscrições em voz alta, mantêm-se em sóbrio comportamento, que não fere as conveniências. Cabe-lhes, aliás, o papel mais ingênuo, e o dramaturgo banha de ironia os seus arroubos.

No campo do teatro, a melhor realização de Machado é a sua crítica. São muito lúcidos os seus comentários sobre a dramaturgia de Gonçalves de Magalhães, José de Alencar, Joaquim Manoel de Macedo ou Antônio José. E é claro e penetrante o conceito que ele tem da arte cênica.

Acredita Machado num teatro moral e educativo: "a arte não pode aberrar das condições atuais da sociedade para perder-se no mundo labiríntico das abstrações. O teatro é para o povo o que o Coro era para o antigo teatro grego: uma iniciação de moral e civilização". Para tanto, "a arte não deve desvairar-se no doido infinito das concepções ideais, mas identificar-se com o fundo das massas; copiar, acompanhar o povo em seus diversos movimentos, nos vários modos da sua atividade". Pensa Machado que, "no país em que o jornal, a tribuna e o teatro tiverem um desenvolvimento conveniente – as caligens cairão aos olhos das massas; morrerá o privilégio, obra da noite e da sombra; e as castas superiores da sociedade ou rasgarão os seus pergaminhos ou cairão abraçadas com eles, como em sudários". Acredita que "a palavra dramatizada no teatro produziu sempre uma transformação. É o grande *fiat* de todos os tempos". No fervor empenhado dessas "idéias sobre o teatro", lê-se ainda que nele "a verdade aparece nua, sem demonstração, sem análise". Não se trata de transformar o palco em arma panfletária. O mérito probante do texto acha-se implícito, como se vê neste juízo: "Não supomos que o Sr. Alencar dê às suas comédias um caráter de demonstração; outro é o destino da arte; mas a verdade é que as conclusões do *Demônio Familiar*, como as conclusões de *Mãe*, têm um caráter social que consolam a consciência; ambas as peças, sem saírem das condições da arte, mas pela própria pintura dos sentimentos e dos fatos, são um protesto contra a instituição do cativeiro". Tinha Machado tão presente o valor próprio da arte que a separou da história e da realidade: "Uma coisa, porém, é a lei da biografia, e outra é a lei da comédia. Se a arte fosse a reprodução exata das cousas, dos homens e dos fatos, eu preferia ler Suetônio em casa, a ir ver em cena Corneille e Shakespeare".

A linha estética está expressa neste conceito: "As minhas opiniões sobre o teatro são ecléticas em absoluto. Não subscrevo, em sua totalidade, as máximas da escola realista, nem aceito, em toda a sua plenitude, a escola das abstrações românticas; admito e aplaudo o drama como forma absoluta do teatro, mas nem por isso condeno as cenas admiráveis de Corneille e de Racine". Iniciando-se quando a curva do romantismo não podia seduzi-lo, seu caminho era o da realidade, que não se confundia também com os exageros do realismo, e ainda menos do naturalismo. Os gênios, aliás, se projetam além das escolas, incapazes de contê-los. O ideário estético de Machado visava, assim, aos valores da perenidade, aos "elementos que guardam a vida", longe de quaisquer modismos.

Analisa ele com severidade o movimento do Rio. A situação está em causa neste comentário: "A missão nacional renegou-a ele em seu caminhar na civilização; não tem cunho local; reflete as sociedades estranhas, vai ao impulso de revoluções alheias à sociedade que representa, presbita da arte que não enxerga o que se move debaixo das mãos". Considera o crítico essencialmente a falta de emulação "a causa legítima da ausência do poeta dramático". "Daqui o nascimento de uma entidade: o tradutor dramático, espécie de criado de servir que passa, de uma sala a outra, os pratos de uma cozinha estranha". Surgem, então, duas conclusões: "Longe de educar o gosto, o teatro serve apenas para desenfastiar o espírito, nos dias de maior aborrecimento. Não está longe a completa dissolução da arte; alguns anos mais, e o templo será um túmulo".

Machado de Assis praticou a crítica dos vinte à casa dos quarenta anos. Fica patente que, também aí, ele evoluiu, fixando-se sempre mais no estudo estrutural das peças. E tanto a dramaturgia como a crítica, exercidas sobre uma realidade viva, móvel, flutuante, permitiram acumular uma experiência humana que engrandeceria o romancista maduro de *Quincas Borba, Dom Casmurro, Esaú e Jacó, Memorial de Aires* e outras obras-primas.

Quem traz a comédia de costumes para o âmbito do realismo, fixando sob nova ótica vários temas tratados por Martins Pena, é França Júnior (1838-1890), de quem se conservam cerca de duas dúzias de peças. Em geral, seus textos em um ato, contaminados pela vulgaridade difundida nos espetáculos da segunda metade do século XIX, não ultrapassam o anedótico. Nas obras mais longas, servidas por sólida carpintaria, em que se utilizam com mestria diálogos simultâneos e elipses, o comediógrafo mostra toda sua inventividade.

Direito por Linhas Tortas, êxito excepcional em 1870, popularizou França Júnior, segundo o depoimento de Artur Azevedo. O autor investiga aí, sob a faceta cômica, as relações de casais. Dois outros motivos sustentam a curiosidade da peça: a transferência desagregadora de uma família do interior para o Rio de Janeiro e a graça primitiva e sensual da mulata, provocando o apetite masculino – temas que terão copiosa descendência em nosso palco, e cujo tratamento mais feliz se encontra na burleta *A Capital Federal*, do próprio Artur Azevedo. Apesar dos méritos, o texto não exemplifica ainda o que fez de melhor o comediógrafo.

Em estudo de 1906, que serve de prefácio aos *Folhetins* de França Júnior, depõe Artur Azevedo: "Em 1881, depois de prolongado descanso como autor dramático, França Júnior assentou o plano de uma comédia, *Como se Faz um Deputado*, mas disse-me que não a escrevia porque o nosso teatro chegara a um estado desanimador. Que diria ele se vivesse hoje!" Com o título, alterado para *Como se Fazia um Deputado*, em virtude de lei promulgada durante os ensaios, o espetáculo teve êxito retumbante, no desempenho de Xisto Bahia.

Na sátira aos costumes políticos estão, com efeito, as melhores qualidades do autor. Passa-se a ação no interior da província do Rio de Janeiro, mostrando o processo ascensional de um recém-formado bacharel em Direito ao posto de deputado. Na votação, trocam-se eleitores e chamam-se até defuntos. A oligarquia que domina o país é criticada, pela absoluta falta de projeto, a não ser a preservação dos seus privilégios. Os partidos, originados na mesma classe dominante, são inconsistentes. O diálogo registra: "eu não conheço dois entes que mais se assemelhem que um liberal e um conservador. São ambos filhos da mesma mãe, a Sra. D. Conveniência, que tudo governa neste mundo". A diferença da realidade para os ideais do estudante leva o jovem a ponderar: "Acabo de sair dos bancos da academia, do meio de uma mocidade leal e cheia de crenças, sonhando a felicidade de minha pátria, e eis que de chofre matam-me as ilusões, atirando-me no meio da mais horrível das realidades deste país – uma eleição, com todo o seu cortejo de infâmias e misérias". A verificação, porém, não afasta o protagonista da política, nem o conduz a querer modificar os vícios criticados. O autor destila a sua ironia corrosiva, fazendo que pareça uma fatalidade a trama urdida para a eleição do novo candidato.

Caiu o Ministério! evoca o ato *Quase Ministro*, de Machado de Assis (escrito quase duas décadas antes), e a sátira aos estrangeiros, iniciada por Martins Pena e que já lhe sugerira *O Tipo Brasileiro*. A filha de um Conselheiro não é cortejada pelo círculo de caçadores de dote, porque não tem fortuna. Confirma-se a noticia de que o pai foi chamado para organizar o ministério e sucedem-se as declarações sentimentais, sempre com um pedido ao ministro. Um inglês pergunta, espantado com os hábitos nacionais: "Toda ministéria estar doutor em direita?" E ainda: "Na escola de doutor em direita estuda marinha, aprende planta batatas e café, e sabe todas essas cousas de guerra?". Um país com essas características alimenta no estrangeiro o desejo de conseguir proveito pessoal e, por isso, ele requer um privilégio para explorar novo transporte – o trem puxado por cachorros. Por interferência da mulher do ministro, o governo patrocina o novo "sistema cinófero", que recebe amplas críticas da Câmara e da imprensa. Cai, assim, o ministério, e os pretendentes à mão da moça desaparecem de cena. O desfecho poderia ser até dramático, se um antigo apaixonado dela não ganhasse na loteria e, qual *deus ex machina*, vem pedi-la em casamento. O autor não deixa de cobrir de ridículo a declaração amorosa, bem como faz o inglês comentar, finalizando a peça: "*All right*: boa negócia". Nenhum efeito cômico é desperdiçado – vai-se de riso em riso até a última cena.

Artur Azevedo anota que França Júnior teve outra fase de desânimo, da qual saiu, em 1889, com "a grande comédia *Doutoras*, um dos maiores sucessos do teatro nacional". O título lembra *Les Femmes Savantes*, de Molière, e a advogada Carlota, uma das protagonistas, tem o pedantismo vocabular das preciosas. Luísa, a outra doutora, que é médica e se deleita com debates científicos, não admite derramamento sentimental, porque "o coração é um músculo oco". O autor tem a sabedoria, porém, de criar situações objetivas, que obrigam as personagens a definir-se. Casada com outro médico, num tipo de matrimônio-contrato, Luísa acaba por separar-se dele, por causa de atritos e ciúmes profissionais. As reações femininas se impõem finalmente a ela, ao ver que a advogada Carlota, que patrocina o seu divórcio, se insinua para o marido. A maternidade, mais que tudo, dita o "bom senso" feminino. O casal se reconcilia e Luísa abandona a medicina, passando até a confiar nos remédios caseiros que a criada portuguesa prescreve à criança. Carlota se casa também com um colega e deixa o foro, nascido um filho. Nossa tendência seria a de julgar França Júnior empedernido reacionário, por não poupar nenhuma forma de feminismo. Preferimos rir da brincadeira urdida pelo autor, já que, desde Aristófanes, a missão da comédia não é a de restabelecer os valores indiscutíveis e sim a de caçoar dos excessos, em geral presentes em todas as posturas inovadoras. Mais que outro comediógrafo brasileiro, França Júnior teve o dom de rir de todas as fragilidades humanas.

Numa linha completamente diversa de seus predecessores inscreve-se o teatro de Qorpo-Santo, pseudônimo de José Joaquim de Campos Leão (1829-1880), descoberto e divulgado apenas na década de sessenta do século passado. Não tendo sido representado, enquanto viveu, nem mesmo no Rio Grande do Sul, seu Estado natal, ele figuraria melhor numa História do Teatro moderno. O ensaísta e professor Guilhermino César, que publicou uma primeira coletânea do dramaturgo, afixou-lhe o título de verdadeiro precursor do teatro do absurdo, antecipando procedimentos que viriam de Jarry a Ionesco. Como as criações não preenchem todos os requisitos do teatro do absurdo, no entendimento que lhes deu Martin Esslin (sobretudo o absurdo filosófico da existência humana, praticado por um Heckett), Eudinyr Fraga preferiu considerá-lo um surrealista, já que as associações livres e a escrita automática não são apanágio somente da escola que floresceu a partir dos anos vinte do último século.

Talvez se deva retornar a explicações bem simples para sugerir o mundo de Qorpo-Santo. Tudo indica que ele sofreu mesmo de insanidade mental, ao menos pelos padrões de seu tempo, e não foi vítima de perseguição injusta dos contemporâneos. A "loucura" desobrigava-o de atender às regras normais para composição das peças – coerência na caracterização dos personagens, progressão dramática visando a um desfecho, desenvolvimento regular de uma história. Escrevendo sem nenhuma censura, Qorpo-Santo entregou-se aos delírios da fantasia, e assim os textos parecem uma explosão do subconsciente. Os melhores momentos são aqueles em que a imaginação não vê barreira e os apetites sexuais se soltam. Se se aplicar à estrutura dramatúrgica um método analítico qualquer, ficará patente que faltaram aos textos princípios mínimos de organização artística – seriam obras absurdas e não do absurdo.

Esse juízo severo não se contradiz com o reconhecimento de que há cenas soltas brilhantes, de efusiva teatralidade. Quando se lembra que o drama novecentista brasileiro se perdia, em geral, no convencionalismo e na retórica, e que a comédia se aplicava a costumes que forneciam uma imagem exterior e dificilmente a verdade intima das personagens, o desnudamento proposto por Qorpo-Santo chegava, em alguns episódios, a ser milagroso. Pena que lhe faltasse lucidez para ordenar seu material em aceitável arquitetura cênica. Momentos isolados podem ser interessantes, mas não sustentam um espetáculo inteiro.

A autonomia do teatro como arte existe de tal forma, no século XX, que não se pode confundir texto com espetáculo. Várias encenações generosas, nas últimas décadas, procuraram fazer justiça à promessa de *As Relações Naturais, Mateus e Mateusa, Hoje Sou Um e Amanhã Outro* e mais algumas peças. Patenteou-se a curiosidade, não a realização artística total. Provavelmente os diretores, embora não quisessem ser rotineiros, para não trair a originalidade de Qorpo-Santo, não foram bastante audaciosos, interferindo nos textos para superar aquilo que se mostra frágil aos olhos modernos. Não se trata de emendar o autor por conceitos estabelecidos de estrutura dramática. Para se conhecer efetivamente a validade do teatro de Qorpo-Santo, é preciso extrair dele um potencial ainda irrevelado.

A tradição da comédia de costumes, desenvolvida e atualizada ao gosto do dia, se preserva na obra de Artur Azevedo (1855-1908), a figura tutelar do teatro brasileiro. Julgá-lo apenas como dramaturgo, apesar de, ao menos, uma dezena de obras de qualidade que deixou, não faz inteira justiça ao homem de mil instrumentos – tradutor, adaptador, contista, poeta humorístico, crítico de visão (foi dos primeiros a proclamar o gênio de Eleonora Duse, ainda Duse-Checchi, quando ela veio ao Brasil com 25 anos de idade, em 1885), consolidador da revista de ano e sobretudo grande animador, que dirigiu o Teatro da Exposição Nacional, erguido na Praia Vermelha do Rio, encenando em menos de três meses quinze originais brasileiros, e moveu intensa campanha pela construção do Teatro Municipal carioca, inaugurado no ano seguinte ao de sua morte.

Artur Azevedo chegou ao Rio, vindo de São Luiz do Maranhão, sua cidade natal, com 18 anos de idade, e trouxe na bagagem *Amor por Anexins*, muito mais espirituosa e inteligente que *Les Jurons de Cadillac*, do francês Pierre Berton, que lhe serviu de ponto de partida. Por coincidência, no mesmo ano em que tentava a vida na corte, Machado de Assis, no estudo "Literatura brasileira: Instinto de nacionalidade", em que fez um balanço do romance, da poesia e da língua no País, sentenciava:

> Esta parte [o teatro] pode reduzir-se a uma linha de reticência. Não há atualmente teatro brasileiro, nenhuma peça nacional se escreve, raríssima peça nacional se representa. As cenas teatrais deste país viveram sempre de traduções, o que não quer dizer que não admitissem alguma obra nacional quando aparecia. Hoje, que o gosto público tocou o último grau da decadência e perversão, nenhuma esperança teria quem se sentisse com vocação para compor obras severas de arte. Quem lhes receberia se o que domina é a cantiga burlesca ou obscena, o cancã, a mágica aparatosa, tudo o que fala aos sentidos e aos instintos inferiores?

Concluiu Machado: "Os autores cedo se enfastiaram da cena que pouco a pouco foi decaindo até chegar ao que temos hoje, que é nada".

Nesse ambiente, povoado pelo gênero ligeiro, sem lugar para o drama e a comédia, Artur Azevedo teve de movimentar-se. Sua grande sabedoria foi a de não lutar contra a corrente, com o risco de afogar-se, mas a de extrair das sugestões leves e superficiais do momento obras duradouras, que dignificara o que olhos preconceituosos tenderiam a considerar menor. Por isso, mais do que com alguns bons dramas e comédias, o emblema que o distingue na posteridade são principalmente duas burletas (comédias-operetas): *A Capital Federal* e *O Mambembe,* êxitos renovados a cada montagem.

Ao defender-se de uma crítica injusta, que lhe atribuía o princípio da *débâcle* teatral, Artur Azevedo argumentou que, muito antes dele, outros (inclusive o mestre Machado de Assis) já haviam feito paródias. Um dia, por desfastio, sem intenção de exibi-la num teatro, escreveu *A Filha de Maria Angu* (paródia de *La Filhe de Madame Angot*, texto de Clairville, Siraudin e Koning, e música de Lecocq), e, mostrada a dois empresários por um amigo, foi encenada por Jacinto Heller, e o público aplaudiu-a cem vezes seguidas. Enquanto não foram bem sucedidas as tentativas "sérias": a comédia *A Almanjarra* esperou quatorze anos para ser representada; a fim de que a comédia *A Jóia* chegasse ao palco, teve de desistir dos direitos de autor; o Conservatório proibiu um drama, escrito de parceria com Urbano Duarte; traduziu *A Escola de Maridos*, de Molière, em redondilha portuguesa, e houve apenas onze representações; *O Retrato a Óleo* foi levado meia dúzia de vezes; e a *Fonte Castália*, apesar de elogiada pela crítica, não ultrapassou quatorze récitas. Comentou Artur Azevedo: "Em resumo: todas as vezes que tentei fazer teatro sério, em paga só recebi censuras e apodos, injustiças, e tudo isto a seco; ao passo que, enveredando pela bambochata, não me faltaram nunca elogios, festas, aplausos e proventos. Relevem-me citar esta última fórmula da glória, mas – que diabo – ela é essencial para um pai de família que vive da sua pena!" Mais que uma justificativa para o caminho que adotou, Artur Azevedo fez objetivo diagnóstico da situação do teatro de seu tempo.

À distância, sem paixão polêmica, cabe retificar o próprio complexo de inferioridade a que pareceu entregar-se Artur Azevedo, ao admitir: "Também fui moço e também tive o meu ideal artístico ao experimentar a pena; mas um belo dia, pela força das circunstâncias, escrevi para ganhar a vida, e daí por diante adeus ideal!" De fato, o "desmoronamento" começou com o Alcazar, aberto pelo empresário Arnaud segundo o modelo da alegre vida noturna parisiense. Mas o autor de *O Dote*, trabalhando com imenso talento a comédia-opereta, fez dela uma obra-prima, equiparável ao que produziu de melhor qualquer gênero.

A Capital Federal enterra, de um lado, todo o encantamento do provinciano pelo Rio de Janeiro e, de outro, a carga desagregadora da cidade, exorcisada no último quadro, apoteose à vida rural, em que o fazendeiro Eusébio sentencia: "É na roça, é no campo, é no sertão, é na lavoura que está a vida e o progresso da nossa querida Pátria". Antes desse reconhecimento, ele levou à capital federal toda a família de roceiros, estabelecida em São João do Sabará, no encalço de um janota, que pediu a filha em matrimônio e não deu mais notícias. A chegada ao Rio é o pretexto para desfilarem as belezas e o progresso da cidade, sem que se escondam os enganos ilusórios e os riscos pecaminosos da ausência de valores morais. A mulata Benvinda, cria da família mineira, é "lançada" no brilho carioca pelo desocupado Figueiredo, que não vê encanto nas estrangeiras. Ela se torna pernóstica, na exploração da sexualidade gritante, apoiada no uso da corruptela de palavras francesas (a partir daí, as revistas erigirão as mulatas em personagens obrigatórias). E o fazendeiro cai nas malhas da cortesã Lola, preocupada apenas em explorar os homens, até que a vê aos beijos com o jovem poeta Duquinha e tem a revelação do abismo em que se perdera. Artur Azevedo aproveita a figura desse poeta para caçoar dos nefelibatas, que se dizem modernos e decadentes. Duquinha (pelo apelido já se vê que o autor pretendia ridicularizá-lo) leva "flores poéticas" a Lola e a chama de santa, ouvindo em resposta que "Isto é que é liberdade poética!" e que ele deveria era trazer-lhe uma jóia. Ao fim da quase fatal aventura carioca, a família vai retemperar-se na solidez da vida do campo.

Em *O Mambembe*, o autor celebra a magia eterna do teatro, dentro da precariedade em que se sustenta. Segundo esclarece didaticamente o empresário e ator Frazão (na realidade, o ator Brandão, "o popularíssimo"), "Mambembe é a companhia nômade, errante, vagabunda, organizada com todos os elementos de que um empresário, pobre possa lançar mão num momento dado, e que vai, de cidade em cidade, de vila em vila, de povoação em povoação, dando espetáculos aqui e ali, onde encontre um teatro ou onde possa improvisá-lo". Sobre a origem da palavra, diz Frazão: "Creio que foi inventada, mas ninguém sabe quem a inventou. É um vocábulo anônimo, trazido pela tradição de boca em boca e que não figura ainda em nenhum dicionário, o que aliás não tardará muito tempo. Um dia disseram-me que, em língua mandinga, mambembe quer dizer pássaro. Como o pássaro é livre e percorre o espaço como nós percorremos a terra, é possível que a origem seja essa, mas nunca averigüei". Antecedentes ilustres dos mambembeiros são Téspis, que marca o início do teatro grego, no século VI a. C., e o "divino" Molière, citado no diálogo como fundador do teatro moderno.

A burleta dramatiza a improvisação permanente de uma companhia mambembe, fazendo do cotidiano uma luta incansável pela sobrevivência. Na aventura de cada instante, Artur Azevedo enxerga o signo da perenidade dessa arte. Por isso uma personagem tem uma réplica, que poderia servir de epígrafe à atividade cênica brasileira: "Mentiroso [o teatro], mas cheio de surpresas e sensações. Anteontem, estávamos desanimados, tendo perdido quase a esperança de poder voltar à nossa casa e ainda agora, ajoelhadas e de mãos postas, naquela igreja, agradecemos a Deus a reviravolta que houve na nossa situação. Para isso bastou um espetáculo..."

Mais de uma vez o autor e crítico se queixou das dificuldades da vida teatral no Rio de Janeiro. Em 1898, dez anos antes de morrer, chegou a observar: "São eles, os teatrinhos [particulares], que fazem com que ainda perdure a memória de alguma coisa que já tivemos; são eles, só eles, que nos consolam da nossa miséria atual. Esta é a verdade que hoje reconheço e proclamo. Do amador pode sair o artista; do teatrinho pode sair o teatro". Enquanto viveu, Artur Azevedo manteve acesa a chama do palco. Seu desaparecimento fecha um ciclo e deixa um imenso vazio no teatro brasileiro.

2. O Teatro Realista

O Teatro Realista no Brasil: 1855-1865[1], de João Roberto Faria, é um dos recortes mais completos e perfeitos a propósito de qualquer momento fundamental da evolução do nosso palco. O autor sugere tanta familiaridade com o tema que chega a parecer um contemporâneo privilegiado do que ocorreu. E nós, leitores de hoje, nos tornamos íntimos de um passado de mais de cem anos.

O que permitiu ao jovem historiador – que se doutorou em 1990, na Faculdade de Filosofia, Letras e Ciências Humanas da USP, com a versão original do texto – o êxito na empreitada, foi antes de tudo, o rigor metodológico na pesquisa. João Roberto delimitou, em primeiro lugar, o foco de sua atenção, e percorreu a página de anúncios do *Jornal do Comércio* do Rio, para fazer o levantamento de todas as obras encenadas pelo Teatro Ginásio Dramático, reduto da nova escola realista, que se contrapôs ao romantismo e ao melodrama do grande ator João Caetano, então reinando no Teatro São Pedro de Alcântara. De posse das informações básicas, ele procurou na imprensa da época a repercussão obtida pelos espetáculos. A partir daí foi possível acompanhar a trajetória da dramaturgia, das idéias estéticas e do estilo de encenação e de desempenho, relacionando-a com o modelo francês que lhe deu origem. O aprofundamento de todos esses tópicos levou à elaboração de um vasto painel, imensamente revelador a respeito da história do teatro brasileiro.

1. São Paulo: Perspectiva/Edusp, 1993.

Para que o mecanismo das mutações não conservasse nenhum ponto obscuro, o autor recorreu à fonte, isto é, examinou a passagem do romantismo ao realismo, no Gymnase Dramatique de Paris mediado pela École du Bom Sens de Ponsard e Augier, que recusava a atração romântica francesa pelos ingleses e alemães, proclamando "permaneçamos gauleses", com a insistência nos valores da tragédia do século XVII. Ressalta-se a importância da estréia de *A Dama das Camélias*, de Alexandre Dumas Filho, em 1852, para o início do realismo teatral, mas "o abstrato romântico de sua trama", consubstanciado na regeneração da prostituta pelo amor, "provocou a ira dos moralistas", e Barrière e Thiboust lançaram em 1853 *As Mulheres de Mármore*, contra o comportamento escuso de uma cortesã. Augier retomou a questão em *O Casamento de Olímpia*, também de 1853, "libelo contra a tese da regeneração da cortesã", sublinhando uma das características do realismo, empenhado em exaltar os valores morais da burguesia.

Depois de examinar os principais dramaturgos da escola, na França, João Roberto se volta para o problema da montagem, ressaltando o papel desempenhado por Montigny, diretor do Gymnase desde 1844, que substituiu a antiga declamação pela naturalidade do diálogo e os móveis pintados por peças verdadeiras. Antecipando-se a Antoine, Montigny e outros diretores daquele momento levaram os atores a dar as costas ao público, para não romper a ilusão cênica.

Meticuloso repórter que procura fornecer ao leitor todas as coordenadas do assunto, João Roberto passa em revista o romantismo brasileiro, para informar em seguida o que se apresentava no palco do Rio, nos primeiros meses de 1855, até que o ensaiador francês Émile Doux, contratado pelo empresário Joaquim Heleodoro Gomes dos Santos, lançou em 12 de abril, no Teatro de São Francisco, rebatizado Teatro Ginásio Dramático, o espetáculo duplo *Um Erro*, de Scribe, e *O Primo da Califórnia*, de Joaquim Manuel de Macedo, primeira realização do "drama de casaca", símbolo da vestimenta moderna, escolhida no Brasil, em lugar das roupas antigas, usadas pelo romantismo.

Chama a atenção o autor para uma realidade histórica que, em termos semelhantes, se repetiria entre nós nas recentes décadas de 1940 a 1960: "A hegemonia dos autores estrangeiros na cena do Ginásio foi completa entre 1855 e 1860. Nesse período apareceram pouquíssimas produções brasileiras e, sob a inspiração do repertório francês, apenas um escritor aventurou-se no terreno dramático: José de Alencar. [...] Mas a partir de meados de 1860 e durante cerca de dois anos e meio ocorreu um fenômeno extraordinário: a dramaturgia nacional floresceu e foi absolutamente hegemônica no palco do Ginásio". Diminuiu nos anos seguintes a estréia de originais realistas, quando o teatro cômico e musicado ocupou a preferência do público.

João Roberto não apenas cita, mas analisa todos os textos, e no caso de alguns manuscritos perdidos, recorre ao resumo fornecido por críticos, permitindo-nos ter uma idéia clara da trama. Pela primeira vez são bem estudados textos de Quintino Bocaiúva, Aquiles Varejão, Sizenando Nabuco, Silveira Lopes, Álvares de Araújo, Amaral Tavares e Maria Angélica Ribeiro. E sempre há revelações a respeito de José de Alencar, Joaquim Manuel de Macedo, Pinheiro Guimarães e França Júnior, nomes melhor conhecidos. Não se pode esquecer, também, que o autor já havia publicado o ótimo livro *José de Alencar e o Teatro*[2].

O Teatro Realista reserva uma parte expressiva do capítulo "As Noites do Ginásio" ao estudo dos seus principais artistas Gabriela da Cunha, Adelaide Amaral, Furtado Coelho e Joaquim Augusto Ribeiro de Sousa, sem esquecer Marie Velluti e Eugênia Câmara. Curiosamente, com exceção de Joaquim Augusto, nascido no Rio de Janeiro e grande incentivador da dramaturgia nacional, todos esses nomes, fundamentais para o nosso desenvolvimento artístico, eram portugueses. Apesar do esforço anterior de João Caetano de formar uma companhia encabeçada por um brasileiro, e da Independência que estimulou os sentimentos nacionalistas, felizmente, no século XIX, não havia fronteiras entre Portugal e o Brasil.

Com base nas reflexões de Quintino Bocaiúva, José de Alencar, Machado de Assis e Joaquim Manuel de Macedo, João Roberto esboça o ideário do realismo, que se funda no conceito da naturalidade e na exaltação da moralidade, princípio da vida em família. Por isso, no rol de personagens, aparece com freqüência o *raisonneur*, com falas edificantes, que hoje em dia temos dificuldade de escutar.

A ampla documentação compulsada permitiu ao autor sintetizar suas conclusões no capítulo final, "Teatro e Sociedade no Brasil". Verifica-se que, na dramaturgia realista, "as personagens principais são médicos, advogados, engenheiros, negociantes, jornalistas, ou seja, profissionais liberais e intelectuais que constituíam a classe média emergente no Rio de Janeiro daqueles tempos marcados pelo primeiro surto de progresso em moldes capitalistas, ainda que incipientes". Nesse quadro; não cabia "criticar o capitalismo ou o dinheiro, mas os indivíduos que se afastavam dos procedimentos honestos". Ao lado do elogio da família, comum a toda a dramaturgia, e da crítica aos "perigos que a ameaçavam, como a monetização dos sentimentos, a prostituição e a infidelidade conjugal", João Roberto anota: "Mas no caso específico da família brasileira, um outro perigo, inexistente na sociedade francesa, foi detectado por Alencar e Pinheiro Guimarães: a escravidão doméstica". Finalmente: "os dramaturgos brasileiros, sintonizados com as transformações sociais, realizaram em suas obras o primeiro esforço conjunto para a formação de uma consciência burguesa no Brasil, antecipando-se aos próprios ideólogos do novo libe-

2. São Paulo: Perspectiva/Edusp, 1987.

ralismo, que apareceram logo em seguida. Por trás disso tudo, aquilo que há pouco chamamos de 'desejo de civilização'".

Escrevendo sobre Antoine, que radicalizou com o naturalismo as propostas da escola realista, Sylvein Dhomme observou: "Essa obsessão do real não é 'contra' o teatro: ela está 'antes' do teatro, e é a partir dela que ele deve reconstituir-se"[3]. Esse juízo, embora relativo a um homem de teatro posterior à fase do *Gymnase* parisiense e do Ginásio carioca, a eles se aplica perfeitamente, e dá um sentido ao advento do realismo, que não aceitava os exageros e o mau gosto em que se perdeu a escola romântica.

Com tantas qualidades do livro, seria ocioso mencionar restrições, se elas existissem. No caso de *O Teatro Realista*, só se poderia pedir a satisfação de mais curiosidades. Por exemplo: que o autor, que rastreou inteligentemente o vínculo do realismo brasileiro com o francês, incluísse nessa equação o sucedido em Portugal e os possíveis liames criados pela ponderável presença de atores portugueses entre nós, além do diretor francês Emile Doux, colaborador do palco lisboeta, antes de transferir-se para o Rio.

Esclarece o autor, na introdução, não ter polemizado "em torno das divergências que existem em relação ao conceito de 'realismo'". Guiou-se apenas pela definição abrangente de René Wellek, em *Conceitos de Crítica*[4], segundo a qual o realismo é "a representação objetiva da realidade social contemporânea". Talvez fosse útil explicar em que medida o realismo de meados do século XIX difere daquele praticado por Ibsen e Tchécov. Mas é certo que o debate iria além do desejo de caracterizar o que foi representado nos Ginásios dos dois continentes.

Por tudo isso, *O Teatro Realista no Brasil: 1855-1865* é um livro indispensável para a compreensão do itinerário seguido pelo nosso palco, iluminando também a atualidade.

(1993)

3. *La mise en scène d'Antonie à Brecht*, Paris: Fernand Nathan, 1959.
4. São Paulo: Cultrix, s/d.

3. Artur Azevedo, Autor Seminal

Ao esboçar um panorama do teatro brasileiro, há muitas décadas, considerei Artur Azevedo a primeira grande personalidade do nosso palco. Não, certamente, o maior dramaturgo, mas a figura que melhor o representava, nas suas virtudes e fraquezas. Revendo hoje esse conceito, não vejo como alterá-lo, apesar da evolução inegável observada por essa arte a partir dos anos quarenta do último século.

Antes de entrar, propriamente, no meu texto, tomo a liberdade de reproduzir uma espécie de autobiografia de Artur Azevedo, que nasceu em 7 de julho de 1855, em São Luís do Maranhão, e faleceu no Rio de Janeiro, em 22 de outubro de 1908. Essa autobiografia, que se interrompe em 1873, alude à sua primeira peça, *Amor por Anexins*. Valho-me da publicação de *A Máscara*, de janeiro de 1934, não sendo de meu conhecimento que ela tenha sido aproveitada ainda em livro:

> Desde os mais verdes anos, manifestei certa vocação para o teatro, e, se não fossem meus pais, teria, com certeza, abraçado a arte dramática.
>
> Aos oito anos organizava espetáculos de súcia com os meninos de minha idade e ficava radiante de alegria todas as vezes que apanhava um drama ou comédia para ler.
>
> Na biblioteca de meu pai, que possuía bons livros, preferia as peças de teatro, e, como havia muitas em francês, aprendi, com facilidade, a traduzir esse idioma, para poder lê-las.
>
> Foi, justamente, na *Seleta Francesa* que encontrei o assunto da minha primeira peça – uma tragédia, a única que perpetrei. O episódio de Múcio Scevola, queimando a mão em presença de Porsena, me impressionou tanto, que resolvi transportá-lo para o palco. Imaginem o que sairia da pena de um fedelho de 10 anos!
>
> Perdeu-se, infelizmente, o manuscrito, que daria, hoje, motivo a boas gargalhadas.

Apenas me lembro de dois versos – sim, porque a tragédia era em verso, como toda tragédia que se respeita.

Múcio Scevola (e neste ponto não me afastei da história), introduzia-se, furtivamente, no palácio de Porsena, para matá-lo; mas, por terrível engano, em vez de apunhalar o rei, apunhalava o secretário do rei.

Acudia, então, um amigo, confidente de Múcio, e exclamava:

– Que fizeste, temerário?

– Tu mataste o secretário!

Eis tudo quanto resta de minha tragédia!

Entretanto, *Múcio Scevola* não foi a minha primeira peça. Um ano antes (não riam) tinha eu já escrito um drama em um prólogo e cinco atos, que também se perdeu.

Ainda tenho de memória o argumento e posso dizê-lo em poucas palavras:

Um pobre pai de família achava-se em uma situação aflitiva porque perdera o emprego e não tinha absolutamente com que dar de comer á mulher e aos filhos. Passando por uma rua, viu cair do bolso de um milionário estroina uma carteira recheada de notas do banco e ergueu-a do chão sem que ninguém o visse.

Travou-se, na alma do infeliz, um tremendo conflito entre a necessidade e o dever.

Restituirei o dinheiro? Ficarei com ele? Se o restituir ninguém o aproveitará porque será desperdiçado, à toa, por um perdulário; se o não restituir poderei alimentar e vestir a minha prole".

A necessidade, que tem cara de herege, é mais forte que todos os escrúpulos: o dinheiro não foi restituído.

Não foi restituído e "grelou" [crescer, aumentar], como hoje se diz em linguagem capadócia. Graças a esse achado, que constituia o prólogo do drama, o meu herói dispôs do capital necessário para embarcar numa empresa rendosíssima e acumular contos e mais contos de réis.

Enriqueceu.

Entretanto, o milionário, continuando na sua bela vidinha de desregramento e dissipação, foi, pouco a pouco, perdendo tudo quanto possuía e ficou reduzido a extrema penúria.

Nessa ocasião o outro ajustou contas com a consciência, procurou o homem e restituiu-lhe o dinheiro, com os juros capitalizados.

Aí está um argumento, não de drama, mas de comédia, que poderia, ouso dizê-lo, ser tratado com a habilidade de um Sardou. Nas mãos de uma criança, a peça não podia deixar de ser o que foi: um monstro.

Meu pai, a quem pedi que fizesse a conta dos juros do dinheiro encontrado, interessou-se por meu trabalho e quis saber qual era o enredo. Disse-lhe. Ele teve um sorriso de aprovação e perguntou:

– Que título vais dar ao teu drama?

– *Uma Quantia*, respondi muito ancho.

– *Uma Quantia?*

– Sim senhor.

– Isso, agora, é tolice. *Uma Quantia*, é vago, indeterminado, e não tem significação alguma. Que quantia é essa?

– É a que cai do bolso do milionário.

– Bem sei; mas qual é a importância?

– Três contos de réis.

– Pois seja, esse, o título da peça. *Três Contos de Réis* sempre é melhor que *Uma Quantia*. Entretanto, aconselho-te que acrescentes uma cifra: três contos de réis é muito pouco dinheiro.

Fiquei pasmado diante dessa opinião porque três contos de réis eram, aos meus olhos, um fabuloso pecúlio, e foi com tal e qual hesitação que aumentei a cifra reclamada pela crítica paterna.

A peça foi representada com sucesso, num salão que havia no fundo do quintal de nossa casa, um precursor do Eden-Lavradio, que meu pai reservava, exclusivamente, para as nossas travessuras, minhas, dos meus irmãos e de alguns amiguinhos da vizinhança. Prendem-se a esse turbulento salão (digo no "salão", para conservar o nome que lhe dávamos) as felizes recordações da minha infância.

Construiu-se, mais tarde, um teatrinho nas lojas de um sobrado da rua de Santo Antônio, alguns passos da casa onde, poucos anos depois, o desembargador Pontes Vergueiro assassinava a pobre Maria da Conceição.

Naquele sobrado residiu o Manoel do Bico, assim chamado por ter tido negócio numa casa térrea, cuja esquina formava um ângulo agudo.

A família desse honrado negociante gostava muito de teatrinhos particulares.

Aí foi representada uma comédia minha, intitulada *O Fantasma na Aldeia*, plágio escandaloso do *Fantasma Branco*, de Macedo, reduzido a um ato.

Em 1879, alguns moços empregados, como eu, no comércio, construíram, no largo do Carmo (hoje Praça João Lisboa), por baixo do Gabinete Português de Leitura, um teatrinho a que deram o arrogante e pomposo título de Teatro Normal.

Aí fiz representar, e eu próprio representei, um melodrama cujo manuscrito ainda possuo. Intitulava-se *Fernando Duarte era Eu*.

Pelo mesmo tempo escrevi outra comédia que foi, também, representada no Teatro Normal: *Indústria e Celibato*.

Como se vê, a minha especialidade eram os títulos infelizes. A ação dessa comédia passava-se na cidade do Rio de Janeiro, que eu não conhecia ainda.

Um dos personagens, logo depois das primeiras cenas, entrava, fatigadíssimo, de uma longa jornada em caminho de ferro: vinha... de Mata-Cavalos!...

Eu supunha, não sei como, que Mata-Cavalos fosse uma localidade distante da côrte, como, por exemplo, Vassouras ou Valença.

Na platéia estava um guarda-livros, novo na terra, chegado recentemente do Rio de Janeiro. Esse homem riu a bandeiras despregadas quando o ator exclamou, com uma mala em cada mão:

– Uf! ... venho de Mata-Cavalos! ...

Só em 1873, chegando a esta capital, verifiquei o meu erro e compreendi a hilanidade do guarda-livros.

Em 1870 – tinha eu, então, 15 anos – escrevi o *Amor por Anexins*.

Foi o meu primeiro trabalho exibido em teatro público.

O pai de Artur retirou-o dos estudos, aos 13 anos, empregando-o numa loja de comércio. Veio, a seguir, uma colocação na burocracia, da qual foi demitido pelo Governador da Província, que viu nos versos do adolescente uma sátira à sua pessoa.

Ressabiado com a injustiça sofrida, segundo informa Antônio Martins de Araújo no livro que lhe é dedicado[1], ele se mudou para o Rio de Janeiro, e trouxe na bagagem *Amor por Anexins*, "entreato cômico, realizado três anos antes, em 1870). Era esse, nas suas palavras, o primeiro trabalho teatral" – '"farsa, entremez, entreato, ou que melhor nome tenha em juízo" – "escrito para as meninas Riosa, que o representaram em quase todo o Brasil e até em Portugal. Na trama, Isaías desfila, com verve espantosa, número imenso de provérbios, ao pedir a mão da viúva Inês. Ela pergunta se ele já viu representar

1. *Arthur Azevedo: a Palavra e o Riso*, São Paulo: Perspectiva, 1988.

As Pragas do Capitão e explica: "Era um militar que praguejava muito. A senhora que ele amava deu-lhe a mão de esposa, mas depois de estabelecer-lhe a condição de não praguejar durante meia hora". Pode-se ler *Les jurons de Cadillac*, de Pierre Berton – por certo a fonte de *Amor por Anexins*, como foram muitas outras comédias francesas o estímulo para as suas adaptações e paródias (*La fille de Madame Angot*, de Clairville, Siraudin e Koning, com música de Charles Lecocq, passando a *A Filha de Maria Angu*, ou *La belle Hélène*, ópera bufa de Jacques Offenbach, com libreto de Meillac e Halévy, a *Abrel, Helena*, por exemplo).

Assinale-se que Artur Azevedo transitou em múltiplos domínios, reunindo às atividades de autor de comédias, as de dramas, ópera bufa e ópera cômica, *vaudeville* e revista, tradutor e adaptador, crítico do movimento cênico e animador, além de haver deixado considerável obra em outros gêneros literários, como o conto e a poesia humorística. Entre originais, traduções e adaptações, Artur Azevedo legou-nos cerca de duzentos textos.

A biografia de um autor, dispensável na avaliação de seu trabalho, no caso de Artur Azevedo ajuda a compreender o significado positivo de tudo que ele realizou. Sua generosidade começa pela circunstância de que, sendo pai de quatro filhos, cuidou da criação de outros quatro, órfãos de um ator pobre, mantendo ao todo 13 pessoas. Na imprensa, como jornalista, pugnou pela República, preservando sempre o imperador D. Pedro II. Para a Exposição Nacional de 1908, além de preparar a peça *Vida e Morte*, montou textos dos seguintes autores: Machado de Assis, Martins Pena, França Júnior, Arthur Rocha, Coelho Netto, Filinto de Almeida, José de Alencar, Goulart de Andrade, Júlia Lopes de Almeida, Pinheiro Guimarães e José Piza.

Foi possível a Artur Azevedo asseverar: "orgulho-me de dizer que os meus folhetins foram a origem não só de todo esse movimento de simpatia que se formou em volta da idéia do Teatro Municipal, mas do próprio Teatro Municipal, movimento considerabilíssimo, se o compararmos à inércia, à indiferença, à esmagadora apatia dos outros tempos. O grande caso é que o Teatro Municipal está criado por lei".

Inaugurado em 1909, além de um discurso de Olavo Bilac, o Municipal apresentou peças sinfônicas, a comédia *Bonança*, de Coelho Netto, e a ópera *Moema*, de Delgado de Carvalho, só vindo a encenar um texto de Arthur Azevedo 46 anos depois da abertura, isto é, em 1955, e em uma só récita, a admirável burleta *O Mambembe* (escrita de parceria com José Piza), dirigida por Gianni Ratto e no desempenho de um belo elenco, a cuja frente se encontrava a grande atriz Fernanda Montenegro.

Deve-se lembrar que, embora avesso à política, Artur Azevedo foi ardoroso abolicionista, escrevendo, após estudar a "lei do ventre livre", a peça em um ato *O Liberato*, e, em 1882, seis anos antes da

Abolição, *A Família Salazar*, drama de que foi colaborador Urbano Duarte, e que dois anos depois seria publicado com o título de *O Escravocrata*.

Como funcionário público, considerado exemplar, foi promovido, após 33 anos de trabalho, já a poucos dias antes da morte, a diretor geral do Ministério da Viação, na vaga de Machado de Assis. Imbuído de espírito associativo, incluiu-se entre os criadores do Clube Rabelais, embrião da Academia Brasileira de Letras, da qual foi um dos fundadores, ocupando a cadeira cujo patrono é Martins Pena (e Josué Montello o atual titular).

Dos 200 textos firmados por Artur Azevedo, quase uma centena eram peças teatrais, das quais, infelizmente, chegaram até nós apenas 58, tendo sido perdidas as restantes. Às conservadas acrescentam-se monólogos e sainetes, constituindo o *Teatro a Vapor* 105 esquetes, divulgados como crônica semanal.

Acreditava Artur Azevedo que "o teatro que mais convém aos países novos é o teatro de costumes, e esse, deixem lá, é o verdadeiro teatro". Embora discutível, esse conceito o levou a fixar-se nas comédias e nas revistas de ano, mais propícias à pintura desses costumes. A edição em boa hora empreendida pelo Instituto Nacional de Artes Cênicas, na presidência de Orlando Miranda de Carvalho, sendo secretário de Cultura, no Ministério da Educação e Cultura, o acadêmico Marcos Vinicios Vilaça, contém 22 comédias completas, das quais 13 em um ato, representando, portanto, mais da metade do gênero. A elas somam-se três dramas: *O Liberato*, de sua inteira autoria, e os outros dois, com a colaboração de Urbano Duarte – *O Escravocrata*, (já mencionado), e *O Anjo da Vingança*, encenado em italiano, e que está perdido.

Além do temperamento movido pelo otimismo, Artur Azevedo preferiu a comédia, certamente, pela crença segundo a qual "ninguém escreve peças tão claras, tão nítidas, tão harmoniosas como os franceses – em Molière está o embrião de toda a dramaturgia moderna". A fim de alimentar os cartazes, por isso, nosso autor traduziu do francês mais de trinta originais.

Se a maioria dos seus textos se passa no Rio, com personagens em geral da classe média, *Uma Véspera de Reis* desloca-se para a Bahia; *A Casadinha de Fresco*, imitação de *La petite mariée*, ópera-cômica de Eugênio Laterrier e Alberto Vanhoo, com música de Lecocq, em Viamão e Porto Alegre, no Rio Grande do Sul; e *Herói à Força*, adaptação de *Le Brasseur de Preston*, ópera-cômica de Leuven e Brunswich, musicada no Brasil por Abdon Milanês, passando-se nas cidades do Recife, Jaboatão e Olinda, em Pernambuco, durante as lutas travadas contra os holandeses.

Quer na comédia como na revista, a força primordial se encontra na teatralidade. A ação progride continuamente, sem permitir um bocejo ou o desligamento do espectador. É-se obrigado a reconhecer que essa qualidade não se acompanha do aprofundamento das personagens. Mais do que caracteres profundos, com psicologia requintada, elas se definem como tipos, sempre muito bem delineados.

Antonio Martins enumera os temas tratados nas revistas de ano, que abrangem de 1878 a 1906, as quais são de autoria exclusiva de Artur ou em colaboração:

> Os grandes acontecimentos que abalaram nosso país e especialmente a Capital Federal estão presentes: as epidemias fatais, os ecos da Guerra do Paraguai, a abolição da escravatura, o Encilhamento, a Revolta da Armada, a Campanha de Canudos, a proclamação da República, a vacina obrigatória, enfim, os grandes momentos por que passou a nossa sociedade na *belle époque*.

Não será sem propósito reconhecer que, ao lado do prazer literário, essas revistas propiciam um melhor conhecimento da nossa História, vista por meio de um agudo observador, identificado com a verdade cotidiana.

Entende-se naturalmente que esse apego aos fatos transitórios poderia parecer uma demissão do ideal artístico. Múcio da Paixão, no livro *O Teatro no Brasil*, chega a transcrever a resposta dada por Artur Azevedo à crítica de Cardoso da Motta, segundo a qual teria principiado a *débâcle* no teatro:

> Não é a mim que se deve o que o Sr. Cardoso da Motta chama o princípio da *débâcle* teatral, nem foi minha (nem de meu irmão, nem de *guelqu'un des miens*, como diria o lobo da fábula) a primeira paródia que se exibiu com extraordinário sucesso no Rio, de Janeiro.
>
> Quando aqui cheguei do Maranhão, em 1873, nos 18 anos de idade, já tinha sido representada centenas de vezes, no Teatro São Luís, *A Baronesa de Caiapó*, paródia d'*A Grã-Duquesa de Gerolstein*. Todo o Rio de Janeiro foi ver a peça, inclusive o Imperador, que assistiu, dizem, a mais de vinte representações consecutivas...
>
> Quando aqui cheguei, já tinham sido representadas com grande êxito duas paródias do *Barbe-Bleu*, uma, o *Barba de Milho*, assinada por Augusto de Castro, comediógrafo considerado, e outra, o *Traga-Moças*, por Joaquim Serra, um dos mestres do nosso jornalismo.
>
> Quando aqui cheguei, já o Vasques tinha feito representar, na Fênix, o *Orfeu na Roca*, que era a paródia do *Orphée aux Enfers*, exibida mais de cem vezes na Rua da Ajuda.
>
> Quando aqui cheguei, já o mestre que mais prezo entre os literatos brasileiros, passados e presentes (Machado de Assis), havia colaborado, embora anonimamente, nas *Cenas da Vida do Rio de Janeiro*, espirituosa paródia d'*A Dama das Camélias*.
>
> Antes da *Filha de Maria Angu* (paródia da opereta *La Fille de Madame Angot*, música de Lecocq), apareceram nos nossos palcos aquelas e outras paródias, como fossem *Faustino, Fausto Júnior, Geralda Geraldina* e outras, muitas outras, cujos títulos não me ocorrem.
>
> Já vê o Sr. Cardoso da Motta que não fui o primeiro.
>
> Escrevi *A Filha de Maria Angu* por desfastio, sem intenção de exibi-la em nenhum teatro. Depois de pronta mostrei-a a Visconti Coaracy, e este pediu-me que lhe confiasse, e por sua alta recreação leu-a a dois empresários, que disputaram ambos o manuscrito. Venceu Jacinto Heller, que a pôs em cena.

O público não foi da opinião do Sr. Cardoso da Motta, isto é, não a achou desgraciosa: aplaudiu-a cem vezes seguidas, e eu, que não tinha nenhuma veleidade de autor dramático, embolsei alguns contos de réis que nenhum mal fizeram nem a mim nem à Arte.

Pobre, paupérrimo, e com encargos de família, tinha o meu destino naturalmente traçado pelo êxito da peça; entretanto, procurei fugir-lhe. Escrevi uma comédia literária, *A Almanjarra*, em que não havia monólogos nem apartes, e essa comédia esperou quatorze anos para ser representada; escrevi uma comédia em três atos, em verso, *A Jóia*, e para que tivesse as honras da representação, fui coagido a desistir dos meus direitos de autor; mais tarde escrevi um drama com Urbano Duarte, e esse drama foi proibido pelo Conservatório; tentei introduzir Molière no nosso teatro: trasladei *A Escola dos Maridos* em redondilha portuguesa, e a peça foi representada apenas onze vezes. Ultimamente a empresa do Recreio quando, obedecendo a singular capricho, desejava ver o teatro vazio, anunciava uma representação da minha comédia em verso *O Badejo*. O meu último trabalho, *O Retrato a Óleo*, foi representado meia dúzia de vezes. Alguns críticos trataram-me como se eu houvesse cometido um crime; um deles afirmou que eu insultara a família brasileira!

Em resumo: todas as vezes que tentei fazer teatro sério, em paga só recebi censuras e apodos, injustiças, e tudo isto a seco; ao passo que, enveredando pela bambochata, não me faltaram nunca elogios, festas, aplausos e proventos. Relevem-me citar esta última fórmula da glória, mas – que diabo! – ela é essencial para um pai de família que vive da sua pena!...

Não, meu caro Sr. Cardoso da Motta, não fui eu o causador da *débâcle*: não fiz mais do que plantar e colher os únicos frutos de que era suscetível o terreno que encontrei preparado.

Quem se der ao trabalho de estudar a crônica do nosso teatro – e para isso basta consultar a quarta página do *Jornal do Comércio* – verá que o desmoronamento começou com o Alcazar.

Depois que o Arnaud abriu o teatrinho da Rua Uruguaiana, o público abandonou completamente o trabalho dramático, durante alguns anos sustentado com inteligência e heroísmo por Joaquim Heleodoro.

Furtado Coelho, o grande artista, foi o primeiro que se lembrou de mandar fazer uma paródia, para enfrentar com o inimigo. *A Baronesa de Caiapó* nasceu, como todas as pecas do seu gênero, do *primo vivere* dos empresários.

E não tem razão o Sr. Cardoso da Motta em considerar a paródia o gênero mais nocivo, mais canalha e mais impróprio de figurar num palco cênico. Eu, por mim, francamente o confesso, prefiro uma paródia bem feita e engraçada a todos os dramalhões pantafaçudos e mal escritos em que se castiga o vício e premia a virtude.

Essa defesa, mais do que justificativa para as "concessões" de Artur Azevedo, funciona como diagnóstico da situação teatral no Rio de Janeiro e no Brasil, nas décadas próximas à passagem do século XIX ao XX. Mas não cabe pensar apenas em abdicação de critérios artísticos superiores, quando o sério comediógrafo de *O Dote* enveredou para a revista de ano. Sua primeira incursão no gênero foi *O Rio de Janeiro em 1877* e sucederam-se numerosos êxitos, a partir de *O Mandarim*, de 1883. A leitura destas obras mostra que elas superam os episódios circunstanciais que lhes deram origem. Temos muito entranhado o preconceito contra as produções ligeiras, ainda que elas façam as delícias do público.

A necessidade de explicar sua escolha acompanhou toda a trajetória de Artur Azevedo. O folhetim de 17/18 de fevereiro de 1898, em *A Notícia*, o autor consagrou inteiro a uma "Carta a Coelho Netto", que, no dia 10 daquele mês, na *Gazeta de Notícias*, criticou duramente *O Jagunço*, "revista fluminense dos acontecimentos de 1897", estreada cinco dias antes no Teatro Recreio Dramático. O autor de *Quebranto* sentenciou: "Pesa-me ver esse escritor num caminho errado, porque o considero o primeiro dos nossos comediógrafos, e eu, que hoje o acuso, já com fogoso entusiasmo o aplaudi quando o chamaram à cena na noite memorável da primeira da *Escola dos Maridos*".

Artur Azevedo argumentou:

> Meu amigo, se eu tivesse a glória de ser considerado por todos o primeiro dos nossos comediógrafos ao que deveria essa reputação? À *Escola dos Maridos*? Não, porque a *Escola dos Maridos,* depois de me fazer suar o topete para pô-la em cena a contragosto de um empresário, deu apenas *onze* representações. A *Jóia*? Não, porque a *Jóia*, que só foi representada porque desisti dos direitos de autor em benefício do atriz encarregada do principal papel, teve apenas algumas vazantes. Ao *Barão de Pituassu*, prosseguimento da *Véspera de Reis*? Não, porque o *Barão de Pituassu* caiu lastimosamente. Aos *Noivos*, que tu citas? Não, porque os *Noivos* não tiveram grande carreira. À *Donzela Teodora*, que igualmente citas? Não, porque *A Donzela Teodora* foi um triunfo, não para mim, mas para [o compositor] Abdon Milanez. À própria *Véspera de Reis*? Não, porque na *Véspera de Reis* o autor era completamente ofuscado pelo trabalho colossal de Xisto Bahia. À *Almanjarra*, que considero a minha comédia menos ruim? Não, porque a *Almanjarra*, representada quatorze anos depois de escrita, passou completamente despercebida. À *Casa de Orates*, que escrevi de colaboração com meu ilustre irmão Aluízio? Não, porque a *Casa de Orates* desapareceu do cartaz no fim de poucas récitas. A minha reputação, se a tenho, meu caro Coelho Netto, devo-a exclusivamente ao que tu chamas a chinirola (chinirola, segundo o Dicionário Aurélio, é confusão, trapalhada, e coisa que não se entende, embrulhada, confusa). Todas as vezes que tentei fazer bom teatro, é uma desilusão para mim e um sacrifício para o empresário. Por isso é que reclamo o Teatro Municipal.

Se nos despirmos de preconceitos a propósito de gêneros, não teremos dificuldade de reconhecer que as burletas *A Capital Federal*, de 1897, e *O Mambembe* (em colaboração com José Piza), de 1904, são excepcionais, situando-se entre os momentos mais altos da literatura teatral brasileira. Nelas, Artur Azevedo equilibra bem a comicidade, a observação dos costumes, os diferentes tipos, o ritmo vertiginoso e a idéia de espetáculo, encantamento para a vista e para o ouvido.

Reelaborando em *A Capital Federal* a revista de ano *O Tribofe*, por insistência do ator Brandão e a conselho do autor Eduardo Garrido, assim Artur Azevedo justificou-lhe a forma de "comédia-opereta":

> Como uma simples comédia saía do gênero dos espetáculos atuais do Recreio Dramático, e isso não convinha nem ao empresário, nem ao autor, nem aos artistas, nem ao público, resolvi escrever uma peça espetaculosa, que deparasse aos nossos cenógrafos mais uma ocasião de fazer boa figura, e recorri também ao indispensável condimento da música ligeira, sem, contudo, descer até o gênero conhecido pela característica denominação de *maxixe*.

No texto, que retoma o filão de Martins Pena, põem-se em confronto a província e o Rio, por meio de uma família de roceiros, vinda de São João do Sabará. Desmontam-se as tentações, os "pecados" da Capital Federal, embora não haja maior declaração de fascínio pela cidade, e finaliza o diálogo uma apoteose à vida rural: "É na roça, é no campo, é no sertão, é na lavoura que está a vida e o progresso da nossa querida pátria".

Metalinguagem das mais felizes da História do Teatro, não apenas brasileiro, *O Mambembe* coloca em cena uma companhia ambulante, na aventura cotidiana que é excursionar pelo interior. De tudo acontece nesse "mambembar" – desde a impossibilidade de pagamento de um hotel, por falta de dinheiro, até a atriz principal ser reconhecida como filha de "nhô" Chico Inácio, chefe do Pito Aceso, que salva as finanças da companhia. Quando se diz que o teatro é mentiroso, a protagonista replica: "Mentiroso, mais cheio de surpresas e sensações. Anteontem estávamos desanimadas, tendo perdido quase a esperança de poder voltar à nossa casa, e ainda agora, ajoelhadas e de mãos postas, naquela igreja, agradecemos a Deus a reviravolta que houve na nossa situação. Para isso bastou um espetáculo..."

Artur Azevedo sabia que o êxito de um espetáculo bastava para, além do efêmero, assegurar a permanência, o sortilégio e a glória do teatro.

Não é justo, porém, circunscrever à atividade cênica do dramaturgo sua produção literária. No volume satírico *Carapuças, O Domingo* e *O Dia de Finados*[2], que teve introdução, estabelecimento de texto e notas do citado Antônio Martins de Araújo, lê-se, por exemplo, ao lado de numerosas realizações, o seguinte soneto:

Ó dinheiro gentil, que da carteira,
Tão cedo me partiste tristemente,
Repousa do meu bolso externamente
E viva eu cá na terra em quebradeira!
Se de moderno dono na algibeira
Inda prezas teu dono antecedente,
Te lembra que a um credor impertinente
Eu tenho de embolsar na quarta-feira!
Se tua consciência inda te acusa
Da dor primordial que me ficou
De ver que a felicidade faz-se exclusa,
Roga à sorte cruel que te ausentou
Que tão cedo, meu anjo, te conduza,
Quão cedo do meu bolso te levou!

2. Rio de Janeiro: Presença, 1989.

Trata-se de paródia do famoso soneto de Camões, que passo a citar:

Alma minha gentil, que te partiste
tão cedo deste corpo descontente,
repousa tu nos Céus eternamente,
e viva eu cá, na terra sempre triste.
Se há no assento Etéreo onde subiste,
memória deste mundo se consente,
não te esqueças daquele amor ardente
que já nos olhos meus tão puro viste.
E se vires que pode merecer-te
alguma cousa a dor que me ficou
da mágoa, sem remédio, de perder-te,
Pede a Deus, que teus olhos encantou,
que tão cedo de cá me leve a ver-te,
quão cedo dos meus olhos te levou.

Não bastando a copiosa obra teatral e poética de Artur Azevedo, devem-se somar a ela os livros de contos – *Contos Cariocas, Contos Efêmeros, Contos em Verso, Contos Fora da Moda, Contos Ligeiros e Contos Possíveis*, e, à espera de um pesquisador competente, a colaboração de mais de quatro mil crônicas publicadas por ele na imprensa.

4. Presença da França

Era natural que, descoberto e colonizado pelos portugueses, o Brasil se pautasse nas suas primeiras manifestações cênicas pelo teatro que se praticava na metrópole. Não se sabe, segundo o historiador Lafayette Silva, se os autos de Gil Vicente (cerca de 1465-1537), fundador do teatro lusitano, foram ou não representados em nosso território. Somente em 1829 uma companhia criada em Lisboa veio atuar no São Pedro de Alcântara, no Rio de Janeiro. E seu repertório era constituído sobretudo de peças francesas, de autoria de Victor Hugo, Scribe, Bouchardy, D'Ennery, Fourrieu, Dumas, Voltaire e Delavigne, que as companhias de João Caetano e Florindo, entre outras, passaram a copiar.

Antes desse período, os jesuítas, assinalando-se o Padre José de Anchieta (1534-1597), se empenharam no propósito de fundar um teatro catequético. E já no século XVIII há narrativa de representações descritas nas *Crônicas do Cuiabá*, entre as quais a do entremez dos Sganarellos e da tragédia *Zaíra*, de Voltaire, o único autor mencionado.

A independência do País, proclamada em 1822, alterou os rumos do palco. Gonçalves de Magalhães (1811-1882) estava à frente de um grupo que incorporou lições do romantismo. Em Paris, ele editou a revista brasiliense *Niterói* e o livro *Suspiros Poéticos e Saudades*, considerado a primeira realização da nova escola em nossa literatura. E fundamentou suas idéias no seguinte postulado: "Eu não sigo nem o rigor dos Clássicos nem o desalinho dos segundos (os românticos). [...] antes, faço o que entendo, e o que posso. Isto digo eu aos que ao menos têm lido Shakespeare e Racine." Se ele não concordava com o "desalinho" dos românticos, referiu-se à noção do idealismo grandioso de Corneille. Modelo que ele seguiu na trama das tragédias *Antônio José ou o Poeta e a Inquisição* e *Olgiato.*

Registre-se que o grande ator João Caetano (1808-1863), ao caracterizar Martins Pena (1815-1848), fundador da comédia brasileira, chamou-o "o Molière brasileiro". Mesmo sendo discutível essa definição, ela enaltece o papel desempenhado pelo gênio francês.

Há outra observação a ser creditada a João Caetano: nas *Lições Dramáticas,* ele analisa os desempenhos da atriz portuguesa Emília das Neves e da francesa Rose Cheri no papel de Margarida Gauthier, de *A Dama das Camélias,* de Alexandre Dumas Filho. Enquanto a primeira, na cena do espelho, no quarto ato, peca pelo exagero, com gestos violentíssimos, a segunda faz "aparecer nos lábios um fino sorriso, erguendo um pouco os olhos ao céu, e levantando frouxamente os ombros, exprimindo assim com a maior verdade, neste simples gesto, a resignação de sua alma com os efeitos progressivos da moléstia horrível que brevemente a faria sucumbir".

O grande poeta romântico Gonçalves Dias (1823-1864), também dramaturgo de mérito, utilizou como fonte histórica da peça *Patkull,* segundo Ruggero Jacobbi, a *História de Carlos XII da Suécia,* de Voltaire. E Joaquim Manuel de Macedo (1820-1882) declarou que a sua "ópera" *O Primo da Califórnia* era "imitada do francês".

Não se limitou a essa observação a estréia: ela teve como ensaiador o francês Emile Doux, abrindo em 1855 o Ginásio Dramático, inspirado no *Gymnase* parisiense, e sede da reforma contra o dramalhão histórico, substituído pelo "drama de casaca", símbolo da modernidade. Macedo criou ainda, entre outros textos, o drama *Lusbela,* uma das versões brasileiras da personagem Margarida Gauthier, *A Dama das Camélias.*

O romancista José de Alencar (1829-1877), um dos maiores do Brasil, enfrentou também o teatro. Depois de analisar seus predecessores, justificou sua filiação: "Não achando pois na nossa literatura um modelo, fui buscá-lo no país mais adiantado em civilização, e cujo espírito tanto se harmoniza com a sociedade brasileira: na França." E acrescenta: "a escola dramática mais perfeita que hoje existe é a de Molière, aperfeiçoada por Alexandre Dumas Filho, e de que a *Question d'Argent* é o tipo mais bem acabado e mais completo". De acordo com Alencar, "o mestre francês incorporava a naturalidade ao teatro", o qual passou a reproduzir "a vida da família e da sociedade, como um daguerreótipo moral". "O *jogo de cena*, como se diz em arte dramática, eis a grande criação de Dumas". Embora discutível, evidentemente, o juízo de Alencar demonstra sua adesão aos valores contemporâneos do palco francês.

Essa adesão prossegue em *O Crédito*, tributário do realismo. E em *As Asas de um Anjo,* assim justificada por Alencar: "Victor Hugo poetizou a perdição na sua Marion Delorme; A. Dumas Filho enobreceu-a em *A Dama das Camélias*; eu moralizei-a n'*As Asas de um Anjo*; o amor, que é a poesia de Marion e a regeneração de Margarida, é o martírio de Carolina (sua protagonista); eis a única diferença, não falando do que diz respeito à arte, que existe entre aqueles três tipos". O dramaturgo valeu-se ainda, em *O Demônio Familiar,* de *O Barbeiro de Sevilha*, de Beaumarchais. Na peça brasileira, o moleque Pedro diz: "Pedro tem manha muita, mais que Sr. Figaro".

Novo exemplo da numerosa descendência de *A Dama das Camélias* no teatro brasileiro se encontra em *História de uma Moça Rica*, de Pinheiro Guimarães (1831-1877), grande êxito no Rio de Janeiro na segunda metade do século XIX. A epígrafe da peça pertence a Victor Hugo: "Oh! n'insultez jamais une femme qui tombe! / Qui sait sous quel fardeau la pauvre âme succombe?"

Machado de Assis (1839-1908), o maior escritor brasileiro, abraçou na imprensa a escola do teatro de tese, perfilhado na França por Dumas. Mas o temperamento recolhido o aproximou, na expressão cênica, de Alfred de Musset, pertencente à geração anterior, aparentando-se a ele na fórmula dos provérbios, segundo já havia observado seu amigo Quintino Bocaiúva.

Como crítico, Machado revelou saudável abertura, demonstrada na seguinte confissão: "As minhas opiniões sobre o teatro são ecléticas em absoluto. Não subscrevo, em sua totalidade, as máximas da escola realista, nem aceito, em toda a sua plenitude, a escola das abstrações românticas; admito e aplaudo o drama como forma absoluta do teatro, mas nem por isso condeno as cenas admiráveis de Corneille e de Racine".

As Doutoras, de França Júnior (1838-1890, um dos verdadeiros êxitos do palco brasileiro, evoca sem dúvida *Les Femmes Savantes,* de Molière, na pedanteria vocabular das preciosas, praticada por uma das suas protagonistas.

Artur Azevedo (1955-1908), nome patriarcal do nosso palco, defendendo-se de haver parodiado, em *A Filha de Maria Angu,* a opereta *La fille de madame Angot,* música de Lecoq, menciona outros procedimentos semelhantes: *A Baronesa de Caiapó,* paródia de *La grande duchesse de Gerolstein; Barba de Milho,* de Augusto de Carvalho, e *Traga-Moças,* de Joaquim Serra, paródias de *Barbe-bleu; Orfeu na Roça,* paródia de *Orphée aux Enfers;* e *Cenas da Vida do Rio de Janeiro,* que teve a colaboração anônima de Machado de Assis, paródia de *A Dama das Camélias.* E ele traduziu *A Escola de Maridos,* de Molière, em redondilha portuguesa.

O Canto sem Palavras, bela peça de Roberto Gomes (1882-1922), utiliza um procedimento dramático semelhante ao de *Fedra,* de Racine: enquanto na peça francesa a protagonista revive no enteado Hipólito a figura do marido Teseu, no texto brasileiro Maurício vê em Queridinha a imagem da mãe, paixão antiga que se frustrou.

O vínculo com a França, entre os brasileiros, era tão sólido, que Oswald de Andrade (1890-1954) e Guilherme de Almeida (1890-1969) publicaram de parceria, em francês, as peças *Mon coeur balance* e *Leur âme* (São Paulo: Tipografia Asbahr, 1916). Guilherme disse que a idéia foi de Oswald, que assim se justificava: "No Brasil não tem teatro ainda, mas, para ser universal, é preciso escrever em francês". Décadas mais tarde, Raymundo Magalhães Júnior, embora em nosso idioma, escreveu *Canção dentro do Pão,* inspirado numa história de Diderot em *Jacques le Fataliste.*

Talvez caiba afirmar que, depois da Semana de Arte Moderna, realizada em 1922 na cidade de São Paulo, acentuando a nacionalização das nossas obras, mas vinculando-as a um contexto internacional, não tinha mais sentido o diálogo apenas com a criação francesa. Entretanto, o industrial italiano Franco Zampari, residente na capital paulista, ao criar, em 1948, o Teatro Brasileiro de Comédia, inaugurou-o, junto com *A Mulher do Próximo,* de Abílio Pereira de Almeida, apresentando a atriz francesa radicada no Brasil Henriette Morineau, que interpretou, no original, *La Voix Humaine,* de Jean Cocteau. Seguiram-se no cartaz o Grupo de Teatro Universitário, dirigido por Décio de Almeida Prado, com *O Baile dos Ladrões,* de Jean Anouilh, e *Ela, Ele e o Outro,* de Louis Verneuil, no desempenho de Aimée e Fregolente.

Ao profissionalizar-se, o TBC encenou, ao lado de outros textos, os franceses *Ele,* de Alfred Savoir; *Entre Quatro Paredes (Huis clos),* de Jean-Paul Sartre; *Pega Fogo (Poil de carotte),* de Jules Renard; *A Dama das Camélias,* de Dumas Filho; *Antígona,* de Jean Anouilh, junto com *Antígona,* de Sófocles; *Divórcio para Três,* de Victorien Sardou; *Treze à Mesa,* de M.-G. Sauvajon; *Se Eu Quisesse,* de Paul Geraldy; *Uma certa Cabana,* de André Roussin; *A Desconhecida de Arras,* de Armand Salacrou; em 1954, ano do quarto centenário de São Paulo, *Mortos sem Sepultura,* de Jean-Paul Sartre; *Um Dia Feliz,* de Emile Mazaud; *Negócios de Estado,* de Louis Verneuil; e em 1956, *Eurídice,* de Jean Anouilh; e *Mamouche,* de André Birabeau. Lembre-se que, além de Franco Zampari, eram italianos três diretores profissionais do TBC – Adolfo Celi, Luciano Salce e Flamínio Bollini Cerri, e mais o belga Maurice Vaneau.

Alfredo Mesquita, fundador em 1948 da Escola de Arte Dramática de São Paulo, cujo objetivo era seguir o exemplo do Conservatório de Paris, dirigiu também no TBC *A Senhoria,* de Audiberti, e *Patate,* de Marcel Achard.

Ao erguer o seu teatro, em São Paulo, a atriz Maria Della Costa e seu marido, o empresário Sandro Polloni, foram buscar na Itália o cenógrafo Gianni Ratto, cuja primeira direção, em 1954, foi *O Canto da Cotovia (L'alouette),* de Jean Anouilh, permanecendo ele no Brasil.

Infelizmente para nós, não aconteceu o mesmo com Louis Jouvet que, fugindo da Paris ocupada na Segunda Grande Guerra, sediou seu grupo no Rio de Janeiro, para excursionar também pelos países da América Latina, e, findo o conflito, retornou à França. Mas, pela categoria de seus espetáculos, ele sacudiu os jovens brasileiros que se iniciavam nos segredos do palco.

Quando a atriz Luíza Barreto Leite pediu a Jouvet que ajudasse o teatro brasileiro, ele respondeu, segundo o testemunho de Paul Vanorden Shaw, publicado no jornal *O Estado de S. Paulo* de 17 de junho de 1947:

> Nem eu, nem qualquer outro europeu podemos fazer alguma coisa pelo teatro brasileiro. Esse teatro deverá ser realizado por vós mesmos, com a vossa sensibilidade, com a vossa inteligência, a vossa experiência. Nós que somos o produto de civilizações demasiado requintadas, civilizações que procuram novas formas, porque esgotaram as velhas, não podemos compreender e muito menos orientar (como orientar, sem compreender?) a juventude e a exuberância que há em vosso espírito, em vossa arte, em vossas lendas, em vossas tradições. Dessa juventude espiritual, dessa arte sem requintes, dessas lendas e tradições é que deve sair o vosso teatro; nós nada podemos fazer por ele a não ser deturpar-lhe o sentido com a nossa influência de civilizados.

Seria o caso de perguntar: Jouvet estava sendo totalmente sincero ou apenas, tendo nascido em 1887, escondia seu desejo legítimo de retomar a carreira na França, encerrada pouco tempo depois, em 1951?

Em 1969, o diretor franco-argentino Victor Garcia encenou, em São Paulo, alterando completamente a arquitetura do Teatro Ruth Escobar, *O Balcão,* de Jean Genet, espetáculo considerado a primeira e efetiva revelação do espírito de Antonin Artaud no palco brasileiro.

Registraram-se também as montagens de *O Doente Imaginário,* de Molière, em tradução e adaptação de Cacá Rosset, em 1988; e da mesma comédia, em tradução de Edla van Steen, sob a direção de Moacyr Góes e no desempenho de Ítalo Rossi, em 1995; e do Grupo Galpão de Minas Gerais, em 1997.

Companhias francesas que incluíram o Brasil em seu itinerário de excursão são numerosas. O historiador Lafayette Silva publicou que o primeiro conjunto francês de teatro declamado a atuar entre nós instalou-se no Teatro São Januário (do Rio de Janeiro), em 1840. Estreou a 19 de agosto, com *L'enfant trouvé*. Os artistas principais eram Ernesto Gervais, Rafin, Segond, Piel, Moreau, Adrien, Olivier, Gautier e Albertine. Representou mais: *O Barbeiro de Sevilha* e *Le mariage de Figaro,* de Beaumarchais, as comédias de Molière *Le dépit amoureux, Tartuffe, Les Fourberies de Scapin, Monsieur de Pourceaugnac,* e ainda *Les plaideurs,* de Racine, e *L'ecole de vieillards,* de Delavigne.

Continua Lafayette Silva: "Até 1886 não esteve no Brasil nenhum conjunto francês digno de referência. Naquele ano ocupou o São Pedro de Alcântara a notável atriz Sarah Bernhardt", interpretando *A Dama das Camélias.* A partir daí, excetuadas poucas temporadas, teve proveitosa regularidade a vinda de elencos ou personalidades francesas ao Brasil.

Foram as seguintes as visitas que depois recebemos:

1888 Coquelin (considerada "a melhor companhia que tem vindo a este país");
1893 grande temporada de muito sucesso de Sarah Bernhardt, com *Tosca,* de Sardou; *Fedra,* de Racine; *Frou-Frou,* de Meilhac e Halevy; e *Cleópatra*, também de Sardou;
1902 Réjane, com *Le refuge,* de Dario Niccodetni;
1905 De novo Sarah Bernhardt, com *Tosca,* de Sardou (embora ela tivesse pedido para não incluir o Brasil na excursão);
1906 Suzanne Després, com *Le détour,* de Bernstein; *Fedra,* de Racine; *Poil de carotte (Pega Fogo),* de Jules Renard; e *Casa de Bonecas,* de Ibsen (sendo muito elogiada sua naturalidade, distante dos arroubos românticos);
1907 Coquelin, com *Cyrano;*
1908 Maurice de Féraudy, criador de *Les affaires sont les affaires,* de Octave Mirbeau (também elogiado pelo realismo);
1909 Gabrielle Dorziat, Le Bargy e Sylvie, além de Réjane, em 15 de julho (um dia depois da inauguração do Theatro Municipal do Rio de Janeiro), apresentando *Le refuge,* de Dario Niccodemi; e *Lolotte,* de Meilhac e Halevy;
1912 Cia. Dramática Francesa de Lucien Guitry, com *Primerose,* de Flers e Caillavet, e *L'assomoir,* de Emile Zola;
1916 Suzanne Després e Lugné-Poe, em *Le beau Leandre,* de Théodore de Banville; e uma cena do segundo ato de *Leur âme,* de Oswald de Andrade e Guilherme de Almeida (levada só em São Paulo). Também em 1916 Lucien Guitry fez duas temporadas no Rio e uma em São Paulo, com *L'aiglon,* de Rostand, e *L'emigré,* de Paul Bourget;
1917 André Brulé, com *Les romanesques,* de Rostand; e *À quoi rêvent les jeunes-filles,* de Musset;
1918 André Brulé de novo, com *Un soir au front,* de Henry Kistemaeckers; *L'enfant de l'amour,* de Henry Bataille; e *On ne badine pas avec l'amour,* de Musset; além de um espetáculo de Grand-Guignol;
1925 Cia. de Germaine Dermoz e Victor Francen, com *À chacun sa verité (A Verdade de Cada Um),* de Pirandello;
1926 Cia. Francesa (Jacques) Gretillat-(Valentine) Tessier, lançando *Dans une Candeur Naïve,* de Jacques Deval; *Le Tribun,* de Paul Decourcelle; *La carrosse du Saint-sacrement,* de Prosper Mérimée; e *Le paquebot tenacity,* de Charles Vildrac;

1928 Germaine Dermoz (Cia. Francesa de Comédia, com *Israel,* de Bernstein; e *Le Misanthrope,* de Molière;

1936 Cia. do Théâtre du Vieux Colombier, com Germaime Dermos, apresentando *Le Crépuscule du théâtre,* de Lenormand; *Britannicus,* de Racine; *L'avare,* de Molière; *Elizaheth, la femme sans homme,* de André Josset; *L'espoir,* de Bernstem; *Le luthier de cremone,* de François Coppé; e *Le jeu de l'amour et du Hasard,* de Marivaux;

1938 Cia. Cécile Sorel, Cia. Jean Marchat e Cia. Rachel Berendt, além do Théâtre des Quatre Saisons, achando-se no elenco Jean Dasté e Svetlana Pitoeff, que encenaram *Jean de la lune,* de Marcel Achard; *Y'avait un prisonnier,* de Jean Anouilh; *Knock,* de Jules Romains, e *Nationale 6,* de Jean-Jacques Bernard;

1939 Comédie Française (no Rio), com *L'école des maris,* de Molière; *Le chandelier,* de Musset; *Asmodée,* de François Mauriac; *À quoi rêvent les jeunes-fines,* de Musset; *Le jeu de l'amour et du Hasard,* de Marivaux; *Britannicus,* de Racine; e *Le pain de ménage,* de Jules Renard;

1940 Le Théâtre du Vieux Colombier com Rachel Berendt e René Rocher, em *L'annonce faite à Marie,* de Paul Claudel; *Les femmes savantes,* de Molière; *Première légion,* de Emmet Lavery; *Le Paquebot Tenacity,* de Charles Vildrac; e *Fedra,* de Racine;

1945 Rachel Berendt, que nessa temporada apresentou *Une femme singulière,* do brasileiro Cristóvão Camargo; e ainda a Comédie, com *Hymenée,* de Bourdet; *L'Otage,* de Claudel; *Histoire de rire,* de Salacrou; *Antigone,* de Anouilh; *La parisienne,* de Becque; e *Feu la mère de Madame,* de Feydeau. Em seu elenco figuravam Madeleine Robinson, Claude Nollier, Jean Marchat e Gisèle Casadesus;

1946 Cia. Francesa de Comédias, em *Le père,* de Bourdet; *Noé*, de André Obey; *Les caprices de Marianne,* de Musset; *George Dandin,* de Molière; *Le rendez-vous de Senlis,* de Anouilh; *Poil de carotte,* de Jules Renard; *Baisers perdus,* de André Birabeau; e *Grâce pour la Terre,* de Jules Romains. No elenco estavam Fernand Ledoux (também diretor artístico), Claude Magnier, Mathilde Casadesus e Elina Labourdette;

1947 Cia. Marie Bell e Maurice Escande, com *L'Impromptu de Versailles,* de Molière, e *On ne Badine pas avec l'amour,* de Musset; *La marche nuptiale,* de Henry Bataine; *Passage du Malin,* de François Mauriac; *Phèdre,* de Racine; e *Le Secret,* de Henry Bernstein;

1948 Cia. Francesa de Comédias, formada por Elisabeth Hijar, Julien Bertheau e Henri Rollan, com *Huis-clos*, de Sartre; *La double inconstance,* de Marivaux; *Mistigui,* de Marcel Achard; e *Napoléon unique,* de Paul Raynal;

1950 Cia. Madeleine Renaud-Jean-Louis Barrault, com *Les fourberies de Scapin,* de Molière; *La seconde surprise de l'amour,* de Marivaux; *Hamlet,* de Shakespeare; e *Occupe-toi d'Amélie,* de Feydeau;

1951 Temporadas de Les Frères Jacques e do mímico Marcel Marceau;

1952 Comédie Française, trazendo no elenco Maurice Escande, Louis Segner, Georges Chamarat e Robert Hirsch, em *Le bourgeois gentilhomme,* de Molière; *Le mariage de Figaro,* de Beaumarchais; e *Les temps difficiles,* de Bourget; ainda em 1952, apresentou-se no Brasil o grupo Les Téophiliens, criado na Sorbonne para divulgação do teatro medieval, com *O Mistério da Paixão* (permaneceu no Brasil a figurinista Ded Bourbonnais);

1954 Segunda visita da Cia. Renaud-Barrault, destacando-se, na homenagem ao IV Centenário de São Paulo, a admirável encenação de *Le livre de Christophe Colomb,* de Claudel;

1957 Segunda visita de Marcel Marceau com sua companhia, e temporada do Théâtre National Populaire, dirigido por Jean Vilar, com *D. Juan,* de Molière; *Le triomphe de l'amour,* de Marivaux, *Le faiseur,* de Balzac; e *Maria Tudor,* de Victor Hugo. No elenco, Jean Vilar, Maria Casarès, Daniel Sorano, Philippe Noiret;

1959 Nova visita da Comédie Française, com *Les femmes savantes,* de Molière; *Port Royal,* de Henry de Montherlant, e *Le jeu de l'amour et du Hasard,* de Marivaux;

1962 Maria Casarès e Pierre Brasseur, interpretando *Cher menteur,* de Jérôme Kilty;

1965 Companhia encabeçada por Jacques Charon, Robert Hirsch e Raymond Jérôme, com *Un fil à la patte,* de Feydeau; *Britannicus,* de Racine; *Le mariage forcé,* de Molière; e *Le roi se meurt,* de Ionesco;

1967 Nova temporada da Comédie Française, com *Les caprices de Marianne,* de Musset; *Cantique des cantiques,* de Jean Giraudoux; e *Le Cid,* de Corneille;

1970 Cia. Francesa de Comédia (Jacques Mauclair), com um Ciclo Ionesco: *Tueur sans gages, Le salon de l'automobile, La jeune-fille à marier* e *Les chaises;*

1973 Théâtre National Populaire, sob a direção de Roger Planchon, com *Tartufo,* de Molière;

1977 Mais uma vez a Comédie Française, com *Partage de midi,* de Claudel, sob a direção de Antoine Vitez;

1981 Le Grand Magic Circus, oferecendo *Cantiga da Desgraça,* com autoria e direção de Jérôme Savary; e *O Burguês Fidalgo,* de Molière;

1983 Théâtre National de Marseille, com *Les trois mousquetaires,* sob a direção de Marcel Marechal;
1986 Novamente a Comédie Française, com *La parisienne,* de Becque, e *Elvire Jouvet 40,* criação de Brigitte Jacques, a propósito das aulas de Jouvet;
1989 Volta de Marcel Marceau;
1990 *Help! I'am Alive,* inspirado em Ruzzante, pelo Théâtre de Complicité;
2000 A mais recente apresentação da Comédie Française, com *Les fourberies de Scapin,* de Molière, sob a direção de Jean-Louis Benoit e Gerard Giraudon no papel de Scapin;
2003 A atriz Isabelle Huppert e o diretor Claude Regy apresentam a peça *4.48 Psychose,* monólogo da autora inglesa Sarah Kane;
2003 Reinauguração do Teatro Aliança Francesa, em São Paulo, aberto pela primeira na vez quarenta anos antes;
2003 Publicação do livro *Introdução às Grandes Teorias do Teatro,* de Jean Jacques Roubine, traduzido por André Telles;
2004 Théâtre des Bouffes du Nord, com *Tierno Bokar,* sob a direção de Peter Brook.

Cabe ainda assinalar que, em 1987, Jean-Pierre Miquel, então diretor do Conservatório Dramático parisiense, e mais tarde diretor da Comédie Française, veio ao Brasil, para encenar *Conversations de M. Descartes avec Pascal le Jeune,* de Jean-Claude Brisville, em tradução de Edla van Steen e no desempenho de Ítalo Rossi e Daniel Dantas, no Rio de Janeiro, e Ítalo Rossi e Kito Junqueira, em São Paulo.

A conclusão óbvia é que a presença da França no teatro brasileiro tem riqueza e importância incontestáveis.

5. O Teatro Moderno

Não se pode datar o teatro moderno a partir de um movimento ou uma escola que tenham definido as outras artes. Romantismo, realismo, naturalismo, simbolismo, expressionismo e todos os demais *ismos* aplicam-se, sem dúvida, às sucessivas mutações do palco, mas nenhum delas tem o direito de reivindicar a modernidade do teatro. Ela está vinculada, para os estudiosos, à consciência do espetáculo teatral como arte autônoma – não mera materialização cênica da arte literária.

Quem trouxe essa consciência ao palco? O encenador, que assumiu a autoria do espetáculo, como o dramaturgo é o autor do texto. A figura do encenador, muitas vezes com o nome menos pomposo de ensaiador, existe desde a antigüidade grega. E o teatro em várias épocas prescindiu do prestígio superior da literatura, cabendo citar, particularmente, o longo período da *Commedia dell'Arte* italiana, que se estendeu do século XV ao XVII, e conferiu ao ator o reinado incontestável da cena.

A presença do encenador adquiriu importância nas últimas décadas do século XIX. Chronegk, que dirigia um conjunto em Meiningen, na Alemanha, sob os auspícios do duque Jorge II, celebrizou-se pela pesquisa arqueológica de seus espetáculos. O russo Stanislávski, discípulo confesso de, Chronegk, até na tirania exercida sobre o elenco, acrescentou à perfeição visual das montagens dos Meiningers o trabalho do ator, submetido a um eficaz método de procura da verdade psicológica. Emile Zola afirmava, na França, no prefácio de *Thérèse Raquin,* de 1873: "o teatro morrerá, se não se tornar moderno e realista". Antoine, no seu Thèatre Libre de Paris, passou para a posteridade como o diretor que pendurava no cenário de um açougue pedaços verdadeiros de carne. Seja como for, todas essas tentativas visavam a dar ao espetáculo, sob a batuta do encenador, uma coerência e uma autenticidade.

Opondo-se ao esforço realista, o suíço Adolphe Appia e o inglês Gordon Craig procuraram dotar o palco de uma teatralidade própria. No ensaio *Da Arte do Teatro* de 1910, Craig afirma que "não somente o simbolismo está na origem de, toda arte, mas é a fonte da própria vida". O palco libertou-se da reprodução da realidade, para buscar a liberdade da música e da poesia. Os cenários de Craig, que eram trainéis praticáveis em três dimensões, colocavam em relevo a figura do ator. E Appia, grande mago da iluminação, posta a serviço do corpo humano, valorizava também o que o teatro tom de específico. No livro *A Obra de Arte Viva,* Appia contesta o propósito de veracidade arqueológica de Chronegk e observa: "o duque de Meiningen comprava museus, apartamentos, palácios para realizar duas ou três cenas e o resultado era lamentável. – Não; a cenografia é regulada pela presença do corpo vivo; tudo o que se opõe à sua presença justa é 'impossível' e suprime a peça". Appia considera um sacrilégio especializar as funções de dramaturgo e encenador. Segundo ele, o teatro se prejudicou ao intelectualizar-se, transformando o corpo em mero representante do texto literário. Conclui Appia: "Nós *somos* a peça e a cena; nós, o nosso corpo vivo, porque é esse corpo que as cria. E a arte dramática é uma criação voluntária desse corpo. O nosso corpo é o autor dramático".

No seu repúdio à literatura como fundamentadora do teatro, Gordon Craig chega a julgar Shakespeare irrepresentável e suas peças enfadonhas no palco. Escreve ele que, se todos os elementos compõem o fenômeno teatral, "o gesto é talvez o mais importante: ele está para a Arte do Teatro como o desenho para a pintura, a melodia para a música. A Arte do Teatro nasceu do gesto – do movimento – da dança". O ator, porém, não sintetiza a idéia do teatro como arte. A interpretação está sujeita ao acidente, que pela sua própria natureza não seria artístico. Daí Craig elaborar, a noção da supermarionete, acionada pelo encenador, verdadeiro demiurgo do espetáculo.

Outro adepto da reteatralização foi Meierhold, saído do Teatro de Arte de Moscou, dirigido por Stanislávski. Insatisfeito com o psicologismo stanislavskiano, Meierhold partiu para um teatro construtivista, nos termos do movimento que empolgava todas às artes. Concebeu ele o princípio da biomecânica, em que o ator reunia a disciplina da acrobacia e da dança, e levava às últimas conseqüências a técnica da expressão corporal. As audácias de Meyerhold, a princípio recebidas como o "outubro teatral", acabaram sendo condenadas com a pecha de formalistas, pelo realismo socialista consagrado na política social de Stálin.

O alemão Max Reinhardt assimilou todas as conquistas de seus predecessores, utilizando-as no grande espetáculo. Tanto na montagem da tragédia grega como do mistério medieval, ele mobilizava na praça pública ou no palco multidões de intérpretes e de figurantes, obtendo uma grandiosidade e um impacto de comício. Max Reinhardt acreditava na grandeza do teatro para subjugar o público, sensível ao seu sortilégio.

As pesquisas formais dos encenadores não impediram que, em outra linha, o francês Jacques Copeau as pusesse a serviço do dramaturgo. Com ascetismo exemplar, o animador do *Théâtre du Vieux Colombier* de Paris lutou contra a elegância e a superficialidade do *boulevard,* impondo uma poesia que reclamava o rigor da representação. Mesmo em Copeau, que se insurgiu contra a ditadura do encenador, o teatro era definido como uma arte autônoma, que se exprime com linguagem própria.

A onipotência do encenador, no alemão Erwin Piscator, tem por objetivo realizar um teatro político – instrumento da luta de classes. A arte não era um fim em si mesmo, servindo apenas de veículo para a conscientização do proletariado e a transformação da sociedade. O conceito de arte está vinculado à estética da burguesia, que era preciso combater. Por isso Piscator, que desenvolveu seu trabalho sobretudo na década de vinte, não se constrangia de alinhar na causa do proletariado uma parte considerável da literatura mundial, apenas alterada com o acréscimo de prólogos e de epílogos, e outras mudanças julgadas imprescindíveis para a clareza ideológica em vista. É evidente que esse teatro não poderia sobreviver sob o regime do nazismo.

Destino semelhante ao do teatro político de Piscator teve o teatro épico de Brecht, com a subida de Hitler ao poder. Muitas das premissas de Piscator foram retomadas por Brecht, com o propósito de melhor fundamentar-se a sua teoria, que se apoiava também na criação do dramaturgo. Para Brecht a narrativa (epopéia), agindo por meio de argumentos e não da sugestão, aguça o espírito crítico do espectador, ao invés de provocar nele um efeito ilusório. Em função do estranhamento, desperta-se a atividade do público, obrigando-o a tomar decisões. O homem é objeto de estudo (não se supõe que seja conhecido), além de mudar e ser mutável. O ser social condiciona o pensamento, diferentemente da forma dramática, segundo a qual o pensamento condicionaria o ser. A fim de evitar-se a ilusão, abolem-se os recursos luminosos que produzem a atmosfera, e os refletores ficam à mostra. O público é permanentemente estimulado ao raciocínio e à transformação da sociedade.

Na França, a escola de Copeau produziu o Cartel, formado por Dullin, Jouvet, Baty e Pitoëff. Jean-Louis Barrault valeu-se de suas lições, mas formulou o conceito de "teatro total", ou teatro completo, contraposto ao conceito de teatro "parcial", psicológico ou burguês.

Diz Barrault que, no "teatro completo, o pé do homem é utilizado pelo autor ao máximo, a mão do homem, o peito do homem, seu abdômen, sua respiração, seus gritos, sua voz, seus olhos, a expressão de seu pescoço, as inflexões de sua coluna vertebral sua glote etc." Esse é mais um protesto contra o teatro da mão nos bolsos, em que o ator se limita a ser o porta-vos estático da palavra.

Vários encenadores se insurgiram contra as limitações das salas modernas, forçadas a cobrar preços elevados, que acabaram restringindo a platéia apenas às pessoas das classes economicamente privilegiadas. Apareciam como modelo os festivais dionisíacos da Atenas do século V a. C. ou as prolongadas apresentações dos mistérios, na Idade Média. Congregado pelo espírito religioso, o público se irmanava numa verdadeira comunhão artística. Firmin Gémier, já em fins do século XIX, reclamava essa mesma popularidade para o teatro.

Jean Vilar empunhou a bandeira do teatro popular e deu a ele a mais alta expressão artística, na década de cinqüenta. Suas temporadas, na ampla sala de três mil lugares do Palais de Chaillot de Paris, tornaram-se acontecimentos permanentes, por reproporem a idéia de teatro popular e não proletário. O Teatro Nacional Popular francês tentava reunir em Chaillot e nos *week-ends* teatrais os funcionários, os estudantes, os operários, os telegrafistas, as donas de casa – todos os homens, enfim. Dirigia-se o conjunto, por isso, a um substrato comum aos indivíduos, independente da classe de origem. Para isso, encenavam-se de preferência os clássicos do repertório, num estilo viril, capaz de atravessar a grande platéia.

O segundo após-guerra foi marcado, na Europa, pela proliferação desses teatros populares, inscritos na política de cultura dos países e dos municípios. Assinalaram-se, entre outros, o Teatro Popolare Italiano, de Vittorio Gassmann, o Teatro Nacional da Bélgica, o Piccolo Teatro de Milão e diversos elencos estáveis italianos, entre os quais o de Gênova e o de Turim. Se esses grupos furaram o cerco da burguesia, acabaram sendo atacados, mais tarde, por terem burocratizado a atividade cênica, reduzindo-a a uma rotina competente, sem efetivo sopro criador. Do mesmo mal se acusa o Berliner Esemble, que estaria reduzindo Brecht a peça de museu.

As insatisfações de toda ordem passaram a recorrer a outros modelos e a promover novas divindades. Se a teoria e a prática brechtianas dominaram o pensamento europeu engajado, na segunda metade da década de cinqüenta, os que ansiavam por um ritual e uma liturgia ressuscitaram o visionário francês Antonin Artaud, novo profeta de um teatro físico e não verbal. Artaud acredita também que o grande erro do Ocidente está em considerar o teatro um ramo da literatura e o palco a materialização da palavra.

Inspirado pelo teatro balinês, Artaud pensa que

não se trata de suprimir a palavra no teatro, mas de fazer-lhe mudar sua destinação, e sobretudo de reduzir seu lugar, de considerá-la como coisa diferente, de um meio de conduzir caracteres humanos a seus fins exteriores, pois que não se trata nunca no teatro senão do modo pelo qual os sentimentos e as paixões se opõem uns aos outros e de homem para homem na vida.

Apela-se para as práticas mágicas, aproximando-se o rito encantatório do misticismo religioso. Peter Brook, Victor Garcia e outros encenadores atuais confessam-se discípulos de Artaud.

Muita gente supôs que houvesse uma filiação do polonês Grotóvski ao teórico francês. Mas Grotóvski apressou-se a esclarecer que se inscrevia na tradição eslava, vinda de Meyerhold, que podia apresentar coincidências com Artaud, sem contudo provir dele. A formulação mais original de Grotóvski refere-se à idéia de teatro pobre, fincada na essência dessa arte. De acordo com Grotóvski, é possível abolir-se o cenário, a indumentária e qualquer espécie de acessório. Só é fundamental, para que se realize o teatro, a presença física do ator. Por isso, ela é levada ao paroxismo e o ator se mune de todos os recursos, no empenho de convencer a platéia. Talvez nenhum outro intérprete moderno tenha chegado ao requinte de preparação do ator grotovskiano.

Já se vê por essas colocações, nas suas linhas gerais, que o palco moderno acolheu as mais contraditórias tendências e as absorveu praticamente ao mesmo tempo. Assim como têm coexistido, na prática, regimes políticos e sistemas de vida de inspiração oposta, o teatro moderno vai deglutindo os mais diferentes estímulos, que se acotovelam hoje nos grandes centros artísticos. Na comunidade democrática, há lugar para as experiências de todo gênero e só no futuro será possível distinguir, em meio a tanta diversidade, as forças dominantes. Dependendo da focalização, corre-se agora o risco de valorizar um movimento que a História relegará a plano secundário.

Não cabe afirmar que a dramaturgia tem acompanhado as inquietações dos encenadores, assim como, tantas vezes, que os encenadores agilizassem o instrumental, para pô-lo a serviço das conquistas dos dramaturgos. Jean Vilar queixava-se de que os autores contemporâneos haviam perdido a linguagem do teatro popular, que os habilitasse a transpor o imenso palco do *Pulais de Chaillot.* Por outro lado, autores de vanguarda não encontram nos encenadores, nem no estádio cultural do público, a acolhida que gostariam de inspirar.

A ditadura do encenador chocou-se com o princípio de um teatro como afirmação de um grupo, o que produziu uma realidade cênica de características muito diferentes. As comunidades existenciais e ideológicas, multiplicadas na década de sessenta, sobretudo nos Estados Unidos, não aceitariam, um sistema de empresa pautado numa ordem que se combatia. Onde encontrar um autor que participasse das mesmas convicções e transmitisse a experiência do grupo? Esse tipo de vida, repudiando a postura individualista, gerou as criações coletivas, cuja mais alta expressão foram, por certo, as montagens do The Living Theatre, de *Frankenstein* a *Paradise Now*. Sustentando a criação coletiva, a ideologia anarquista e o sentimento algo ingênuo de que o teatro tem poderes para modificar a sociedade.

A luta contra a mecanização da carreira profissional e o desejo de atingir o absoluto artístico estavam na base, também, dos *happenings*, que se estenderam principalmente dos Estados Unidos à França, nos anos sessenta. As outras artes anseiam a perenidade, através do objeto durável – escultura, quadro ou livro, por exemplo. O efêmero pertence à raiz do teatro – fenômeno irrepetível, mesmo de uma noite para outra. Por que não assumir, então, essa impossibilidade congênita de duração, e levar o improviso às raias do absurdo? O *happening* representou essa tentativa de esgotar a criatividade do instante, fixando-a apenas na memória de quem participou do "acontecimento".

Essas posições radicais, de múltiplas origens, se rebelaram sempre contra os conhecidos limites do teatro e da arte em geral. Realização existencial para uns poucos criadores, o teatro precisaria ter, em seu entendimento, uma atuação efetiva sobre a realidade e a sociedade. Sabe-se, porém, como o mundo do consumo absorve as contestações e as instrumentaliza em seu benefício. O que não impede os verdadeiros criadores de tentar, permanentemente, a subversão dos valores estabelecidos e dos conceitos em repouso.

A dramaturgia oscilou, desde o realismo, de acordo mais com as correntes literárias e artísticas do que solidária com as pesquisas dos encenadores. Os autores realistas procuram surpreender uma verdade, em princípio mais próxima dos dramas psicológicos da burguesia, e que não se podia vislumbrar nas tramas rocambolescas do melodrama, deliqüescência da escola romântica anterior.

O norueguês Ibsen, alcunhado o Shakespeare burguês, percorreu uma longa e rica trajetória, de que um momento fundamental se ligou às preocupações realistas. *Espectros* mostra as conseqüências de uma hereditariedade doentia. *Casa de Bonecas* verbera a hipocrisia social e exalta a liberação feminina. *Hedda Gabler* mergulha na neurose da protagonista. *Um Inimigo do Povo* critica a sociedade corrupta, que não se vexa de sufocar o indivíduo que proclama a verdade. Outras obras fixam aspectos diferentes dessa linha, até o vôo mais livre do simbolismo final, em *Quando Nós Mortos Despertamos,* alegoria da maior beleza poética.

A valiosa obra do sueco Strindberg teve alguns pontos de contato com a de Ibsen, embora marcada por uma individualidade poderosa, que o levou a outras direções e a um estilo extremamente original. O prefácio de *Senhorita Júlia* é considerado o manifesto naturalista do teatro, não obstante mantenham ele e a peça, em germe, todos os elementos que eclodirão no simbolismo e mais tarde no expressionismo. A "luta de cérebros" strindberguiana encerra toda a subjetividade que invadirá o palco, no século XX. Foi Strindberg, sem dúvida, ao lado de um Büchner, o mais sensível anunciador da dramaturgia de vanguarda das últimas décadas.

Outra contribuição original e de elevado teor artístico pertence ao russo Anton Tchécov, que alimentou algumas das melhores realizações de Stanislávski e do Teatro de Arte de Moscou. *A Gaivota, Tio Vânia, As Três Irmãs* e *O Pomar das Cerejeiras,* suas peças da maturidade, pontilham o realismo de uma série de sugestões simbolistas, borrando em subjetividade os fatos do cotidiano. E, em *O Pomar das Cerejeiras,* já se indica simbolicamente o fim da aristocracia, tragada pelos valores dos novos tempos sociais.

As primeiras décadas do século XX viram o entrechoque de expressionismo, surrealismo, dadaísmo e futurismo, entre outras tendências. Na dramaturgia, o expressionismo de um Kaiser, por exemplo, timbrou em aparentar um protagonista aparentemente equilibrado, em consonância com a rotina à volta, e que de súbito se perde no caos e na morte, quando vêm à tona os motivos obscuros do subconsciente. Impulsos represados, que a censura não controla mais, jogam o herói expressionista na vertigem e na voragem, de que não há retorno, como em *Do Meio Dia à Meia Noite.*

Fantasias interiores, libertas pela mesma associação livre do sonho, povoam as criações surrealistas, que se pode exemplificar com *Les Mamelles de Thirésias,* de Appolinaire. Já o futurismo italiano, considerando que a vida moderna é velocidade, criou as chamadas sínteses, cuja ação às vezes não dura mais de um minuto. Desejaram Marinetti, Settimelli, Corra, Boccioni, Pratella e outros nomes do movimento jogar para o passado as delongas da preparação psicológica de uma peça tradicional. Mesmo se a herança do movimento não autorizou um inventário significativo, as sínteses futuristas contribuíram para a imposição de uma linguagem mais essencial na vanguarda.

O italiano Luigi Pirandello trouxe a mais revolucionária expressão à dramaturgia, nas primeiras décadas do século XX. Além de fazer uma trilogia sobre o "teatro dentro do teatro", com *Seis Personagens à Procura de um Autor, Cada qual à Sua Maneira* e *Esta Noite Improvisamos,* Pirandello dissolveu o conceito tradicional da unidade da personagem, visualizando-a em enfoques múltiplos e reveladores. O homem pirandelliano não é um ser compacto de identidade reconhecível no progresso da ação. Se ele se julga um, sua imagem será a soma das diferentes e muitas vezes opostas imagens que têm dele todos os interlocutores. Ao pulverizar o indivíduo em tantos fragmentos difíceis de compor uma só fisionomia, Pirandello vislumbrou a trágica incomunicabilidade dos nossos dias.

Talvez o norte-amreicano Eugene O'Neill não tenha produzido uma inovação formal do porte de seus antecessores, embora, em *Estranho Interlúdio,* ele acrescentasse ao diálogo normal das personagens o monólogo interior ou fluxo da consciência, marca registrada de Joyce, em *Ulisses.* Das peças sobre o mar ao expressionismo de *Macaco Peludo,* O'Neill deu apenas uma identidade própria ao teatro de seu país, que ele acabou agigantando em obras grandiosas como O *Luto Assenta a Electra,* que transpõe para a Guerra de Secessão a *Oréstia* esquiliana, tratada numa perspectiva psicológica, e *Longa Jornada Noite Adentro,* tragédia autobiográfica equiparável às obras-primas do teatro clássico.

Outra linha, vinda dos irlandeses Synge e Yeats, valorizou a emoção poética. O *Prodígio do Mundo Ocidental,* de Synge, é sem dúvida a realização mais perfeita de uma plêiade de dramaturgos afirmada à volta do Abbey Theatre, de Dublin. O'Casey colocou um estilo de grande rigor literário na causa da reivindicação social, aproveitando uma vertente de seu predecessor Bernard Shaw. A dramaturgia poética encontrou outra expressão na obra dos espanhóis Valle-Inclán e Garcia Lorca, e do francês Paul Claudel. São essas, de qualquer forma, sobrevivências de um teatro literário, contra o qual se voltou a reteatralização empreendida por alguns encenadores.

O clima da segunda Grande Guerra estimulou, de um lado, uma dramaturgia filosófica, em que o absurdo existencial se colocava em peças de fatura rotineira, e, de outro, uma dramaturgia em que estavam em causa igualmente o beco sem saída humano e a incomunicabilidade, a que se deu o nome de teatro de vanguarda ou teatro do absurdo. À primeira corrente pertencem, por exemplo, Camus e Sartre, que em *Calígula* e *Huis Clos (Entre Quatro Paredes)* trataram, respectivamente, da falta de sentido da aventura terrestre e do ato empenhando de maneira irremediável o indivíduo, quando um homem é o carrasco do outro.

No início da década de cinqüenta proliferaram, em Paris, os teatros de bolso, especializados em montagens experimentais, discutindo o vazio metafísico e a perplexidade do homem diante de sua finitude. Em gêneros que fugiam às classificações tradicionais, fundindo drama e comédia, e veiculando conquistas que vinham de um *Ubu Rei,* de Jarry, de fins do século passado, diversos autores fizeram frente aos teatros oficiais e do *boulevard.* Passados muitos anos, parecem ter deixado uma obra mais sólida Eugène Ionesco e Samuel Beckett.

Ionesco conseguiu um feito paradoxal: uma verdadeira teatralidade, convivendo com a proliferação de palavras e objetos. A *Cantora Careca, A Lição* e um grande número de obras sucessivas foram mostrando a irrisão, até *Le roi se meurt, Tueur sans gage* e *Le piéton de l'air,* em que a vacuidade da existência assume conotações trágicas. A mais perfeita peça do teatro do absurdo talvez seja *Espe-*

rando Godot, em que Beckett põe em confronto dois *clowns*-vagabundos, à espera de uma explicação para o sentido da vida, que nunca chega. Duas outras personagens – o patrão e o servo – ilustram o caminho da História para o nada. Pena que o rigor excessivo tenha conduzido a dramaturgia de Beckett ao silêncio – uma falta de sentido que tira o sentido da própria peça.

Embora situado entre os dramaturgos do absurdo, Jean Genet tem outras características, a partir de uma incrível utilização da metáfora, tanto no rico estilo literário como no significado da narrativa cênica. O *Balcão,* sua obra-prima, formula uma ampla metáfora sobre a sociedade em que vivemos. O próprio revolucionário converte-se, em certo momento, no chefe de polícia. Mas, quando tudo parecia sufocado debaixo do domínio dos detentores do poder, ouvem-se, ao longe, os novos estampidos de metralhadoras rebeldes. A revolução parece uma força inexorável.

As teorias brechtianas têm um interesse ideológico, mas já estariam sepultadas, se não houvesse a grande obra dramatúrgica vazada em peças como *A Ópera dos Três Tostões, A Alma Boa de Setsuan, Mãe Coragem, Galileu Galilei* e tantas outras. Brecht surpreendeu, nos conflitos individuais, o painel histórico da luta de classes, com a permanente revolta dos oprimidos contra os opressores. Produzidas as obras-primas brechtianas sobretudo nas décadas de vinte e trinta, elas conquistaram os principais palcos da Europa na segunda metade da década de cinqüenta, exercendo uma influência que se prolongaria até hoje. Se a teoria do "estranhamento" for ultrapassada pelo advento de novos conceitos, a dramaturgia de Brecht perdurará, pela genialidade que a inspirou.

O segundo após-guerra não deixaria indiferentes os criadores de todo o mundo. A rebelião contra o marasmo vigente, com o domínio secular de Shakespeare, afirmou na Inglaterra a geração dos *angry-young-men,* com os nomes de John Osborne, Arnold Wesker e outros. Os jovens irados britânicos atacaram as instituições, bradaram contra os valores em voga, mas não possuíam uma base consistente, que transformasse seu malestar em efetiva revolução. Todos foram recuperados pelo sistema, sem que tivesse ficado deles ao menos uma peça de linguagem nova.

Nos Estados Unidos, tornaram-se conhecidas, na década de cinqüenta, as obras de Tennessee Williams e de Artur Miller, de imediata repercussão entre nós. A desagregação das classes tradicionais, com seu interminável rosário de culpas e neuroses, deu um inegável charme poético às melhores criações williamsianas, como *À Margem da Vida (The Glass Menagerie)* e *Um Bonde Chamado Desejo.* Miller, discípulo de Ibsen, opôs à desumanização da sociedade industrial uma rígida ética individualista, animada pelo propósito de justiça social. *A Morte de um Caixeiro-Viajante* continua até hoje o mais candente libelo de Arthur Miller contra a trituração do homem pelo sistema capitalista.

Edward Albee retomou a insatisfação humana difusa na dramaturgia moderna, para dar-lhe uma conotação mais próxima da sensibilidade de nossos dias, fundindo nela a "luta de cérebros" strindberguiana, as neuroses exaustivamente tratadas na psicanálise e uma real (embora inoperante) consciência do problema de classe. *Quem Tem Medo de Virgínia Woolf?* é uma das peças que melhor fixam os descaminhos do intelectual moderno, esgotando na destruição e na autodestruição uma potencialidade não desenvolvida no rumo certo.

Muitos outros nomes caberia ainda arrolar, nesta tentativa de distinguir as contribuições originais à dramaturgia de hoje. Em certo momento, valorizaram-se as obras dos suíços Dünrenmatt e Max Frisch, respectivamente com *A Visita da Velha Senhora* e *Andorra.* Não se nega a inteligência nem a correção do diagnóstico de ambos os autores, mesmo se perdidos numa ideologia de um beco sem saída anarquista. Nenhum conseguiu, porém, trazer uma linguagem inédita para o palco.

Os poloneses Witkiewicz, Gombrowsky e Mrozek, entre outros, produziram uma dramaturgia pouco divulgada no Ocidente, como de resto os espetáculos de seu país, que nos últimos anos alcançaram uma repercussão extraordinária em certames internacionais. Seu estilo nasceu do delírio que tem muitos pontos de contato com o expressionismo, situando no paroxismo a aventura existencial. Esses autores dão a medida de um teatro estranho e requintado, que as barreiras da língua relegaram ao quase total desconhecimento dos espectadores brasileiros.

Não seria lícito afirmar que as novas realizações da dramaturgia se equiparam ao nível de um Pirandello, um O'Neill ou um Brecht. Faltam gigantes à literatura dramática de hoje. Será que o teatro não corresponde à linguagem mais avançada dos nossos dias? Ou as características dominantes do palco, situando no primeiro plano o encenador ou a criação coletiva, desestimularam a aventura individual do dramaturgo? Não se esqueça, também, que, dentro do processo criador, talvez nos falte perspectiva para contemplar algo que parecerá óbvio, ao público ou crítico de amanhã.

No Brasil, o teatro moderno é um fenômeno bem mais recente do que na Europa. O divisor de águas para definir-se a modernidade continua sendo, para nós, a Semana de Arte Moderna, realizada em São Paulo, em 1922. A Semana compreendeu manifestações de literatura, música e artes plásticas. Dela esteve ausente o teatro. Cabe perguntar: por quê? A resposta mais evidente é que, arte coletiva, o teatro exigiria uma renovação de todos os seus elementos, para surgir modificado na sua globalidade. Antes de aparecer moderno o espetáculo, deveriam estar atualizadas as mentalidades dos encenadores, dramaturgos, intérpretes, cenógrafos, figurinistas etc. O tempo requerido para a modernização seria inevitavelmente maior. Sob um outro prisma, pode-se dizer que o teatro não representava, como as demais artes, na pacata província da década de vinte, uma realidade contra a qual se instauraria um processo revolucionário.

Por isso, as primeiras manifestações de modernidade teatral só ocorreriam, na segunda metade da década, com o Teatro de Brinquedo, animado no Rio de Janeiro por Eugênia e Álvaro Moreyra (havia no Rio uma rotina cênica mais estabelecida, reclamando um movimento renovador). *Adão, Eva e Outros Membros da Família,* do próprio Álvaro Moreyra, foi o texto produzido pelo grupo, ao lado de um Lenormand. Sua inspiração, porém, está mais próxima do simbolismo anterior do que dos novos ismos absorvidos pela Semana de 22. Quando Oswald de Andrade decidiu enfrentar seriamente o teatro, na década de trinta, depois da experiência simbolista de dois textos em francês – *Mon Coeur Balance* e *Leur Ame,* escritos de parceria com Guilherme de Almeida –, dedicou *O Rei da Vela,* a Álvaro e a Eugênia Álvaro Moreyra, no propósito da "dura criação de um enjeitado – o teatro nacional".

Sintomaticamente, a dramaturgia revolucionária de Oswald de Andrade, escrita de 1933 a 1937, só conheceu o livro e não o palco, na data de sua concepção (a modernidade de *O Rei da Vela* e ainda *O Homem e o Cavalo* e *A Morta* aliavam a ideologia revolucionária a uma forma igualmente revolucionária, haurida na paródia delirante de Jarry e na visão cosmogônica de Maiakóvski. A decretação do Estado Novo, em novembro de 1937, impondo uma ditadura, que se prolongaria até o fim da Segunda Grande Guerra, tornou impossível, na época, uma montagem de Oswald.

Também no Brasil o conceito de teatro moderno se vinculou à presença do encenador. Intelectuais residentes no Rio fundaram o grupo amador de Os Comediantes, pautados pela idéia da necessidade de uma visão unitária do espetáculo, em exigentes termos artísticos. Foragido da Guerra, aportou ao Rio o jovem ator e diretor Ziembinski, promessa do teatro em seu país, a Polônia. Ziembinski renovou esteticamente o espetáculo brasileiro, com a coincidência feliz de que se renovava ao mesmo tempo a dramaturgia: era a estréia de *Vestido de Noiva,* de Nelson Rodrigues, em dezembro de 1943. A montagem acrescentava ainda um desempenho unificado num mesmo estilo e uma cenografia de linhas essenciais, concebida pelo pintor Santa Rosa. O diretor aproveitou a divisão da narrativa em três planos – a realidade, a memória e a alucinação –, para utilizar mais de trezentos efeitos luminosos, quando as nossas comédias de costumes se valiam de uma luz uniforme.

O impacto provocado por *Vestido de Noiva* e pelos Comediantes teve reflexos por toda parte. No Rio, surgiram o Teatro do Estudante do Brasil (criado por Paschoal Carlos Magno), depois do lançamento de *Romeu e Julieta,* em 1938. Em São Paulo, afirmados o Grupo de Teatro Experimental, de Alfredo Mesquita, e o Grupo de Teatro Universitário, de Décio de Almeida Prado, o êxito de Os Comediantes motivou o industrial italiano Franco Zampari a criar, em 1948, o Teatro Brasileiro de Comédia.

O TBC contratou, sucessivamente, cinco encenadores estrangeiros: Adolfo Celi, Luciano Salce, Ruggero Jacobbi, Flamínio Bollini Cerri e Ziembinski. Celi, Salce e Bollini, formados na Academia de Arte Dramática de Roma, traziam um gosto mais discreto e elegante, em que a teatralidade coexistia com a ironia e o humor. Cerca de trinta atores, entre os melhores da nova geração brasileira, representaram a matéria-prima para fazer-se um verdadeiro teatro de equipe, sustentado pelo ecletismo do repertório. A proposta do TBC era, basicamente, a de oferecer à burguesia paulistana um bom sucedâneo dos palcos de Paris, Londres, Roma e Nova Iorque, dispensando-lhe a viagem à Europa e aos Estados Unidos.

Na realidade brasileira, o TBC significava um luxo, como empresa particular. Para sobreviver, ele consumiu a fortuna de Franco Zampari. E os atores, na medida em que progrediam, desejavam maiores oportunidades, difíceis de surgir numa numerosa equipe, quando a carreira de um espetáculo se prolongava de seis semanas para um ano inteiro. Nos mesmos moldes do teatro de equipe, estruturado à volta de um encenador, com um repertório eclético, desdobraram-se do TBC a Cia. Nydia Lícia-Sérgio Cardoso, o Teatro Cacilda Becker, a Cia. Tônia-Celi-Autran e o Teatro dos Sete (Maria Della Costa, que já havia fundado o Teatro Popular de Arte, juntamente com Sandro Polloni, passou também pelo conjunto).

Esse esquema, que aproveitava um conceito europeu, não satisfazia aos que estavam empenhados num programa nacionalista. Deve-se lembrar que a nova geração brasileira assimilou os ensinamentos dos encenadores europeus. Formaram-se a partir de sua lição um Antunes Filho, um Flávio Rangel, um José Renato. Este último criou, no início da década de cinqüenta, o Teatro de Arena, que transpunha para São Paulo a experiência de Margo Jones nos Estados Unidos – uma forma circular, que dispensava a cenografia e funcionava em qualquer espaço. Como orientação, o Arena parecia, a princípio, um TBC pobre, até que lhe foi insuflada a ideologia do nacionalismo.

Augusto Boal, que veio praticamente de um curso de dramaturgia e direção, na Universidade de Colúmbia, nos Estados Unidos, para o Teatro de Arena, e os jovens egressos do Teatro Paulista do Estudante, sobretudo Gianfrancesco Guarnieri e Oduvaldo Vianna Filho, imprimiram a linha nacional e social que o Teatro de Arena simbolizou. O marco dessa nova orientação foi representado pela estréia de *Eles Não Usam Black-tie,* de Gianfrancesco Guarnieri, dirigida por José Renato, que iniciou a série de peças brasileiras lançadas pelo elenco. O teatro nacional tomava consciência de suas possibilidades e de seu destino histórico. A fundamentação teórica do movimento consolidou-se no Seminário de Dramaturgia, animado por Augusto Boal, que adaptava às nossas exigências as premissas do Actors' Studio, por sua vez uma transposição do Método de Stanislávski à realidade norte-americana.

O Arena passou da dramaturgia brasileira à nacionalização dos clássicos e à fase dos musicais, até a experiência do teatro-jornal. Com a vigência do Ato Institucional n. 5, de 13 de dezembro de 1968, inaugurando o período de maior obscurantismo da vida brasileira, a trajetória do Arena tinha de ser estancada. O exílio voluntário de Augusto Boal interrompeu essa fecunda trajetória.

Paralelamente ao Teatro de Arena, o Teatro Oficina de São Paulo cumpriu um itinerário extremamente vivo e atuante. Sua primeira fase foi a da busca da verdade, no sistema stanislavskiano. *Pequenos Burgueses,* de Górki, encenado nessa escola, em 1963, distinguiu-se talvez como o mais perfeito espetáculo realista do nosso palco. Sensível às novas influências, o diretor José Celso Martinez Corrêa montou *Andorra,* de Max Frisch, e *Os Inimigos*, de Górki, de acordo com as teorias brechtianas. O Brasil assumia a sua condição tropical, e o Oficina encenou, com grande êxito, *O Rei da Vela.* Ao enfrentar *Galileu,* José Celso temperou Brecht no clima do trópico e, nessa linha, ao invés de apresentar o dramaturgo racionalista da última fase, preferiu *Na Selva das Cidades,* em que o autor misturava Rimbaud com a atmosfera do expressionismo. O resultado poético da encenação colocou esse espetáculo entre os mais belos da nossa história teatral. O contato com The Living Theatre inspirou a última experiência do Oficina, já no início da década de setenta: *Gracias, Señor,* em que a boa idéia não teve uma feliz realização.

Poucos encenadores estrangeiros continuaram colaborando permanentemente com o nosso teatro. Entre eles, Gianni Ratto, que havia sido o cenógrafo estável do Piccolo Teatro de Milão, foi quem mais se identificou à dramaturgia brasileira, responsabilizando-se ao menos por três espetáculos que se tornaram históricos: *A Moratória,* de Jorge Andrade; *O Mambembe,* de Artur Azevedo; e *Se Ficar o Bicho Pega, Se Correr o Bicho Come,* de Oduvaldo Vianna Filho e Ferreira Gullar. Alberto D'Aversa faleceu em São Paulo, depois de dar uma valiosa contribuição cultural. E o belga Maurice Vaneau, vindo do Teatro Nacional de seu país para o TBC, dirigiu muito bem *Quem Tem Medo de Virgínia Woolf?,* de Albee, e nos últimos anos de sua estada no Brasil uniu espetáculos em que ao teatro se agregaram a mímica e a dança.

Uma importante geração de encenadores brasileiros se afirmou, a partir da década de cinqüenta. Alguns deles são Flávio Rangel, Antunes Filho, Ademar Guerra, Fernando Peixoto, João das Neves, José Celso Martinez Corrêa, Amir Haddad, Ivan de Albuquerque, Celso Nunes e Paulo José. Eles não ficaram a dever aos encenadores estrangeiros que vieram colaborar conosco, e encontraram uma linguagem própria, em que dominavam perfeitamente os segredos do palco. Não se pode afirmar que os encenadores brasileiros tenham inovado a concepção do teatro, em termos internacionais. Mas se movimentam pelo profissionalismo em igualdade de condições com os melhores encenadores de todo o mundo. No campo da experiência, Augusto Boal ofereceu, na Europa, a contribuição inovadora do seu "teatro do oprimido", com as pesquisas de teatro-imagem, teatro-foro e teatro invisível.

Na dramaturgia, Nelson Rodrigues incorporou, em *Vestido de Noiva,* a sondagem do subconsciente. Mesmo o drama carioca de costumes, de sua última fase, carrega uma forte dose de subjetividade. A fala curta e incisiva, constituindo uma linguagem de direta teatralidade, foi a inovação mais importante de Nelson Rodrigues na dramaturgia brasileira.

Jorge Andrade escreveu no teatro, a partir de *A Moratória,* a epopéia do café, como José Lins do Rego havia feito, no romance, a do açúcar, e Jorge Amado a do cacau. Suas peças remontaram à origem da nacionalidade e investigavam depois, os problemas da vida urbana.

Ariano Suassuna uniu, no *Auto da Compadecida* e em *A Pena e a Lei,* entre outras peças, o drama religioso de inspiração medieval e o populário nordestino. Nos últimos anos, seu trabalho mais significativo se voltou para o romance.

A dramaturgia de Gianfrancesco Guarnieri trouxe, na estréia de *Eles Não Usam Black-tie,* a luta de classes dos centros urbanos, aprofundada em *A Semente. Ponto de Partida,* outra montagem do autor, enfrentava numa alegoria a questão da manipulação do poder, que transforma um crime em suicídio.

Plínio Marcos surgiu com *Dois Perdidos numa Noite Suja* e *Navalha na Carne,* explodindo em compreensão humana os conflitos dos marginalizados. Essa a principal tônica de seus textos, até *Oração para um Pé de Chinelo.*

João das Neves exprimiu as melhores conquistas do Grupo Opinão do Rio, que no início se pautava por uma linha semelhante à do Teatro de Arena. O *Último Carro,* sua realizacão maior, aliava o drama de cunho social a uma montagem que explorava magnificamente o espaço. Essa visão criadora do espaço cênico só havíamos conhecido em algumas produções da atriz-empresária Ruth Escobar: *Cemitério de Automóveis* e *O Balcão,* dirigidas pelo franco-argentino Victor Garcia, e *A Viagem,* encenação de Celso Nunes.

O sufoco que se seguiu ao Ato Institucional n. 5 levou a nova geração a fundir o empenho social e uma torturada subjetividade. As mais importantes estréias de 1969 foram *O Assalto*, de José Vicente; *Fala Baixo, senão Eu Grito,* de Leilah Assunção; e *À Flor da Pele,* de Consuelo de Castro. No ano anterior, Antônio Bivar começava a trilhar essa linha com a peca *Cordélia Brasil.*

Já na década de setenta, além da continuidade da obra de muitos autores, assinalou-se a estréia de Roberto Athayde, com *Apareceu a Margarida,* explosivo monólogo de uma professora autoritária. E, depois de um difícil período em que era praticamente interditada toda a dramaturgia de contestação, começaram com a abertura política a subir ao palco diversos textos expressivos.

O melhor resultado imediato dessa abertura foi a possibilidade de montagem de duas obras de Oduvaldo Vianna Filho, vindo da geração do Arena e falecido em 1974. Vianninha amadureceu como dramaturgo quando já não podia chegar ao público. Lançaram-se em 1979 *Papa Highirte* e *Rasga Coração,* vencedoras de concursos do Serviço Nacional de Teatro: *Papa Highirte,* uma apaixonada reflexão sobre um ditador latino-americano no exílio; e *Rasga Coração,* uma sensível meditação sobre os anteriores cinqüenta anos da vida política brasileira. Uma flexível linguagem teatral serve de veículo, nessas peças, a uma séria sondagem nos protagonistas, distante de qualquer sectarismo político ou superficialidade de visão.

Basta examinar os cartazes do Rio e de São Paulo, no segundo semestre de 1979, para concluir como se tornou rica a produção nacional. Millôr Fernandes, Lauro César Muniz, João Bethencourt, Maria Adelaide Amaral, Leilah Assunção, Fauzi Arap, Fernando Melo, Juca de Oliveira, Sérgio Jockymann, Flávio Márcio, Naum Alves de Souza, Nelson Rodrigues e Dias Gomes são alguns dos nomes então encenados nos nossos palcos, atestando a variedade de gêneros e de preocupações da literatura dramática. Poucos centros teatrais, em todo o mundo, puderam orgulhar-se de semelhante vitalidade.

Em muitos países fala-se em estagnação do teatro, em face dos avanços do cinema e da televisão. Na realidade, o cinema sofreu com o advento da tevê, enquanto o teatro aproveitou a concorrência para definir melhor a sua área. Se se lembrar que, em 1948, havia em São Paulo apenas o Teatro Brasileiro de Comédia e umas poucas salas que recebiam as montagens cariocas, registrou-se, em três décadas, um progresso extraordinário: funcionam perto de trinta casas de espetáculos, na maioria com textos brasileiros. Uma admirável evolução, desconhecida em quase todo o mundo.

Os índices de melhoria do teatro brasileiro surgem nos mais variados setores: descentralização da atividade cênica pelas outras capitais e cidades do interior; aumento do número de publicações especializadas; verbas maiores e regulares para o palco, distribuídas pelas administrações federal, estadual e municipal; regulamentação das profissões artísticas; reivindicação para aperfeiçoamento do ensino, inclusive em universidades; especialização da crítica dramática. Todos sintomas de uma crescente maturidade.

O teatro brasileiro, pelas peculiaridades do país, é empenhado e reivindicador. Os artistas mais conscientes sentem necessidade de engajar-se nas lutas sociais, sob pena de parecerem alienados e marginais da História. Espera-se que o país realize a justiça social em clima de liberdade, para que o teatro venha a cumprir o papel de propiciar o puro prazer estético.

(1981)

6. O Ginásio Dramático

A primeira virtude de *As Noites do Ginásio – Teatro e Tensões Culturais na Corte (1832-1868)* se encontra na quase inacreditável quantidade de fontes arregimentadas. A autora, Silvia Cristina Martins de Souza, compulsou 53 jornais diferentes do Rio de Janeiro, anais do Parlamento Brasileiro relativos aos anos de 1846 e 1847, e 1858 e 1859, coleções das leis do Império abrangendo dezoito anos, relatórios do Ministério do Império de 1844 a 1873, seis livros de memórias, 35 peças teatrais dos dramaturgos examinados, nove trabalhos de viajantes estrangeiros, romances e crônicas, ações cíveis e inventários, e correspondência interna, atas, registros e pareceres da Censura do Conservatório Dramático Brasileiro acerca de 167 peças, além de extensa bibliografia pertinente ao tema tratado.

Que essa abundância de material não assuste, contudo, o leitor. O livro filtra a riqueza de dados em pouco mais de 300 páginas que se sucedem com a mesma facilidade de uma narrativa romanesca. A autora soube recriar a vida teatral da época, dando conta das mudanças de cartazes e dos motivos que os inspiravam. E, como afirma na introdução, seu estudo constitui "um esforço no sentido de fazer a história social entrar no teatro". Um esforço – pode-se assegurar – muito bem sucedido.

O primeiro capítulo intitula-se "De Teatro de São Francisco a Teatro Ginásio Dramático", e lembra que, em 1832, o francês Jean Victor Chabry, chegado ao Rio em 1817, "mandou edificar, na Rua de São Francisco de Paula, uma pequena casa de espetáculos para servir à encenação de atores amadores franceses, que trabalhavam como caixeiros, modistas e contramestres na Rua do Ouvidor". Embora considerada uma sala incômoda, ali atuou João Caetano, que, em 1839, assinou seu primeiro contrato com o governo imperial. Em troca de uma subvenção oficial, o ator-empresário "comprometia-se a manter uma companhia dramática composta por atores nacionais, cláusula que, de antemão, sabia ser de difícil cumprimento, já que não havia número suficiente de atores brasileiros para manter qualquer companhia na ocasião".

Em 1855, anunciou-se que "a nova empresa organizada no São Francisco havia trocado o nome daquela sala para Teatro Ginásio Dramático"', acompanhando a mesma orientação da já célebre casa parisiense. Mesmo reformado, o teatro só comportava 256 espectadores, e a estréia deu-se com *Um Erro*, de Scribe, e *O Primo da Califórnia*, de Joaquim Manuel de Macedo. Assinala a autora que, em seis meses de funcionamento, "o Ginásio colocou em cena nada menos do que 25 comédias de Scribe, tornando-se este dramaturgo o predileto da companhia". O empresário Joaquim Heliodoro teve a colaboração do ensaiador francês Emilio Doux e da atriz Maria Velutti.

O comentarista de *A Imprensa*, citado por Silvia Cristina, atribui a Doux a preferência pelo repertório francês, chegando a observar que, graças a ele, "os *vaudevilles* nacionais acabaram-se". De acordo com ela, há exagero nesse diagnóstico, "até porque não se tem notícias de uma produção brasileira significativa nesse gênero dramático". Foi essa a maneira, no seu conceito, de ressaltar "um certo padrão de gosto do público que se dirigia ao São Pedro para assistir aos melodramas e tragédias nele encenados, a que, provavelmente, estas novidades do repertório de Doux deveriam desagradar".

Machado de Assis, em menção do ensaio, definiu também o teatro pelas pretensões pedagógicas. Dos três canais de iniciação e educação da sociedade – a tribuna, a imprensa e o palco –, este último seria o mais eficaz, porque nele "há um processo mais simples e mais ampliado; a verdade aparece nua, sem demonstração, nem análise. [...] a sociedade se vê reproduzida no espelho fotográfico da forma dramática". Completa a autora que "a comédia realista se transformou em teatro de tese, chamando escritores, críticos, atores e público para a polêmica social. Por este motivo, também, o teatro realista acabou por chegar aos caminhos da artificialidade".

No campo do desempenho, a autora ressalta Gabriela de Vecchy, que atuou com João Caetano, vinda de Portugal, e depois de celebrizada como protagonista de *A Dama das Camélias*, o cavalo de batalha do realismo, gozou da fama de primeira atriz fluminense, com elogios fartos de Machado de Assis. O intérprete masculino destacado é o português Furtado Coelho, que ocupou também o posto de ensaiador do Ginásio Dramático.

Já em meados do século XIX havia queixas a respeito do nosso teatro, pelo "excesso de traduções", associado à ausência de apoio do governo aos homens de letras para que se dispusessem a atuar de maneira efetiva na formação de um repertório original brasileiro. Em certo momento, porém, entre março de 1861 e fevereiro de 1862, "os escritores nacionais estiveram muito mais tempo em cartaz no Ginásio do que os estrangeiros, o que levou alguns folhetinistas mais afoitos a proclamarem o nascimento do teatro nacional".

Cumpre observar que, se em décadas recentes, sobretudo a partir da política do Teatro de Arena, floresceu uma nova dramaturgia brasileira, hoje também, por múltiplas razões, ela está praticamente silenciada.

A autora alude a contrastes dignos de nota. Nos idos de 1850, "um grande sucesso de público configurava-se com 12 ou 13 representações seguidas e mais algumas outras alternadas nas semanas ou meses posteriores". *O Demônio Familiar*, de José de Alencar, por exemplo, "manteve-se em cartaz por nove representações, o que significou um sucesso para a época [1882]". Não tardou para que *Orfeu na Roça*, abrasileiramento da opereta *Orphée aux Enfers*, de Offenbach, atingisse mais de 400 récitas.

Dá a autora, no segundo capítulo, uma excelente contribuição para que se conheçam os desmandos do Conservatório Dramático Brasileiro, incumbido de fazer a censura dos espetáculos, desde a primeira metade do século XIX. De lá para cá não se alterou a estupidez da Censura, felizmente sepultada pela nova Constituição em vigor, sem que ocorresse o menor abalo na ordem pública.

Em outra atribuição, o Conservatório, logo depois de instalado, decidiu apresentar uma lista de três assuntos da história do país, oferecendo-o "como programas aos literatos brasileiros que queiram com suas composições enriquecer a literatura nacional". Louve-se o propósito de colaboração, embora só sejam referidas duas peças, inspiradas no terceiro assunto: *Amador Bueno ou a Fidelidade Paulistana*, de Joaquim Norberto de Souza e Silva, e *Amador Bueno*, de Francisco Adolfo de Varnhagen.

A título de curiosidade, resumo um ridículo absurdo, relatado por Silvia Cristina. Numa sessão da assembléia do Conservatório, soube-se por um ofício que o inspetor do Teatro de São Pedro proibira a montagem de *Os Ciúmes de um Pedestre*, quase ingênua comédia de Martins Pena. Acontece que o comediógrafo foi um dos fundadores do Conservatório e era seu segundo secretário. Maldosamente, só posso dizer bem feito, porque não lhe cabia compactuar com qualquer, tipo de censura. O episódio, pelo menos, serviu para Martins Pena criticar a polícia, em sua coluna no *Jornal do Commercio*.

A admissão de certo gênero de censura contaminou outros intelectuais. A autora evoca um exemplo que hoje nos deixa perplexos:

Quintino Bocaiuva condenou o Conservatório "por desvirtuar-se dos objetivos literários para concentrar-se na censura política e de costumes". Que objetivo literário pode constituir uma censura? – é o caso de se perguntar.

O ministro do Império José Ildefonso de Souza Ramos nomeou uma comissão, composta por José de Alencar, João Cardoso de Meneses e Souza e Joaquim Manuel de Macedo, para, entre outras tarefas, analisar as funções do Conservatório. Os dois primeiros opinaram no sentido de que o Conservatório "deveria continuar a funcionar prioritariamente como uma comissão de censura de costumes". Já Macedo, em parecer separado, acreditava que "o Conservatório deveria estabelecer-se como uma escola de formação de atores e um órgão que protegesse os autores e seus direitos e não como uma instituição de censura prévia, como acabara por se tornar". Ponto de vista de louvável bom senso.

Depois de várias outras reflexões, entre as quais a de que "passava a ser a performance o componente determinante do fracasso ou do sucesso das representações e não o gênero dramático em si", Silvia Cristina conclui que dramaturgos como Vasquês e Macedo "acabaram por construir um modelo próprio de dramaturgia, celebrando a diferenciação entre o teatro que se produzia no Brasil e aquele gerado em outros países, alargado a base social do teatro até então existente".

Essa dramaturgia, nas palavras da autora, não significou uma decadência, mas exprimiu um instante "de florescimento e de consolidação de uma tradição dramática que perduraria até nossos dias". Mais um tema para proveitoso debate.

7. Qorpo-Santo

O título do livro – *Qorpo-Santo: Surrealismo ou Absurdo?*[1] – poderia parecer provocação, depois que praticamente a unanimidade da crítica rotulou o dramaturgo gaúcho, nascido em 1829 e morto em 1883, como precursor do teatro praticado no século XX, por Beckett, Ionesco, Pinter e tantos outros.

Na verdade, inédito em vida e só dado a conhecer na década de sessenta do século passado, pelo grande estudioso Guilhermino César, José Joaquim de Campos Leão passou a figurar no mundo teatral logo depois que se cunhara a expressão "teatro do absurdo", substituindo para alguns nomes o vago e impreciso conceito de "teatro de vanguarda", posto em voga pelo próprio Ionesco. Era natural que se associassem a "absurdo" os procedimentos de Qorpo-Santo, ainda que a qualificação, em seu caso, muitas vezes se aproximasse mais do significado vulgar da palavra.

Numa prova saudável de que o ensaísmo teatral brasileiro está saindo da fase meramente exploratória, para proceder à revisão completa dos valores históricos, Eudinyr Fraga analisa a obra de Qorpo-Santo e a coteja com as características dominantes quer do teatro do absurdo, quer do surrealismo, para concluir que ela se aparenta muito mais, de fato, a esse último movimento.

A um exame superficial, a mudança de foco sugeriria conseqüências inócuas. Não é o que se verifica, porém: a nova leitura ressalta o

1. São Paulo: Perspectiva, 1988.

automatismo psíquico na composição das peças qorpo-santenses, verdadeiro delírio a que se entregava o autor insone, longe do testemunho consciente daqueles que se debruçam sobre a falta de sentido metafísico da existência. Projeta-se, assim, uma luz diferente sobre os textos, encaminhando também uma forma própria para encená-los.

Eudinyr Fraga não acolhe esse ponto de vista por vezo polêmico, mas escudado em sólidas referências teóricas. Servem de apoio à sua indagação os escritos fundamentais dos surrealistas e dos que teceram comentários sobre eles (Henri Béhar, por exemplo), bem como o clássico livro de Martin Esslin a propósito do teatro do absurdo. Estabelecidas as bases de cada manifestação, fica mais fácil apontar as que se ajustam ao feitio de Qorpo-Santo.

As peças são submetidas a rigoroso crivo crítico, para que se levantem todas as suas implicações. Eudinyr vale-se das funções definidas por Etienne Souriau no pioneiro *Les deux cent mille situations dramatiques*, a fim de desmontar a estrutura da obra em estudo. E, espicaçado por algumas personagens do escritor gaúcho, chega a colaborar com o esteta francês, propondo a função de "cometa", não encontrável no repertório que lhe serviu de modelo.

Se este ensaio não abdica, em nenhum momento, do espírito universitário que lhe deu origem, tem a vantagem de fugir da terminologia demasiado técnica, acessível a menor número de leitores. Acompanha-se com facilidade seu raciocínio, a que não faltam os proveitosos componentes do bom-senso e do humor. A leitura resulta agradável, fluente, ininterrupta.

O nome de Eudinyr Fraga, embora talvez um pouco tardiamente surja como ensaísta de teatro, há muito é conhecido dos meios especializados de São Paulo. Já na década de cinqüenta colaborou no movimento amador, como membro do grupo de Lotte Sievers, responsável pela divulgação de obras alemãs de qualidade. Insatisfeito com o autodidatismo, ingressou na Escola de Arte Dramática, para estudar Dramaturgia, curso criado por Alfredo Mesquita, paralelamente ao de Interpretação, com o objetivo de estimular o aparecimento de novos autores brasileiros. Alguns de seus textos figuraram em publicações do Movimento Zero Hora.

Nos anos anteriores à sua morte, contudo, Eudinyr se voltou de preferência para o magistério e a pesquisa universitária. *Qorpo-Santo: Surrealismo ou Absurdo?* nasceu de uma dissertação de mestrado, a que se seguiu *O Simbolismo e o Teatro Brasileiro*, tese de doutorado. Os estudos indicam a inclinação por temas difíceis, não-convencionais, mas capazes de elucidar problemas importantes da nossa História dramatúrgica.

Eudinyr aliou à formação específica uma curiosidade ampla por outras áreas, em particular a música e as artes plásticas. Por isso sua visão do fenômeno cênico se beneficiou da familiaridade com outras linguagens, harmonicamente incorporadas ao trabalho do palco. Ficaria pobre qualquer consideração sobre o surrealismo que omitisse as conquistas da pintura e as sondagens da psicanálise, entre outras. E não se entenderia a estética do simbolismo sem menção ao universo musical.

Se Qorpo-Santo não participava, até a década de sessenta, dos livros que traçavam a evolução de nossa dramaturgia, o motivo é simples: ele não contava, por ser desconhecido. Caso isolado, escrita inclassificável pelos padrões da época em que viveu, passou a perturbar os esquemas sabidos do romantismo ou da triunfante comédia de costumes no século passado. Hoje seria impossível descartá-lo, ainda que só encenado há poucas décadas. E, tanto para melhor compreendê-lo como para transformá-lo em espetáculo, o livro de Eudinyr Fraga se tornou imprescindível.

8. O Teatro Brasileiro no Século XX

No campo da produção artística, em geral, a Semana de Arte Moderna, realizada em São Paulo, em 1922, é tida como o marco de ruptura, o divisor de águas que separa o passado, o academicismo, do espírito novo, do ingresso do país na contemporaneidade. Os *ismos* vanguardistas, que recortaram a paisagem européia nas duas primeiras décadas do século XX, finalmente se incorporaram à expressão brasileira. Menos no teatro, que permaneceu à margem de qualquer sopro renovador. Por quê? Qualquer explicação não vai além da conjetura. Talvez porque, arte compósita, a do palco requer a renovação prévia dos seus vários elementos (literatura, artes plásticas – o cenário que aproveita a arquitetura e a pintura, por exemplo), para depois realizar a própria síntese.

A verdade é que o início do século XX teve como melhores resultados aqueles que propuseram um misto de simbolismo e da velha comédia de costumes. Coelho Neto (1864-1934), que seria um dos alvos preferidos dos modernistas, empunhou o bastão tombado com a morte de Artur Azevedo, encarnando o que o crítico literário Sílvio Romero chamou de "reação idealística-simbolista". Já para a Companhia da Teatro de Exposição Nacional, dirigida pelo autor de *O Dote* na importante temporada de textos brasileiros de 1908, ele escreveu *Quebranto*, considerada sua melhor peça e que funde as duas características dominantes do período.

Da tradicional comédia de costumes, *Quebranto* guarda a figura de um provinciano – no caso um amazonense, certamente por causa da voga trazida pela riqueza dos seringueiros – confrontada com a vida do Rio de Janeiro. Ele, que simbolicamente se chama Fortuna, se apaixona pela jovem Dora, sensível à sua corte, para esconder um caso com o primo Josino. Descoberta a maquinação inescrupulosa, Fortuna conta a Dora uma lenda de sua terra: há ali "uma flor que só nasce em água muito limpa e tem a virtude de murchar e morrer logo se uma moça... que não é pura, pega nela. Uma jovem, que casou impura, foi assim desmascarada pelo marido, que a matou. A flor... é segredo de caboclo". Fortuna não se vingará de Dora, fechando-se no sentimento de pena. A avó da moça, pretendendo livrá-lo daquele casamento que julgava absurdo, já o havia benzido. Dispensa-se uma segunda benzedura: o quebranto passou.

O autor condena os procedimentos da sociedade, que importam na venda da mulher ao dinheiro e no culto da ostentação, da aparência e do tabu da virgindade (obrigando Dora a enganar Fortuna). Velada nostalgia instaura freqüentemente o clima poético, ao lado de diálogos de eficaz comicidade.

João do Rio, pseudônimo de Paulo Barreto (1881-1921), não aceitava o simbolismo, como escola. Para ele, era

> impossível fazer uma obra de arte com outro sentimento que não seja o da beleza ou o da vida. Em todas as manifestações da arte. A obra é que, depois da realidade (se exprime com a realidade maior que a realidade em certo estado d'alma universal), passa a ser um símbolo. [...] Acredita V. [dirige-se ao escritor Orris Soares] que todos os tipos do teatro moderno ou antigo foram criados com a idéia *a priori* de fazê-los símbolos? Eles tornaram-se depois. O simbolismo, escola estética, morreu desse erro. Os fortes, que os simbolistas chamam seus, o Ibsen, o Hauptman, estavam longe de criar sombras para dizer coisas inventadas por eles para criar o símbolo. A fatalidade natural é necessária ao teatro. Sempre. Absolutamente. Há nada mais natural que a Heda Gabler, ou a Nora, ou o Solness?

Por isso, a dramaturgia de João do Rio se aplica na crítica aos ambientes decadentistas e na valorização da autenticidade profunda. Recheada de paradoxos, ela evoca, inevitavelmente, o estilo de Oscar Wilde. *A Bela Madame Vargas*, sua peça mais popular, inclui a personagem de um *raisonneur*, que se deleita em fazer frases de efeito. Nesta, por exemplo, ele caçoa de um mal brasileiro: "O mar é um laboratório de imaginação e é por isso que eu explico a superprodução de poetas nacionais pela extensão das contas".

O texto mais ambicioso do autor é sem dúvida *Eva*, estreada em São Paulo, em 1915, com grande êxito. Aliam-se aí todas as facetas de seu talento. A primeira delas está na crônica dos salões elegantes, agora transportada para a fazenda de café de um Conde do Vaticano, no interior de São Paulo, e onde os criados se dirigem aos patrões e hóspedes em francês. Um jornalista desempenha o papel do *raisonneur*, com uma *causerie* fina e sagaz. Se o ambiente é propício à futilidade,

Eva, a "menina original" de 22 anos, cujo nome pode simbolizar bem a mulher, escapa à leviana corte masculina, empenhada em viver um sentimento verdadeiro. Para pôr à prova um pretendente, ela finge ser a autora do furto de uma jóia. Perante os outros, o jovem quer assumir a responsabilidade do ato. Descobre-se quem foi o ladrão. Evidentemente, Eva não hesita mais em relação à sinceridade de quem se dispôs ao sacrifício por ela. A promessa de união coroa os episódios.

Roberto Gomes, que se matou aos 40 anos, no Natal de 1922, distinguiu-se pela sutileza da sensibilidade. *Berenice*, de sua autoria, sempre atraiu as atrizes de temperamento forte. Mas é *O Canto sem Palavras* sua melhor obra, evocando a ficção da maturidade de Machado de Assis. Não haveria exagero em afirmar que o autor de *Dom Casmurro*, se se realizasse no teatro com a mesma altitude do romance, teria escrito algo semelhante a esse peça, estreada no Teatro Municipal do Rio, em 1912.

Inspira-se Roberto Gomes no mito de Fedra, que revive no enteado Hipólito a paixão nutrida pelo marido adolescente Teseu. Só que, em *O Canto sem Palavras*, Maurício vê na afilhada Queridinha a imagem da mãe Maria Luísa, seu amor frustrado de outrora. A delicadeza superior de Maurício mantém secreto o sentimento quase incestuoso, até que o namoro de Queridinha com outro deflagra o ciúme impotente. O bom gosto evita que se troquem palavras esclarecedoras entre os protagonistas. Ele tem consciência de que "era Maria Luisa que eu amava nela [Queridinha] e a sua presença adoçou-me um pouco aquele gosto amargo de cinza que a vida deixa em todos nós". Maurício pede a ela que repita ao piano a música de Mendelssohn, tocada pela mãe, e apagando a lâmpada elétrica: "Aos velhos como eu, a luz muito viva ofusca os olhos. Preferimos a penumbra abafada e silenciosa. Tempos almas crepusculares". Na véspera do casamento da afilhada, Maurício parte para a Europa. Uma poesia tênue, banhada de auto-ironia, envolve a despedida.

Inscreve-se no mesmo gosto impressionista do abandono e da renúncia a obra de Paulo Gonçalves (1897-1927). Em *A Comédia do Coração*, o dramaturgo fixa o conflito entre os sentimentos, no interior de um coração, achando-se eles "individualizados e vestidos das cores que lhes emprestam os ocultistas: a Paixão, cor-de-rosa; o Medo, cor-de-cinza; o Ódio, escarlate, rajado de negro; o Ciúme, cor-de-cinza, pintalgado de vermelho; a Alegria, branca, com manchas verdes". Não deixa de ser hábil o diálogo, que compõe uma história verdadeira, dentro de rigorosa simbologia.

As Noivas retoma, com bonita simplicidade, a atmosfera nostálgica de *As Três Irmãs*, de Tchécov. Três rapazes saem de Dores, vila do Estado de Sergipe, no Nordeste brasileiro, para tentar a vida em São Paulo. As noivas ficam à espera de que eles, enriquecidos, venham um dia buscá-las. A cidade grande, porém, modifica as intenções. O noivo de Angélica não retorna: casou-se por lá. Ao invés de revoltar-se, a jovem pede que entreguem seu enxoval à outra, que é pobre. A asfixia da vida transmuda-se no autor em ternura.

A eclosão da Primeira Grande Guerra isola o Brasil da Europa e alimenta um novo sentimento nacionalista, tendente a exaltar os valores tradicionais. *Flores de Sombra*, de Cláudio de Souza (1876-1954), encenada com grande êxito em São Paulo, em 1916, e depois no Rio de Janeiro, exemplifica bem esse surto, ainda que padeça de certa pieguice. A ação se passa numa fazenda paulista de "mobiliário antigo de carvalho, sólido e pesado, que vai de geração a geração", e lá D. Cristina prepara-se para receber o filho Henrique, que na metrópole namora Cecília, filha de um ministro. Ela está entre os hóspedes que serão recebidos na fazenda, de modo a contrastar a pacatez interiorana com a leviandade do comportamento citadino. Patenteia-se logo a pouca afinidade do casal, enquanto se impõe de novo Rosinha, a namorada da infância, que sofria silenciosa o esquecimento de Henrique. D. Cristina observa para o filho que Cecília "era uma flor muita vistosa, que respirava porém no ar viciado de uma estufa", enquanto Rosinha é "a flor de sombra, modesta, rasteira, que a tempestade respeita! Com um pouco de terra nova, ela reviverá" Um tema caro à dramaturgia brasileira do século XIX encontra vestimenta atualizada nesse cântico de Cláudio de Souza em louvor da vida autêntica da província.

Na década de vinte, revigora-se a comédia de costumes, sem nenhum traço particularmente novo. As peças de maior êxito satirizam os hábitos característicos de nossa organização social e política, ressalvando, contudo, que o Brasil é o melhor país do mundo e o futuro lhe pertence. Nessa linha de reivindicação nacional inscrevem-se, por exemplo, as obras de um Gastão Tojeiro (*Onde Canta o Sabiá*) e Armando Gonzaga (*Ministro do Supremo* e *Cala a Boca, Etelvina*). No conjunto, trata-se de uma dramaturgia escrita para propiciar o desempenho dos astros, longe de uma preocupação maior com a perenidade literária.

Pode-se afirmar, por isso, que tanto essa década como a de trinta privilegiam a hegemonia do ator no conjunto do espetículo. O ensaiador tinha a missão de conseguir uma certa ordem na montagem, mas não se empenhava no preparo minucioso de todo o elenco, nem exigia um cenário especial e uma iluminação de múltiplos efeitos. Ainda que, muitas vezes, se encontrassem vários bons intérpretes no conjunto, tudo contribuia para ressaltar a figura do nome principal. Quem dominou a década de vinte, nesse sentido, foi Leopoldo Fróes (1882-1932), substituído, depois da morte, por Procópio Ferreira (1898-1979).

O método de ensaios, se é que tem sentido falar em método, não supunha a busca de um mesmo estilo para toda a equipe. A propósito, floresceu até, a respeito do teatro praticado nessa época, um anedotário revelador. Embora durante pouco tempo, os atores ensaiavam um texto, sem a presença do astro. Este era representado por uma cadeira, colocada no centro de proscênio: no ensaio geral ou mesmo na estréia, ele aparecia, ocupando o lugar privilegiado do palco, enquanto o restante de elenco girava à sua volta. Só nesse quadro se pode compreender que o grande ator Procópio, de comunicabilidade cômica rara, ainda na década de cinqüenta modificasse a peça *Nina*, de Roussin, para *O Marido de Nina*...

As reações tentadas esparsamente por grupos amadores, naqueles anos, não lograram modificar esse panorama, oferecido pelo profissionalismo. O palco brasileiro marginalizava-se, então, em face do movimento renovador do teatro europeu, registrado desde fins do século XIX, trazendo para o primeiro plano a figura do encenador. Certamente por esse motivo não saiu das páginas impressas a dramaturgia de Oswald de Andrade (1890-1954), escrita de 1933 a 1937, de acordo com os padrões preconizados pela Semana de Arte Moderna, em que ele foi uma das primeiras figuras. *O Rei da Vela, O Homem e o Cavalo* e *A Morta* estavam, de fato, muito adiante da realidade de seu tempo. Por isso, pareceu muito verossímil a razão dada por Procópio, em 1967, quando o Teatro Oficina de São Paulo apresentou *O Rei da Vela*, para não ter interpretado a peça trinta anos antes: como fazê-lo, se naquele tempo a Censura nem permitia que se pronunciasse no palco a palavra "amante"?

Das três peças de Oswald, *O Rei da Vela* se mostra a de maiores possibilidades cênicas, se não de eficácia dramática (lembre-se de que, em parceria com o poeta Guilherme de Almeida, ele havia publicado, em 1916, *Mon Coeur Balance* e *Leur Ame*, escritas diretamente em francês, ainda num gosto simbolista, para atingir mais depressa a universalidade...). Assim como na base de *Ubu Rei*, de Jarry, se identifica a paródia de *Macbeth*, Oswald parodia, em *O Rei da Vela*, Abelardo e Heloísa, dessacralizados de seu amor, que se transformou em mero negócio, para propiciar a ascensão social de um arrivista e a salvação de uma família aristocrática paulista da irremediável decadência financeira, após a crise de 1929. Na virulência com a qual o autor pinta a aristocracia de São Paulo, de cujos quadros, aliás, ele fazia parte, se enxerga a condenação impiedosa de um novo adepto da esquerda, recentemente convertido ao marxismo. O coronel Belarmino, patriarca da família tradicional, apenas suspira pela criação de um banco hipotecário. Sua mulher é sensível aos galanteios do agiota Abelardo. E seus filhos, já nos nomes, ostentam os desvios que encarnam: Heloísa (de Lesbos), Joana (vulgo João dos Divãs), Totó Fruta do Conde (homossexual próximo do anedótico) e Perdigoto, bêbado e achacador, empenhado em arrancar dinheiro dos ricos, para criar uma milícia fascista no campo, que impediria a expansão do comunismo.

Oswald analisou a realidade brasileira sob um prisma que se tenderia a considerar esquemático, mas de melancólica validade em países "colonizados". Abelardo I é destronado por seu sócio Abelardo II (para que mudar o nome, se a situação não se altera?), que lhe herda Heloísa, pois, como na história, "Heloísa será sempre de Abelardo". E tudo acontece sob as vistas de Mr. Jones, representante do imperialismo norte-americano, que tem inclusive o direito de precedência em relação à noiva. Encenada pela primeira vez três décadas depois da publicação, em plena ditadura militar, *O Rei da Vela* preservava uma grotesca força de atualidade.

Talvez pelas maiores dificuldades que apresentam para a montagem, *O Homem e o Cavalo* e *A Morta* ainda não receberam a consagração profissional. *O Homem e o Cavalo* foi concebida nos moldes de *O Mistério Bufo*, de Maiakóvski, e condena a milenar civilização cristã em face de suposto paraíso social, mais próximo de um pesadelo de ficção científica, tanto assim que as crianças, cuja boca exprimia a verdade, declamam estatísticas inimagináveis sobre as conquistas soviéticas. *A Morta*, ato lírico, materializa uma alegoria de bela inspiração poética, infelizmente não tendo ainda sugerido uma montagem de alto nível, de resultados semelhantes aos que José Celso Martinez Corrêa alcançou com *O Rei da Vela*.

Os intelectuais exprimiam sua insatisfação com o teatro convencional reinante por meio de espetáculos armadores. No Rio de Janeiro, Paschoal Carlos Magno (1906-1980) fundou o Teatro do Estudante do Brasil, cuja estréia, em 1938, se deu com *Romeu e Julieta*. Em São Paulo, Alfredo Mesquita (1907-1986) criou o Grupo de Teatro Experimental, que incluiu em seu repertório de Aristófanes a Tennessee Williams, e Décio de Almeida Prado o Grupo Universitário de Teatro, mais preocupado em apresentar a dramaturgia de língua portuguesa, a partir de Gil Vicente. Mas o conjunto que obteve maior repercussão foi o de Os Comediantes, em que figuravam intelectuais e pessoas da sociedade carioca. Com um programa em que se passava de Moliére a Pirandello, O'Neill e Montherlant, esse grupo teve a sorte histórica de lançar, no dia 28 de dezembro de 1943, o espetáculo que inscreveria o palco brasileiro na modernidade: *Vestido de Noiva*, de Nelson Rodrigues (1912-1980), sob a direção de Ziembinski (1908-1976) e com cenário do pintor Santa Rosa (1909-1956).

Verificou-se, aí, uma conjugação feliz dos vários elementos do espetáculo: o texto fugia dos moldes tradicionais de composição, a montagem valorizou a equipe e não apenas o astro (apresentando, inclusive, mais de 150 efeitos de luz, num procedimento inédito em nosso palco), e o cenário não reproduziu um ambiente real, que era quase sempre uma sala de visitas, para sugerir de forma em parte abstrata os múltiplos ambientes em que se passa a ação.

A paixão pelo teatro, a certeza de que uma metrópole como São Paulo comportava uma iniciativa audaciosa, o exemplo de Os Comediantes e o desejo de retribuir o que recebera do Brasil levaram o engenheiro italiano Franco Zampari (1898-1966) – colaborador do industrial Ciccillo Matarazzo Sobrinho, conhecido internacionalmente pelas Bienais – a adaptar um imóvel, em 1948, para sede do Teatro Brasileiro de Comédia, que abrigaria inicialmente os grupos amadores. Homem dinâmico e empreendedor, Zampari logo compreendeu que, num esquema não-profissional, a sala não conseguiria manter funcionamento regular. Assim, por sugestão do cenógrafo italiano Aldo Calvo, residente em São Paulo, Zampari trouxe da Argentina outro italiano – o jovem Adolfo Celi (1922-1986) –, para dirigir artisticamente o TBC.

Com a presença de Adolfo Celi, que desempenhou papel fundamental na evolução do palco brasileiro, modificou-se completamente a fisionomia cênica de São Paulo. Aos poucos, reuniu-se um elenco formado por cerca de trinta dos mais talentosos jovens, diversos vindos do Rio. Celi chamou, para dividirem com ele as tarefas de encenação, Ruggero Jacobbi (1919-1981), que se encontrava no Brasil desde 1946, egresso de uma excursão da Cia. Diana Torrieri; Ziembinski, que se fixara inicialmente no Rio, foragido da Polônia, ocupada durante a Segunda Grande Guerra, pelas tropas nazistas; e Luciano Salce e Flaminio Bollini Cerri (1924-1978), como ex-alunos da Academia de Arte Dramática de Roma, dirigida por Silvio D'Amico. Os primeiros anos da década de cinqüenta foram marcados pela presença dominante do Teatro Brasileiro de Comédia.

Pautava-se o conjunto por dois princípios: a valorização da equipe, comandada pelo encenador, e o ecletismo de repertório, para atender aos diferentes gostos de um público heterogêneo, e em que se alternavam no cartaz Sófocles e Roussin, Shaw e Jan de Hartog, Pirandello e Sauvajon. Pode-se discutir essa política artística, mas ela permitia a sobrevivência de uma companhia privada, em que os contratos eram anuais, e sem subsídio do Governo. Julgava-se importante montar com o mesmo cuidado de ensaios, de cenários e figurinos, um texto clássico e um comercial. Pela renovação empreendida pelos Comediantes e consolidada pelo Teatro Brasileiro de Comédia, cabe afirmar que as décadas de quarenta e cinqüenta se distinguiram pela hegemonia do encenador.

Os diretores europeus, na quase totalidade italianos, forneceram ao teatro brasileiro o *know-how* moderno. Sucessivamente, passaram a colaborar com o TBC os seguintes nomes: Maurice Vaneau, egresso do Teatro Nacional da Bélgica; Gianni Ratto, que se transferiu para o Brasil, a convite do Teatro Popular de Arte (Cia. Maria Della Costa-Sandro Polloni), depois de se ter consagrado como cenógrafo do Piccolo Teatro de Milão; e Alberto D'Aversa, também formado pela Academia de Arte Dramática romana. A longa permanência de alguns espetáculos em cartaz e o natural desejo de várias primeiras figuras de organizar seu próprio elenco levaram o TBC a desdobrar-se em várias companhias, animadas pelo mesmo ideário estético.

O primeiro núcleo saído do TBC e que teve significativa continuidade denominou-se, mais tarde, Cia. Nydia Licia-Sérgio Cardoso (não durou muito tempo a experiência, empreendida por Madalena Nicol e Ruggero Jacobbi). O Teatro Cacilda Becker reuniu Cacilda, Ziembinski, Walmor Chagas, Cleyde Yáconis e Fredi Kleemann. A Cia. Tônia-Celi-Autran constituiu-se em torno de Tônia Carrero, Adolfo Celi e Paulo Autran. O Teatro dos Sete subtraiu do TBC Fernanda Montenegro, Gianni Ratto, Fernando Torres, Sérgio Britto e Ítalo Rossi. E mesmo Maria Della Costa, enquanto aguardava a conclusão de seu teatro, passou pelo Teatro Brasileiro de Comédia.

Não se chegou a voltar ao sistema que funcionava em torno do astro, por causa da presença do encenador. O ideal permanecia o de atingir a homogeneidade interpretativa do TBC, tarefa difícil, porque se devia, com freqüência, para completar o elenco, recorrer a atores menos experientes. Ainda assim, todas essas companhias realizaram espetáculos memoráveis, que nada ficavam a dever a seu modelo inspirador.

Uma queixa generalizada, que no caso do TBC chegava a assumir o tom de protesto, era a reduzida presença de dramaturgos brasileiros (um exame estatístico e desapaixonado concluirá que a situação não era tão desfavorável ao autor nacional, mas, nesse campo, os fatores emocionais pesam muito). A Cia. Maria Della Costa lançou, por exemplo, *A Moratória*, de Jorge Andrade (1922-1984). O Teatro Cacilda Becker estreou com *O Santo e a Porca*, de Ariano Suassuna. A Cia. Tônia-Celi-Autran procurou prestigiar os autores jovens. E o Teatro dos Sete fez uma memorável encenação de *O Mambembe*, de Artur Azevedo, um dos espetáculos antológicos do moderno teatro brasileiro.

A fórmula posta em prática pelo TBC, num panorama praticamente privado de apoio oficial, parecia tão eficaz, que o Teatro de Arena de São Paulo, mesmo desejoso de encontrar um nível mais econômico de produção, não deixou a princípio de adotá-la. Depois da utilização de vários espaços, mostrando que a magia do teatro pode materializar-se em qualquer lugar, e da fixação numa sala de apenas 150 lugares, cuja rentabilidade é limitada, o Arena mantinha um repertório eclético, a ponto de ser chamado "um TBC pobre". Para José Renato, seu fundador e diretor, que depois de algumas temporadas teve a colaboração de Augusto Boal, vindo de um curso nos Estados Unidos, a sobrevivência financeira se mostrava quase impossível, tanto que ele pensou encerrar a trajetória do Arena com a montagem de *Eles Não Usam Black-tie*, peça de Gianfrancesco Guarnieri, um de seus atores.

Por ironia, esse espetáculo, apresentado mais de um ano, a partir de fevereiro de 1958, não só salvou os cofres arruinados do Arena, como foi o responsável pela imposição definitiva do autor brasileiro (Guarnieri, embora nascido em Milão, chegou criança ao Brasil). O êxito alcançado pelo texto deu alento à criação imediata de um Seminário de Dramaturgia, dirigido por Augusto Boal, e o Arena encenou seguidamente vários autores nacionais: Oduvaldo Vianna Filho (1936-1974), com *Chapetuba Futebol Clube*, em 1959; o próprio Boal, com *Revolução na América do Sul*, em 1960; e ainda Roberto Freire, Flávio Migliaccio, Milton Gonçalves, Edy Lima, Chico de Assis. O TBC, que em 1960 passou à direção do brasileiro Flávio Rangel (1934-1989), adotou política semelhante à do Arena, montando *O Pagador de Promessas*, de Dias Gomes, *A Semente*, de Gianfrancesco Guarnieri, e *Os Ossos do Barão* e *Vereda da Salvação*, de Jorge Andrade. Às fases de hegemonia do ator e depois do encenador, sucedeu a de hegemonia do autor brasileiro.

Esse caminho havia sido lentamente preparado, desde a estréia de *Vestido de Noiva*, em 1943. Nelson Rodrigues despontara no teatro no ano anterior, com *A Mulher sem Pecado*, onde já se notava o talento original, fora dos padrões em voga. A peça levava a psicologia para a fronteira entre a lucidez e a loucura, terreno que o autor exploraria permanentemente. *Vestido de Noiva* propôs uma sondagem de natureza inédita: enquanto o plano da realidade situa, em *flashes* intercalados, o desenrolar objetivo dos acontecimentos, os planos da memória e da alucinação projetam no palco o subconsciente de Alaíde, acidentada que acabará por falecer. A história linear tem até um interesse reduzido. Ouvem-se os sons do acidente, uma ambulância leva Alaíde ao hospital, ela é submetida a uma intervenção cirúrgica, repórteres transmitem a notícia e jornaleiros gritam as manchetes, não se consegue evitar a morte, o viúvo Pedro casará com Lúcia, irmã de Alaíde, de quem esta havia roubado o namorado. Num desprezo evidente pela realidade, o autor procura no plano da memória resgatar os episódios que provocaram o acidente (ou suicídio não confesso?) e, no da alucinação, ilumina as fantasias bovaristas de Alaíde. No sótão de sua casa, ela havia descoberto o diário de Mme. Clessi, mundana assassinada por um adolescente, em 1905, e o delírio promove o encontro impossível de ambas. Além da engenhosa solução técnica, a beleza da peça deriva da poesia emanada dessa fuga no irreal.

Nelson explora, a seguir, o inconsciente coletivo. *Álbum de Família* fixa o que seria a família original, princípio e fim de todas as coisas, destroçada em múltiplas relações incestuosas. *O Anjo Negro* examina a loucura racial, na união de um negro e uma branca. *Senhora dos Afogados*, parafraseando *Mourning Becomes Electra*, de O'Neill, remonta à *Oréstia*, trilogia de Ésquilo. E *Dorotéia* visualiza um mundo só de mulheres, tragicamente afastadas da completação masculina, vista como pecado. Por ter abolido, na sua criatura, o elemento consciente, ou censor, que permite o convívio social, Nelson perdeu o apoio do público, entusiástico em *Vestido de Noiva*. Completava-se, porém, o mergulho nas fontes primitivas.

O monólogo *Valsa n. 6*, espécie de *Vestido de Noiva* às avessas, retorna ao nível do subconsciente. Só que, aqui, são as pessoas do mundo à volta que se materializam no solilóquio de uma adolescente, naquela fração de tempo que medeia entre a punhalada recebida e a morte. O autor estava pronto para fazer a síntese de seu universo.

Ela se dá com uma nova série de peças, a partir de *A Falecida* (1953), qualificada como "tragédia carioca", denominação que poderia estender-se pelo menos a mais sete textos. Nelson funde aí as fantasias do inconsciente e do subconsciente à observação do mundo à volta, criando espaço até mesmo para a presença do humor, antes indesejável. A vida miúda do Rio de Janeiro, sobretudo da Zona Norte, povoada pela classe média (freqüentemente baixa), invade essa última fase do dramaturgo. Dentro do cotidiano prosaico, ensombrecido pela falta de perspectivas, ele instila um elemento de transcendência.

Assim é que, em *A Falecida*, Zulmira compensa a frustração da vida miserável, marcada pela tuberculose galopante, com o sonho de um enterro de luxo, consolo que lhe será recusado. *Perdoa-me por me Traíres*, título que parece paradoxal, tem uma explicação delicada: o marido, insistentemente traído, pede à mulher perdão, por não ter encarnado aquele homem absoluto que ela almejara. Uma família, em *Os Sete Gatinhos*, procura resgatar-se da abjeção, desejando para a filha caçula um casamento com véu e grinalda, símbolo que não se concretizará. Boca de Ouro, papel-título de outra peça, é um bicheiro misterioso, que na dentadura e num caixão dourados tenta afogar o nascimento humilhante, numa pia de gafieira. Diferentemente do relativismo pirandelliano, em que uma criatura apresenta tantas imagens quantos são os seus contempladores, Boca de Ouro ora é fascínora, ora tem uma "pinta *lord*", ora surge num retrato mais equilibrado, segundo o estado emocional da narradora, que o descreve em *flashbacks* nos três atos. Ironicamente, no epílogo, o cadáver aparece desdentado...

Beijo no Asfalto, descendente do ibseniano *Um Inimigo do Povo*, pratica o sacrifício ritual de um indivíduo, falsamente acusado de homossexualismo, a ponto de provocar a dívida em sua própria mulher. O protagonista de *Bonitinha, mas Ordinária*, liberto da tentação faustiana da riqueza com um casamento não desejado, escolhe viver sem reservas sua aventura amorosa, num dos poucos lampejos otimistas do dramaturgo. E *Toda Nudez Será Castigada*, última produção de uma seqüência febril (viriam ainda, muitos anos mais tarde, quando o dramaturgo já estava abatido pelo cansaço, *Anti-Nelson Rodrigues e A Serpente*), exprime uma crueldade inimaginável: a ex-prostituta Geni, ao matar-se, grava para seu marido, o industrial Herculano, a verdade de sua biografia, em que, qual Fedra, apaixonou-se pelo enteado, que acabara de viajar para o exterior com o ladrão boliviano que o estuprou. A violência das paixões, a audácia formal, o diálogo vivo e nervoso, distante das delongas literárias, fizeram de Nelson Rodrigues o autor da obra mais sólida do moderno teatro brasileiro. Ninguém lhe contesta a paternidade do nosso drama contemporâneo.

A flexibilidade dos planos de *Vestido de Noiva* deu a Jorge Andrade a solução técnica para realizar *A Moratória*, estreada em 1955. A peça transcorre em dois tempos – 1929, quando a crise econômica internacional leva um plantador de café, em São Paulo, a perder sua fazenda, e 1932, ano que sela a perda definitiva da propriedade, por não ter a Justiça concedido o benefício da moratória. O grande achado se explica pela alternância do diálogo nos dois planos, em que, muitas vezes, uma cena do presente parece preparar uma que se desenrolará no passado.

Com esse texto e outros que fixam a decadência da aristocracia rural paulista, Jorge Andrade torna-se o dramaturgo do café, da mesma forma que José Lins do Rego é o romancista da cana-de-açúcar e Jorge Amado o do cacau. A ambição do autor, entretanto, não se encerra aí. No ciclo de dez peças denominado *Marta, a Árvore e o Relógio*, ele pinta um verdadeiro painel da História do Brasil, dramatizando temas fundamentais da nacionalidade.

Pedreira das Almas recua para o período da Revolução Liberal de 1842, quando, esgotados os veios suríferos de uma cidade de Minas Gerais, um grupo de seus habitantes parte para o Planalto Paulista, a fim de construir a civilização do café. *As Confrarias* examina o problema da intolerância, tendo como pano de fundo a Vila Rica (atual Ouro Preto) de fins do século XVIII, sufocada pelas forças representativas do governo português a Inconfidência Mineira. E *O Sumidouro* discute a natureza do nacionalismo, no Brasil Colônia, por intermédio de José Dias, dividido entre o pai Fernão Dias, bandeirante português empenhado na descoberta das esmeraldas, e a mãe indígena, desapossada de suas terras e de seus bens naturais.

Textos como *O Telescópio, A Escada e Senhora na Boca do Lixo* mostram desdobramentos da crise do café. *Os Ossos do Barão* analisa a aliança entre o filho de um imigrante italiano, enriquecido na indústria, e a filha de um aristocrata paulista sem fortuna. *Vereda da Salvação* põe em cena os delírios místicos de um grupo de colonos enlouquecidos pela miséria, numa fazenda de Minas Gerais. Já *Rasto Atrás* promove uma busca do tempo perdido, retornando o autor consagrado de 43 anos à cidade natal, para o encontro reconciliador com o pai.

Essa dramaturgia utiliza, com freqüência, temas inspirados em episódios reais. *A Moratória* transpõe para o palco o drama vivido pelo avô do autor. Há elementos biográficos da família em *O Telescópio* e *A Escada*. Reportagens jornalísticas foram o ponto de partida de *Vereda da Salvação* e *O Incêndio*. Só que Jorge, aos poucos, vai sofisticando a tessitura teatral. Vicente, alter-ego do dramaturgo, em

Rasto Atrás, surge sem ordem cronológica aos 5, 15, 23 e 43 anos, e às vezes simultaneamente. Em *O Sumidouro*, os acontecimentos históricos nascem da mente do autor, que dialoga com as suas criaturas imaginárias, em cenários e situações de dimensões épicas.

A ambição literária, que não vê fronteiras para o ato criador, impediu muitas vezes que as peças de Jorge Andrade chegassem ao palco, num teatro sem subsídio oficial. As últimas e mais difíceis obras do ciclo não saíram das páginas do livro, pra se tornarem montagens profissionais. Comenta-se, maliciosamente, que se trata de um dramaturgo que agrada aos críticos e aos intelectuais, mas tem dificuldade de falar ao público (embora *A Escada* e sobretudo *Os Ossos do Barão* tenham feito longa carreira). Melhorando as condições materiais do teatro brasileiro, é certo que a obra de Jorge Andrade terá a repercussão que merece.

Depois da incorporação das fontes rurais, nossa dramaturgia trouxe à tona outro veio muito rico: a fusão do auto religioso, originado na Idade Média, com a comicidade do folclore nordestino. Esse achado ocorreu no *Auto da Compadecida*, que projetou nacionalmente, em 1957, Ariano Suassuna. O esquema vem do "milagre", em que o pecador se dirige a Nossa Senhora (a Compadecida do título) e ela, solidária com o sofrimento humano, intercede por ele junto a seu filho Jesus Cristo (que na peça, irreverentemente, é negro, no lúcido repúdio do autor ao preconceito racial). Entranhado catolicismo inspira o autor paraibano.

O Santo e a Porca, versão moderna da *Aulularia* (*Comédia da Panela*), de Plauto, e de *O Avarento*, de Molière, submete o tema da avareza ao conceito de pecado, segundo o juízo cristão. Antes, Suassuna havia escrito *O Arco Desolado*, que se inspirou na mesma lenda que serviu de fonte para *A Vida é Sonho*, de Calderon de la Barca. E o *Auto de João da Cruz*, que o autor qualificou também como auto sacramental, dramatiza uma aventura faustiana, na medida em que um jovem carpinteiro faz um acordo com o demônio, para usufruir bens terrenos (o tema, como se sabe, remonta à Idade Média, tendo já valiosa manifestação em *O Milagre de Teófilo*, de Rutebeuf).

A segunda obra-prima de Ariano, na senda de *A Compadecida*, é *A Pena e a Lei*, "presépio de hilaridade teatral". Outros qualificativos com os quais o autor a definiu são tragi-comédia lírico-pastoril, drama cômico em três atos, farsa de moralidade e facécia de caráter bufonesco. O elevado sentimento religioso da peça começa por exprimir-se na rubrica, esclarecendo-se que o primeiro ato

> deve ser encenado como se se tratasse de uma representação de mamulengos, com os atores caracterizados como bonecos de teatro nordestino, com gestos mecanizados etc. No segundo ato, os atores já representam num meio-termo entre boneco e gente, com caracterização mais atenuada e com alguma coisa de trôpego e grosseiro que sugira a

incompetência, a ineficiência, o desgracioso e material que, a despeito de tudo, existe no homem. Somente no terceiro ato é que os atores aparecem com rostos e gestos teatralmente normais – isto é, normais dentro do poético teatral – para indicar que só então, com a morte, é que nos transformamos em nós mesmos.

O intuito apologético nutriu-se em rico terreno teatral, onde se entrelaçam deliciosas fontes populares e rigorosa inspiração erudita.

A Pedra do Reino projetou o autor, também, no campo do romance. Depois de mais algumas realizações, ele anunciou sua despedida da literatura. Durante vários anos, o propósito parece ter sido seguido à risca, ao menos quanto ao contato com o público. Felizmente, Ariano Suassuna está voltando atrás em sua decisão, e se pode prever que outras obras brilhantes virão somar-se à sua substanciosa contribuição.

Numa prova de que a dramaturgia passava a explorar múltiplas direções, na década de cinqüenta, Gianfrancesco Guarnieri tratou em *Eles Não Usam Black-tie*, no ano seguinte, o problema da greve, da luta de classes, nos grandes aglomerados urbanos. O velho militante sindical mantém-se fiel aos companheiros de reivindicação, enquanto seu filho, que não foi temperado no mesmo barro, dispõe-se a continuar o trabalho. A falta de solidariedade social importa até na perda da namorada, que ele recuperará após o castigo de viver algum tempo fora de seu grupo humano.

Gimba prejudicou-se por discutível romantismo, ao fixar a vida num morro. Mas a segura recuperação ideológica fez de *A Semente* outro texto marcante. Procede-se, aí, à autocrítica da militância de esquerda, comprometida nos desvios do fanatismo. Com o seu teatro de inspiração realista, voltado para as questões candentes do momento histórico, Guarnieri tornou mais audível a voz do autor brasileiro, aceito agora sem reservas por todos os elencos.

A evolução do autor deixou sempre clara a consciência da realidade, com a resposta lúcida aos estímulos de cada momento. A ditadura militar, imposta ao país em 1º de abril de 1964, não permitiu que os assuntos incômodos fossem examinados em público. Guarnieri, de parceria com Augusto Boal, lançou em 1965 o musical *Arena Conta Zumbi*, em que, por meio da metáfora de um herói da luta dos negros contra a escravidão, se exprimia o anseio de liberdade de todo o povo brasileiro. *Arena Conta Tiradentes*, produzido em 1967, pela mesma dupla de autores, tem como protagonista aquele que é considerado o protomártir da Independência brasileira. Através de um tema real da História, estigmatizava-se a situação presente do país. E o dominador português generalizava-se para os imperialistas atuais.

A severidade cada vez maior da Censura obrigou os dramaturgos a apelarem para a linguagem cifrada, e Guarnieri disse que fazia um "teatro de ocasião", evidentemente mais eficaz que o silêncio das gavetas, destino de cerca de 400 textos de confronto direto com o regime.

O Botequim e *Um Grito Parado no Ar* nasceram dessa necessidade de recorrer à alegoria. Tratando-se de autor cujo território espontâneo é o do realismo, explica-se que o rendimento artístico fosse menos satisfatório. O que não aconteceu a *Castro Alves Pede Passagem*, que tem como protagonista o grande poeta romântico, paladino da luta pela abolição da escravatura. Não será difícil perceber que Zumbi, Tiradentes e Castro Alves, figuras históricas admiráveis, pertencem à mesma família de heróis populares. *Castro Alves*, de 1971, beneficiou-se, além do mais, do surto de subjetividade posto em prática pela nova geração, e o texto perdeu, assim, o esquematismo que pode ser imputado às criações anteriores. Ao lado do poeta, são personagens expressivas sua amante, a atriz portuguesa Eugênia Câmara, com quem ele vive cenas de bela verdade interior; e seu irmão, verdadeiro alter-ego, que aplaca no suicídio a natureza atormentada.

Ainda em plena ditadura, Guarnieri produziria um de seus melhores textos: *Ponto de Partida* (1976). Aí, ele dramatizou a história real do jornalista Wladimir Herzog, assassinado pelos torturadores nos porões da repressão, enquanto uma nota oficial dizia que ele se suicidou. O autor transpôs os episódios para uma vaga Idade Média, que não deixou dúvida em ninguém.

Do grupo do Arena, sobressaiu-se Augusto Boal, o homem de teatro brasileiro mais conhecido internacionalmente. Sua peça *Revolução na América do Sul* (1960) possui verve cômica irresistível, dentro de princípios anarquistas, que fazem tábua rasa de tudo. A propósito de sua iconoclastia, apenas a favor do homem do povo, permanentemente explora do pelos donos do poder, pensa-se na força demolidora do teatro aristofanesco. Entre os outros textos que ele escreveu sozinho, sem contar a parceria de *Zumbi* e *Tiradentes*, destaca-se também *Murro em Ponta de Faca*, narrativa autobiográfica das vicissitudes de um exilado político, que, depois de sair do Brasil, foge da Argentina e mais tarde do Chile, vítima das ditaduras sucessivas que ensombrecem a América Latina.

A justa repercussão do trabalho de Boal vem menos, porém, de sua dramaturgia, que de sua atividade de teórico. Já no Arena, ele havia formulado o Sistema Curinga e as premissas do Teatro-Jornal, primeira manifestação do que seria desenvolvido no Teatro do Oprimido. Nessa nova prática, Boal retira o público da atitude passiva em face de um espetáculo que lhe é proposto, para interferir na condução da história.

O teatro invisível cria uma situação, em qualquer local, levando as pessoas que estiverem eventualmente nas proximidades a tomar consciência do problema e a agir de acordo com a verdade revelada. E o teatro-foro põe em julgamento contínuo todos os passos para se sair de uma situação dada, valorizando as decisões lúcidas e se desfazendo dos apelos mágicos. Essa técnica tem sido utilizada com enorme proveito em todos os grupos nos quais se caracteriza uma opressão. E ela não é apenas econômica ou política, mas se manifesta por toda parte, inclusive nas relações sexuais.

Compreende-se facilmente que Boal foge das exigências do teatro convencional e ingressa noutra atividade, dominada pelo improviso. Não permanece, aí, o documento de texto escrito, nem se observam as regras sistemáticas do trabalho profissional. Em suma, não se realiza mais o teatro consagrado pela tradição. que mal há nisso? Apenas, algumas regras da eficácia dramática foram postas a serviço de outros fins. E Boal tem inteligência suficiente para saber que não advoga a substituição do velho teatro pelas suas pesquisas. Aliás, paralelamente ao Teatro do Oprimido, com sede em Paris e uma associação internacional no Canadá, ele continua a praticar tanto a dramaturgia quanto a encenação. E, nos vários campos, espera-se muito, ainda, de sua inquietude criadora.

Pela ordem de afirmação, Oduvaldo Vianna Filho foi o terceiro nome projetado pelo grupo egresso do Arena. Talvez a sensibilidade mais delicada, o espírito mais afeito por temperamento aos anti-heróis e que, para ser fiel às suas convicções políticas de esquerda, rompeu em certo momento com o modo de produção do teatro burguês, para ingressar no claro proselitismo do Centro Popular de Cultura, de que foi um dos fundadores. Insatisfeito com a inevitável realidade do Teatro de Arena, impossibilitado de fazer teatro popular numa sala pequena, Vianinha procurou a respiração da praça pública, da favela, dos estádios. Reduzido à impotência pelo golpe militar, ele refugiou-se no trabalho menos comprometido da televisão e no anseio de escrever uma dramaturgia mais elaborado, ainda que sob o risco do veto da Censura.

Papa Highirte e *Rasga Coração*, suas obras derradeiras (a última, concluída no leito de morte, ele ditando os diálogos da segunda parte a sua mãe), são também as melhores, frutos de um pensamento e um domínio artesanal maduros. Em *Papa Highirte*, o papel-título é o de um típico ditador latino-americano que, embora no exílio, por terem afinal vencido as forças progressistas, morre vítima de um atentado, vingança contra todos os arbítrios que ele praticou. Vianinha, ficcionista de qualidade, não o pinta apenas com traços negativos. Ao contrário, ele se deleita em trazer ao primeiro plano a humanidade irreprimível desse símbolo de figuras contraditórias, que acabem por se curvar à pressão de grupos imperialistas, fora e dentro do país.

Rasga Coração, testamento espiritual de Vianinha, passa em revista quarenta anos da História Brasileira (1934-1974), sob a perspectiva de um militante anônimo de esquerda, sufocado permanentemente pela praga dos governos opressores, estigma dos países subdesenvolvidos. Antes de confiar-se à tarefa criadora, o dramaturgo empreendeu minuciosa pesquisa, que se estende da política à linguagem e até à música popular. Talvez seja essa a obra-prima de nossa dramaturgia, na década de setenta.

O protagonista, levando a vida medíocre de membro da classe média baixa, às voltas com a pequena remuneração e os encargos familiares, atravessa as quatro décadas fora da cronologia e em conflito com o pai, que o expulsa de casa, e com o filho, que ele também acaba por expulsar. O pai, ligado à extrema direita, que vicejou na década de trinta, e o filho, imbuído do espírito dos anos sessenta, nutrido pela ecologia e pela recusa das estratégias ideológicas insatisfatórias, sem resposta para o anseio humano de fundar o convívio em autenticidade. Vianinha, compreensivo com as idéias em choque, não deixa de tomar o partido daquele que faz das tarefas menores do dia-a-dia um processo consciente e paciente para se construir a revolução. Se o filho volta as costas ao sistema, ele só acredita na missão de modificá-lo, em busca de um mundo melhor. Por isso, termina a peça indo a uma simples reunião em que uma categoria profissional reivindica aumento de salário. O amplo painel da ação, desdobrado em múltiplos quadros curtos, confere à peça uma rica arquitetura.

Dias Gomes constitui, nesse panorama, um caso à parte. Adolescente, foi um dos muitos autores lançados por Procópio Ferreira, na década de quarenta. Depois, ele silenciou, por não coincidirem suas aspirações pessoais com o teatro então praticado. A verdadeira revelação de seu talento deu-se em 1960, na "fase brasileira" do TBC, quando Flávio Rangel encenou *O Pagador de Promessas* (transformada em filme, a peça se tornou, mais tarde, vencedora do Festival de Cannes). Por muitas razões, o texto se aparenta à dramaturgia posta em voga pelo Arena.

O conflito nasce porque Zé do Burro quer pagar uma promessa carregando uma cruz até o interior de uma igreja, e a intolerância eclesiástica o impede. Em clima de sincretismo religioso, típico da Bahia natal do autor e do cenário da obra, o herói é sacrificado, e, ironicamente, transportam-no morto para dentro do templo, em cima da cruz tornada caixão. Está patente a opção pela fé verdadeira, contra o formalismo religioso, instrumento opressor. O dramaturgo solidariza-se com as causas populares.

O autor realiza obra numerosa, com textos melhor e pior resolvidos. Às vezes, o resultado artístico prejudica-se, pelo esquematismo de análise social. Quando ele concebe uma situação paradigmática, a peça alcança força persuasiva exemplar, como em *Campeões do Mundo*, a primeira obra a analisar abertamente o período ditatorial, após a abertura política.

Sem recorrer a metáforas e a alusões, para iludir a Censura, o "mural dramático" faz um balanço da política brasileira, de 1964 a 1979, debatendo temas vitais, como o terrorismo e o apoio financeiro de segmentos da classe dominante aos aparelhos de tortura, as várias divisões da esquerda e o avanço ou o recuo que provocaram no processo democrático, o exílio e a continuação da luta no país.

Novo trabalho de Dias Gomes chama-se *Meu Reino por um Cavalo*, em que ele apresenta um painel autobiográfico, exorcisando todos os tipos de fantasmas.

Pela data de seu primeiro texto, *Barrela*, apresentado uma única vez, em 1959, sem autorização da Censura, no Festival Nacional de Teatros de Estudantes, promovido por Paschoal Carlos Magno em Santos, Plínio Marcos deveria ligar-se ao grupo do Arena, em cujos trabalhos administrativos, aliás, ele colaborou mais tarde. Mas quiseram as circunstâncias que o dramaturgo só se revelasse nas temporadas paulistas de 1966 e 1967, em plena ditadura, com *Dois Perdidos numa Noite Suja* e *Navalha na Carne*, que vieram alterar as características de nossa literatura cênica.

Até então, os mais representativos dramaturgos brasileiros recrutavam suas personagens, em geral, entre a classe média, a classe média baixa e, eventualmente, o proletariado. Plínio introduziu em suas peças o marginal, num processo sadomasoquista de violência e crueldade, que reclamava o emprego de nova linguagem, nunca ouvida no palco. Por se debaterem dois indivíduos, até a exaustão, em *Dois Perdidos*, pensou-se na influência de *História do Zoológico*, de Edward Albee. O próprio autor deu a chave de sua criação: ele transpôs para o palco, com absoluta liberdade, uma idéia contida no conto "O Terror de Roma", de Alberto Moravia. Um caminhoneiro e um desempregado levam ao paroxismo o diálogo que travam, sem economizar palavrões.

Navalha na Carne se volta para uma prostituta precocemente envelhecida, o cáften que a explora e o empregado homossexual do bordel. Aqueles que não aceitam Plínio o condenam por realismo e mesmo por naturalismo ultrapassados. Essa é uma leitura superficial de seu teatro. Um pouco de atenção surpreenderá, em cenas capitais, um clima ambíguo, um mundo de alusões não abarcado pelas palavras.

Barrela já pintava o mundo-cão dos presídios, em que um jovem, ali jogado pela irresponsabilidade policial, é vítima de curra. Sucedem-se as estréias: *Quando as Máquinas Param* põe em cena um operário desempregado que, para interromper a gravidez da mulher, dá-lhe um soco na barriga; *Homens de Papel* trata dos catadores de rua; *Oração para um Pé de Chinelo* fixa um marginal sumariamente eliminado pela polícia; e *Jesus Homem*, dando relevo ao aspecto místico da personalidade do autor, retoma a solidariedade evangélica da primitiva figura de Cristo.

Abajur Lilás distingue-se como o texto mais politicamente engajado do dramaturgo. Escrito nos anos do obscurantismo ferrenho em que mergulharam o país, ele só poderia apelar para a metáfora, mas não foi ferida sua autenticidade. As três prostitutas que dividem um sórdido quarto simbolizam posturas do povo brasileiro em face do poder arbitrário. Uma acomoda-se, outra tem espírito conciliador mas chega a delatar, e a terceira encarna a contestação radical. O preposto do dono homossexual do prostíbulo, para vencer as resistências da revoltada, destrói os móveis do aposento, e atribui a ela o estrago – costumeira prática, nazista,utilizada entre nós pelo regime de exceção. Durante muitos anos, a peça permaneceu interditada.

Depois de uma discutível *Madame Blavatsky*, Plínio retomou a sua melhor forma em dois textos de grande força: *Balada de um Palhaço*, que extravasa uma bela meditação sobre a atividade artística, em lírica e efetiva metalinguagem; e *A Mancha Roxa*, que dramatiza, com vigor incomum, a descoberta da Aids numa cela de presídio feminino, em que todas as detentas estão contaminadas. O alvo permanente de Plínio Marcos é a sociedade injusta, que provoca, por toda parte, inaceitáveis distorções.

A contundência vocabular, a quebra de todos os tabus, na dramaturgia de Plínio, abriram o caminho para os jovens surgidos em 1968 e 1969, quando a opressão provocou um movimento explosivo, carregado de subjetividade. Por coincidência, cinco textos estreados quase simultaneamente exacerbavam o conflito de duas personagens, na senda de *Dois Perdidos: Cordélia Brasil*, de Antônio Bivar; *O Assalto*, de José Vicente; *Fala Baixo, senão Eu Grito*, de Leilah Assunção; *À Flor da Pele*, de Consuelo de Castro; e *As Moças*, de Isabel Câmara.

Bivar prenuncia a desagregação apocalíptica. José Vicente mistura revolta existencial contra a injustiça dominante e enfrentamento da temática do homossexualismo, que se tornaria exigência dos direitos das minorias. Leilah Assunção retrata a condição feminina, outro tema que ganha corpo nos movimentos reivindicatórios de hoje em dia. Consuelo de Castro põe em confronto a linha comunista ortodoxa e a anarquista, nos seus descaminhos individuais. E Isabel Câmara imprime delicadeza, a que não falta a sugestão de lesbianismo, ao relacionamento de duas jovens na luta pela sobrevivência nos grandes centros urbanos.

Desses autores, surgiram depois outras obras expressivas, entre as quais *Hoje é Dia de Rock*, espécie de autobiografia lírica de José Vicente, diversa de tudo que produz de hábito nosso palco; *Roda Cor de Roda*, em que Leilah pinta uma Amélia em tudo oposta à personagem submissa do samba, radicalizando a óptica feminina; e *Prova de Fogo* (*Revolução dos Bárbaros*), contundente e isenta fixação do movimento estudantil de 1968, feita por Consuelo de Castro.

À hegemonia do autor brasileiro, detectada a partir de 1958, com a estréia de *Eles Não Usam Black-tie*, pode-se dizer que sucedeu a da Censura, onipresente sobretudo com a decretação do Ato Institucional n. 5, de 13 de dezembro de 1968. Na primeira metade da década de setenta, em que o frio e sangüinário general Garrastazu Medici ocupou a presidência da República, o teatro só não foi totalmente aniquilado por causa de seu fôlego de gato. Entre 1964 e 1968, como as garras da ditadura buscavam presas mais importantes que o palco, silenciando em primeiro lugar os trabalhadores e transferindo nossa economia para o imperialismo internacional, até que se conheceu uma relativa liberdade, ou, melhor, apesar do uso obrigatório da metáfora, os elencos conseguiram exercitar seu protesto. Depois veio a quase hibernação pela sobrevivência.

Por esse quadro *sui generis* é que, na década de sessenta, o Teatro Oficina de São Paulo teve oportunidade de cumprir a mais fascinante trajetória do nosso palco moderno. Depois de várias experiências interessantes, seu diretor, José Celso Martinez Corrêa, montou em 1963 *Pequenos Burgueses*, de Górki, o mais perfeito espetáculo brasileiro, na estética do Sistema Stanislávski. As teorias de Brecht inspiraram a encenação de outra obra de Górki, *Os Últimos*, e de *Andorra*, de Max Frisch. Em 1967, *O Rei da Vela*, de Oswald de Andrade, inaugurou o estilo tropicalista, de repercussão até na música popular. O carnaval brasileiro introduziu-se, em 1968, na montagem do severo e racional *Galileu*, de Brecht. E *Na Selva das Cidades*, pertencente ainda à primeira fase brechtiana, anterior ao teatro épico, sugeriu em 1969 uma encenação inspirada em Grotówski, naquele momento a última palavra era teoria. O Teatro Oficina refazia, assim, em menos de dez anos, os pontos culminantes da pesquisa européia, em quase um século de criação. E dando um sabor tropical à paródia do circo, da revista e da ópera, em *O Rei da Vela*.

A preocupação com o espaço cênico, visível nas criações de uma Ariane Mnouchkine ou de um Luca Ronconi, teve a sua contrapartida, no palco brasileiro. O diretor argentino Victor Garcia (1934-1982) havia encenado, em Paris, numa sala convencional, *Cemitério de Automóveis*, de Arrabal, e a atriz-empresária Ruth Escobar criou para ele novo espaço, em São Paulo, para reproduzir condições ideais o espetáculo, na temporada de 1968, à maneira da estréia de *Dijo*, dois anos antes. No ano seguinte Victor Garcia realizou sua mais audaciosa montagem: a de *O Balcão*, de Jean Genet.

Destruíram-se palco e platéia do Teatro Ruth Escobar. Escavou-se a base da platéia, para erguer-se uma estrutura metálica de 17 metros de altura, em cujas paredes, em espiral, o público tomava assento, para acompanhar como *voyeur* a ação que transcorria, principalmente, num disco transparente, que subia e descia. A arrojada construção propiciava numerosos outros efeitos, destinados a criar o ambiente fantástico daquele estranho bordel.

Foi a vez, a seguir, de o diretor brasileiro Celso Nunes promover nova exploração do mesmo espaço em *A Viagem*, que Carlos Queiroz Telles adaptou de *Os Lusíadas*, de Camões. O porão do teatro conteve a parte da Idade Média, anterior à expedição comandada por Vasco da Gama. Os espectadores subiam, depois, para a platéia, e a ação transcorria em cima de um estrado móvel, simulando uma embarcação em movimento nas águas, e, nas paredes laterais da sala, passarelas fixas abrigavam uns após outros os habitantes de todos os lugares visitados pelos conquistadores marítimos.

Outra montagem a estabelecer feliz adequação do texto ao espaço cênico foi *O Último Carro*, de João das Neves, dirigido pelo autor. Construções contínuas, dentro de uma sala comum, sugeriam os vagões de um trem em movimento, e o público observava o conjunto, mas se confundia também com os passageiros normais. Aquele carro desgovernado, que não obedecia mais a nenhum controle – metáfora de um país mergulhando no abismo – ganhava aos poucos pungente dramaticidade. O teatro nunca abdicou da firme oposição ao regime ditatorial.

A década de setenta continuou a produzir importantes espetáculos, ainda que realizados, às vezes, por produções independentes. Ganhou alento nesses anos, também, o teatro alternativo, que fugia das regras estritas das empresas estabelecidas. Um grupo tinha em comum uma filosofia de vida, que reclamava a expressão de todos, diferente daquela externada na obra de um só dramaturgo. Daí a voga das criações coletivas, em que o espetáculo se tornava a manifestação pública do cotidiano de determinado núcleo humano. Como esse cotidiano se assemelhava ao de grande parte da juventude, sobretudo da pertencente à classe média urbana, as montagens que o fixaram tiveram enorme ressonância. *Trate-me Leão*, do conjunto carioca O Asdrúbal Trouxe o Trombone, distinguiu-se entre todos, pela felicidade com a qual surpreendeu as relações de moços da Zona Sul do Rio, logo identificados como semelhantes pelos de São Paulo.

Entre os textos que marcaram as décadas de oitenta e noventa encontram-se *Assunto de Família (Do Fundo do Lago Escuro),* de Domingos Oliveira, análise impiedosa de uma família tradicional carioca, durante a inflamada oposição de Carlos Lacerda ao governo de Getúlio Vargas; *Gota d'Água*, de Chico Buarque de Holanda e Paulo Pontes, feliz adaptação da tragédia de Medéia a um conjunto habitacional do Rio de Janeiro; *Apareceu a Margarida*, de Roberto Athayde, monólogo de uma professora autoritária, que se dirige à platéia como se fosse uma classe de alunos, pungente grito contra a sufocação da ditadura; *Na Carrera do Divino*, de Carlos Alberto Soffredini, sobre a agonizante cultura caipira de São Paulo; *É...*, de Millôr Fernandes, penetrante análise da vida conjugal; *Artaud*, de José Rubens Siqueira, a mais convincente recriação do universo estético do autor de *O Teatro e Seu Duplo*; *No Natal a Gente Vem Te Buscar e A Aurora de Minha Vida,* de Naum Alves de Souza, denso mergulho poético na memória adolescente e familiar; *Réveillon*, de Flávio Márcio (1944-1979), cruel flagrante de uma família esfacelada; e *De Braços Abertos*, de Maria Adelaide Amaral, profundo mergulho nos desencontros de um casal de amantes, neurotizado pelas feridas que a ditadura provocou. No rico filão do teatro infantil, tão importante no palco brasileiro, e que não se examinou nesta síntese, sobressai Maria Clara Machado, cuja obra transcende quaisquer limites, pela beleza poética.

Nessa resenha de algumas obras e nomes, mencionados sem o rigor de uma pesquisa exaustiva, e deixando de lado muitas outras produções devidas aos mesmos criadores, não figuram numerosos dramaturgos. Entre eles cabe citar Antonio Callado, Guilherme Figueiredo, João Bethencourt, Lauro César Muniz, Renata Pallottini, Ferreira Gullar, Bráulio Pedroso, Mauro Chaves, Nelson Xavier, João Ribeiro Chaves Neto, Maurício Segall, Sérgio Jockyman, Márcio Souza, Alcides Nogueira Pinto, Carlos Vereza, Alcione Araújo, Carlos Henrique Escobar, Fauzi Arap, Luís Carlos Góes, Fernando Melo, Marcus Vinícius, Benê Rodrigues, Isis Baião, Mário Prata, Paulo Goulart, Ziraldo, Juca de Oliveira, José Wilker, Flávio de Souza, Celso Luís Paulini, Luís Alberto de Abreu, Jandira Martini, Marcos Caruso, Mauro Rasi, Renato Borghi, Edla van Steen e muitos outros. Entre os mortos mencionam-se Silveira Sampaio, de comicidade esfusiante e nada convencional; Francisco Pereira da Silva, de rigorosa exigência literária; e Timochenco Wehbi, falecido quando principiava a realizar obra mais consistente. Não se aludiu a João Cabral de Melo Neto (1920-1999), porque seu "auto de Natal pernambucano" *Morte e Vida Severina* se prende mais à poesia, na qual ele está entre os primeiros nomes brasileiros, do que à fatura dramática normal. O que não impediu que o espetáculo, musicado por Chico Buarque e dirigido por Silnei Siqueira, se tornasse antológico na produção teatral brasileira.

Os últimos anos foram difíceis, porque o governo federal praticamente extinguiu o pequeno subsídio atribuído à atividade cênica, e os governos estaduais seguiram idêntica política. Houve uma desculpa para esse procedimento: em 1986, foi sancionada a Lei Sarney (com o nome do então presidente da República, porque era de sua autoria, como senador, o primitivo projeto de lei), que concedia benefícios fiscais para as empresas e pessoas físicas patrocinadoras da cultura e da arte. Na prática, o Governo abdicou de uma diretriz própria, em campo tão importante, deixando o amparo ao teatro a cargo do arbítrio de particulares. Ainda assim, em função do prestígio de muitos chefes de companhias, conseguiu-se verba para espetáculos expressivos. O Governo eleito e empossado em março de 1990 suspendeu os efeitos da Lei Sarney, e a produção teatral ficou no inteiro desamparo. Para os europeus, acostumados à manutenção de elencos nacionais, com ponderáveis dotações orçamentárias, torna-se impensável o que ocorreu no Brasil. Só por milagre as salas de espetáculos continuam abertas no país.

De uma década para cá, entretanto, começou a registrar-se outro fenômeno, de significativas conseqüências artísticas. Encenadores não se contentaram em montar uma boa peça, mas decidiram interferir no processo teatral de maneira mais efetiva, dando-se o direito de cortar cenas e alterar a ordem dos episódios, de acordo com a sua óptica. Pode-se pensar na atual hegemonia do criador cênico.

Os melhores resultados dessa prática pertencem a Antunes Filho. Deixando o teatro profissional para trabalhar, de preferência, com principiantes, ele empreendeu séria pesquisa do que seriam os mitos brasileiros. Com a colaboração de Jacques Thiériot e do elenco, ele transformou a "rapsódia" *Macunaíma*, de Mário de Andrade, em primoroso espetáculo, em que ocupava o primeiro plano a sua admirável inventividade plástica.

Seguiu-se *Nelson Rodrigues o Eterno Retorno*, enfeixando quatro textos do dramaturgo, reduzidos aos diálogos essenciais (*Álbum de Família, Beijo no Asfalto, Os Sete Gatinhos* e *Toda Nudez Será Castigada*). A inspiração freudiana do autor, acrescida do admirável exame da vida suburbana carioca, ficou rejeitada, em favor de um mergulho em sua mitologia, sob o crivo de Jung e de Mircea Eliade. Não há dúvida de que o resultado artístico foi excelente. Trabalhando sempre o espetáculo, o diretor transformou-o em *Nelson 2 Rodrigues*, em que figuravam apenas *Álbum de Família* e *Toda Nudez Será Castigada*, de beleza poética ainda mais impressionante.

Depois de uma pausa com *Romeu e Julieta*, Antunes buscou outro tema mítico na ficção de Guimarães Rosa, adaptando o conto *A Hora e Vez de Augusto Matraga*. Menos feliz na montagem de *Chica da Silva*, nome da mulata que seduziu um contratador de diamantes, na Minas colonial, ele alcançou outro momento de superior criatividade em *Paraíso Zona Norte*, com duas peças de Nelson Rodrigues – *A Falecida e Os Sete Gatinhos*, que recebeu uma leitura completamente diversa da anterior, segundo ele ainda "oleosa de naturalismo", e que na nova versão adquiriu violência insuspeitada. Cada espetáculo de Antunes Filho se transforma em aguda reflexão sobre os fundamentos da linguagem cênica.

Gerald Thomas é outro encenador de ricos recursos criativos. Suas realizações mais apreciáveis ligam-se a obras de peso, a que ele empresta uma visão original, como *Quatro Vezes Beckett* e *Quartett*, de Heiner Müller. Quando ele escreve o diálogo, o rendimento torna-se mais frágil, como em *Carmen com Filtro* ou *Electra*, concebidas no gênero que ele denominou "ópera seca". A Trilogia Kafka teve o ponto alto em *O Processo*, de núcleo dramático mais evidente. *A Metamorfose* presta-se menos ao teatro e *Praga* não chegou a ter desenvolvimento suficiente. Trata-se, contudo, de artista de visões audaciosas, auxiliado sempre pela bela cenografia de Daniela Thomas.

Se se pensa que o Rio e São Paulo têm, normalmente, de vinte a quarenta espetáculos em cartaz e outras capitais vão afirmando seus próprios valores, deve-se concluir que, não obstante as atuais vicissitudes, o teatro brasileiro merece ser encarado com otimismo.

(1990)

9. O Teatro Social no Brasil Contemporâneo

Não tratarei o tema na sua amplitude, porque todo o teatro é social, por referir-se explicitamente à sociedade ou, ao preferir o mergulho nos desvãos do indivíduo, fornecendo sobre ela um testemunho indireto. Pretendo ater-me às experiências dramatúrgicas que tiveram o propósito expresso de privilegiar os problemas sociais e, dentro delas, apenas os exemplos mais marcantes.

Pode-se afirmar, sem medo de erro, que a preocupação com o assunto social é constante da literatura dramática, brasileira, desde os seus primórdios, no teatro jesuítico do século XVI. No intento catequético, o auto do padre José de Anchieta pretendia moldar a organização indígena de acordo com os preceitos do cristianismo. O romantismo e mais tarde o realismo e o naturalismo condenaram acerbamente os erros sociais, segundo os modelos de liberdade e justiça reinantes ao longo do século XIX. A Revolução Soviética de 1917 haveria de ser a fonte inspiradora do primeiro texto de qualidade publicado após a Semana de Arte Moderna de 1922: *O Homem e o Cavalo*, de Oswald de Andrade (1934), que, sob a influência do *Mistério Bufo*, de Maiakóvski, põe em xeque o cristianismo e a velha sociedade burguesa e capitalista à luz dos novos princípios socialistas. Se, no final do século XX, ficou patente o erro ilusório do autor, a peça permanece, pela força utópica dos ideais de igualdade que propõe. A crítica aos aspectos desumanos do capitalismo, de que é alvo o agiota Abelardo de *O Rei da Vela* (publicada em 1937, junto com *A Morta*, e só encenada, com grande repercussão, em 1967), continua de atualidade inequívoca em nossos dias, quando parece recrudescer, no trópico, a versão selvagem do sistema.

Nelson Rodrigues, o verdadeiro fundador do teatro brasileiro moderno ao estrear *Vestido de Noiva,* em 1943, estaria aparentemente distante das categorias sociais, por privilegiar, de início, o psicológico, nas manifestações do subconsciente, e em seguida as sondagens míticas. A estupenda intuição dramática do autor não esconde, porém, a crítica social à aristocracia em *Álbum de Família,* tragédia que na aparência só se refere a arquétipos. E, à medida que as "tragédias cariocas" acolhem as personagens da classe média baixa, as situações injustas tornam-se mais pungentes e gritantes, levando o poeta e crítico Paulo Mendes Campos a observar, acerca de Os *Sete Gatinhos,* que

> o fulcro da peça pode ser o momento em que uma das filhas do velho Noronha atira-lhe ao rosto o *insulto* ignominioso: "Contínuo!" Dentro do contexto, essa simples palavra resume toda a dimensão social de *Os Sete Gatinhos.* Um contínuo que não quer ser contínuo e cujas filhas se prostituem. Uma sociedade sem segurança material ou mental, corroída pelo dinheiro e pela fricção com que as idéias e semi-idéias se transmitem entre pessoas desprovidas de dinheiro. Uma sociedade injusta e imbecilizada: na rua, em casa, no colégio, no trabalho. Uma sociedade que sofre de vermes como Silene. Uma família que apodrece dentro da ordem capitalista.

O retrato do industrial Werneck, em *Bonitinha, mas Ordinária,* serve, no cinismo e no desregramento de todo gênero que o distinguem, de paradigma aos indivíduos de sua classe nos países subdesenvolvidos.

Contribuição importante à nossa dramaturgia, depois do aparecimento de Nelson Rodrigues, foi a de Jorge Andrade, que lançou *A Moratória,* em 1955, examinando as conseqüências da crise internacional de 1929 numa família de fazendeiros de café. A desvalorização súbita do produto traz a falência e a perda da propriedade rural. A simpatia pelas personagens (o autor nunca escondeu que o protagonista reproduz a imagem que guardou do avô) não impede que seja visto como inevitável o desmoronamento da aristocracia cafeeira. Aos poucos, aliando rigor artístico e pesquisa sólida, o dramaturgo constrói um verdadeiro painel da História do Brasil, que, se trai às vezes a perspectiva da classe dominante, põe à mostra o sofrimento dos desfavorecidos.

Vereda da Salvação assume, nesse quadro, fisionomia especial. Com base em episódios reais, ocorridos em Catulé, no interior do Estado de Minas Gerais, a peça dramatiza a loucura mística a que é conduzido pela miséria um grupo de colonos. O desvio religioso leva os empregados da fazenda, na tentativa de purificar-se dos pecados, durante a Semana Santa, a sacrificar os supostos portadores do demônio. A polícia, chamada para repor a ordem, resolve a situação pelo tiroteio criminoso. Sem demagogia, a peça se constitui num violento libelo contra a carência absoluta dos trabalhadores rurais brasileiros.

O golpe militar de 1964 engajou seriamente o autor na luta contra as forças repressoras. Em *Milagre na Cela,* de alcance artístico discutível, uma freira é violentada, na cela, pelo torturador. Outros textos sublinham as injustiças sociais. Mas o que atinge melhor rendimento dramatiza os inícios da conquista do solo e de suas riquezas. Trata-se de *O Sumidouro,* que põe em confronto o bandeirante Fernão Dias Paes e seu filho mameluco José Dias. Enquanto Fernão parte no encalço das esmeraldas, José tudo faz para que elas não sejam descobertas, pela certeza de que não aproveitariam aos habitantes da terra, mas à corte portuguesa e seus agentes colonizadores. Exalta-se o sentimento nativista contra a exploração do estrangeiro – metáfora atual da asfixia do terceiro mundo pelo poder econômico dos países desenvolvidos.

Pela formação católica, o Brasil não poderia deixar de ter um dramaturgo que exprimisse o melhor de um autêntico sentimento religioso. É ele Ariano Suassuna e sua revelação, em 1956, com o *Auto da Compadecida,* fundindo o drama medieval e vicentino e o populário do Nordeste, toma o partido dos humildes e combate a simonia e o preconceito racial, ao colocar em cena um Cristo negro. Em *O Santo e a Porca,* o autor parte da *Aulularia (Comédia da Panela),* de Plauto, e de *O Avarento,* de Molière, para combater o pecado da avareza.

Mesmo em *A Pena e a Lei,* de profunda especulação teológica, Ariano Suassuna introduz os problemas sociais do cotidiano. A personagem Benedito, herdeiro de Zanni e de sua numerosa família de tipos semelhantes na *Commedia dell'Arte,* apresenta uma alegoria da injustiça terrena, que sintetiza a revolta cristã do autor: "O mundo que eu conheci foi uma cavalhada: os grandes comerciantes de fora montados nos de dentro, os de dentro nos fazendeiros, os fazendeiros nos vaqueiros, os vaqueiros nos cavalos".

Do universo católico, a dramaturgia brasileira conhece um acréscimo, em seguida, da ideologia marxista, expressa em *Eles Não Usam Black-tie,* de Gianfrancesco Guarnieri (1958). Num período de expansão da indústria, propiciado pela política desenvolvimentista, a peça vem fixar o fenômeno eminentemente social da greve, num grande centro urbano. De um lado, o velho militante de esquerda, afeito às lutas coletivas. De outro, seu filho, que procura uma solução individual para as dificuldades momentâneas atravessadas. O consciente engajamento do texto apontou fértil caminho para todo o repertório que o sucedeu, sobretudo a partir do Teatro de Arena de São Paulo e do Seminário de Dramaturgia nele formado.

Em *A Semente,* sua terceira obra, Guarnieri já pôde fazer uma autocrítica da militância de esquerda, prejudicada pelos desvios do fanatismo. E quando a ditadura militar, imposta em abril de 1964, impediu a análise direta da realidade brasileira, o autor recorreu ao uso da metáfora, para não silenciar. Vieram sucessivamente em 1965 e 1967, de parceria com Augusto Boal, *Arena Conta Zumbi* e *Arena Conta*

Tiradentes. Zumbi, herói da resistência negra contra a escravidão mantida pelos brancos. E Tiradentes, protomártir da Independência do país contra o colonizador português. Lições tomadas de empréstimo à História, como se vê, para combater o regime iníquo que vitimara a população. Muitos diálogos parafraseavam a linguagem oficial, dando sabor particular à crítica dos espetáculos.

Guarnieri não poderia permanecer alheio ao refúgio na subjetividade, que decorreu da repressão vinculada ao Ato Institucional n. 5, de 13 de dezembro de 1968 – novo golpe, mais sinistro, dentro do golpe de 1964. *Castro Alves pede Passagem* é protagonizado pelo poeta romântico baiano, paladino na luta pela abolição da escravatura. Um certo esquematismo anterior, estimulado pelo gênero musical de *Zumbi* e *Tiradentes*, cedeu lugar ao maior aprofundamento psicológico, e o cantor dos escravos vive também os conflitos com a atriz Eugênia Câmara, que amou, e as indagações suscitadas pelo mergulho do irmão suicida na morte.

A metade inicial da década de setenta, sob o nefasto governo do general Emilio Garrastazu Medici, provavelmente o mais implacável ditador da História do Brasil, deixou a Guarnieri, para não abdicar da dramaturgia, a única saída de escrever o que ele chamou "teatro de ocasião" – recurso à metáfora e à alegoria, aproveitando os espaços não preenchidos pela Censura. *Botequim* e *Um Grito Parado no Ar*, dramas produzidos nessa linha, ressentiram-se no resultado artístico, por ser de base eminentemente realista o estilo do dramaturgo.

Ponto de Partida conseguiu resolver bem o compromisso entre a metáfora e o entranhado realismo. A peça dramatiza, sob o manto da alegoria, o assassínio do jornalista Wladimir Herzog nas dependências do DOI-CODI, órgão que, em São Paulo, praticava a tortura. A ação se desloca para uma vaga Idade Média, quando os poderosos tentaram fazer passar por suicídio um crime que praticaram. Sem perder a contundência dramática, a linguagem poética utilizada resgatou o tema de uma possível circunstancialidade. Pela coerência, pela resposta sempre pronta aos estímulos do momento, pela coragem do seu labor resistente, Gianfrancesco Guarnieri merece ser considerado o autor mais representativo da década de setenta.

Acompanhando a cronologia das estréias importantes, à de *Eles Não Usam Black-tie* seguiu-se a de *Chapetuba Futebol Clube*, de Oduvaldo Vianna Filho, em 1959, também no Teatro de Arena de São Paulo. Embora fixe um fenômeno social do maior relevo – o futebol e, por extensão, o mecanismo interior do esporte, relacionando-o ao conjunto da realidade –, a peça, por si, não asseguraria a permanência do autor. Preocupado em estabelecer contato com as camadas mais desfavorecidas da população, em generosa entrega política, não obstante o feitio pessoal lhe inspirasse os anti-heróis e os indivíduos batidos pelas condições adversas, ele desligou-se do Arena e se tornou um dos fundadores do Centro Popular de Cultura, no Rio, responsável por um teatro de aberta catequese política. Inviabilizando-se o CPC pelo golpe de 1964, Vianinha retornou a seu estilo criador, sem perder de vista a crítica à sociedade injusta.

Corpo a Corpo é o monólogo de um publicitário dividido entre a fidelidade a si mesmo e as exigências da ascensão profissional, acabando por ser tragado pela engrenagem do sistema. *Longa Noite de Cristal* retrata um repórter honesto que, por denunciar erros que contrariavam os interesses dos patrões, acaba no anonimato de um programa radiofônico na madrugada.

Vianinha enfrenta um tema difícil e ambicioso em *Papa Highirte,* nome carinhoso de um típico ditador latino-americano que, deposto, vive no exílio. A peça não o mostra nas ações cruéis, mas o humaniza no convívio doméstico, ainda que o passado condenável surja em alusões inequívocas e na determinação bem sucedida de um terrorista em assassiná-lo. O autor sabe temperar a crítica social e o rigor artístico, não se deixando perder em simplificação política.

Chama-se *Rasga Coração* a obra-prima do dramaturgo, cuja última parte foi ditada à sua mãe, do leito de morte, em 1974. O texto realiza um painel social do país nas quatro décadas anteriores, adotando a perspectiva de um militante anônimo da esquerda. Desfilam nos episódios evocados a esperança de construção de um país justo, ideal sempre frustrado pelos sucessivos golpes da direita. O cotidiano medíocre do protagonista, a ruptura com o filho que se desvia na busca de saída pessoal, ainda que embelezada pela luta em favor da ecologia, dão à narrativa um fundo patético, acentuado pela decisão, no desfecho, de ausentar-se de casa, para se reunir com trabalhadores que reivindicam melhores salários. A majestosa arquitetura do texto engrandece o diálogo entre o micro e o macrocosmo da ação. Não foi sem motivo que o dramaturgo prestou na peça "homenagem ao lutador anônimo político, aos campeões das lutas populares; preito de gratidão à 'Velha Guarda', à geração que me antecedeu, que foi a que politizou profundamente a consciência do país". Premiada em concurso promovido pelo Serviço Nacional de Teatro, órgão oficial do então Ministério da Educação e Cultura, a peça foi imediatamente interditada pela Censura. Numa ironia que deveria servir de exemplo aos governantes, *Rasga Coração* foi liberada e estreou em 1979, sob o patrocínio do mesmo Ministério e do governo do Estado do Paraná.

Consolidando a presença do autor nacional nos cartazes, 1960 marcou a estréia de dois textos significativos: *O Pagador de Promessas,* de Dias Gomes, e *Revolução na América do Sul,* de Augusto Boal. *O Pagador* recolocava, agora sob aplausos gerais, um autor que, precocemente, havia colaborado com o astro Procópio Ferreira em fase anterior à renovação estética do nosso espetáculo. *Pé-de-Cabra* (1942) fora proibida, sob a alegação de ser marxista, quando Dias Gomes, "até aquele momento, ainda não havia lido uma só linha de Marx". O dramaturgo explica o conteúdo de outras obras: "Em *Zeca Diabo,* eu aflorava o problema do cangaço, em *Dr. Ninguém* tentava destruir o mito da ausência do preconceito de cor entre nós, em *Eu Acuso o Céu* abordava o problema das secas e dos retirantes nordestinos e *Um Pobre Gênio* tinha um tema perigoso para a época, uma greve operária". Como é fácil imaginar, essas peças da juventude do autor precisam ser reavaliadas, quando de sua publicação. No caso de Augusto Boal, *Revolução na América do Sul* representava o terceiro lançamento sucessivo da fase de prestígio do Arena à dramaturgia brasileira, acrescentando-lhe, depois de *Black-tie* e *Chapetuba,* a dimensão de uma sátira de fundo aristofanesco, em que José da Silva, símbolo do homem do povo, desde o seu nome comum, se despe dos mais elementares meios de sobrevivência, por culpa da realidade adversa.

O Pagador de Promessas, sob o prisma social, põe em cena o sincretismo e a intolerância religiosos, compreendido o primeiro como manifestação da crença popular e criticada a segunda pela dureza capaz de gerar crimes. Com fina ironia, Dias Gomes faz os mais diferentes representantes da sociedade viverem um cruel "baile de máscaras", enquanto o "herói vencido", Zé do Burro, é sacrificado pela cumplicidade ou indiferença dos outros. Mas prevalece a mensagem positiva, quando o protagonista, que não havia conseguido carregar a cruz para o interior da igreja, é transportado sobre ela, já morto, pela multidão que se apossa do templo.

Em *A Invasão,* favelados ocupam o esqueleto de cimento armado de um edifício, não por convicção política, mas pelo imperativo da sobrevivência, já que haviam sido coagidos a abandonar os barracos. *A Revolução dos Beatos,* em outro contexto, retorna ao movimento coletivo: os "adoradores" do boi invadem as terras do padre Cícero, num ato volitivo contra as manobras de um deputado. Bastião, depois de descobrir a impostura da crença no boi, desperta para a liderança política, ao desnudar o mecanismo social.

O Santo Inquérito engrossa, com base em história real, a ficção que verbera as forças opressoras, o obscurantismo, o mau uso da religiosidade para sufocar a pureza e a inocência. A vítima, no caso, se chama Branca Dias, sacrificada pela Inquisição (transposta de Portugal para o Brasil colonial do século XVIII). Mais uma vez, o desvirtuamento da autoridade religiosa é condenado pelo dramaturgo, solidário com a fé autêntica de seus protagonistas. *Amor em Campo Minado* parte de uma situação interessante: a necessidade que tem um intelectual de esquerda de esconder-se numa *garçonnière*, no sábado seguinte ao golpe de 1964. A justa crítica à repressão não permite complacência, por sua vez, com as fragilidades dos reprimidos.

Uma virtude histórica fundamental deve ser creditada a *Campeões do Mundo* (1979): a de inaugurar, iniciada a abertura política, o balanço do que aconteceu no país, de 1964 até à data em que foi escrita, com inteira liberdade, não precisando recorrer a metáforas e a alusões para iludir os censores. A segura intuição dramática fez que o autor arrolasse os argumentos dos oponentes, sem tomar partido pessoal nos conflitos. Talvez nem houvesse muita virtude na isenção, pois a História praticamente condenou por unanimidade a ditadura e não custava conceder a palavra a seus poucos paladinos.

Meu Reino por um Cavalo, nova criação teatral de Dias Gomes, sugere, em grande parte, a análise da crise da maturidade, o sincero autodesnudamento, portanto de menor propósito social. Otávio (alter-ego do dramaturgo?) fala abertamente: "Engajamento não é sectarismo político, maniqueísmo ideológico, realismo socialista, essas bobagens. Nunca embarquei nessa. Mesmo quando militava no partido, sempre preservei a minha liberdade de criação. Nunca submeti uma peça minha à apreciação de qualquer comitê. Sempre fui um indisciplinado e me orgulho disso. E hoje sou um livre-atirador". Um livre-atirador, sem dúvida, que felizmente é incapaz de definir-se, sem levar em conta a existência do outro.

Antes de escrever *Revolução na América do Sul*, Augusto Boal se exercitara em múltiplos textos, entre os quais *Do Outro Lado da Rua* e *Marido Magro, Mulher Chata*, que não indicam o perfil pelo qual ele é hoje conhecido. O curso de Dramaturgia, na Universidade de Colúmbia (em Nova York), sob a direção do historiador John Gassner, forneceu-lhe domínio técnico e base cultural para ele, ao contato de Gianfrancesco Guarnieri e Oduvaldo Vianna Filho, artistas politizados do Teatro Paulista do Estudante, que se incorporaram ao Teatro de Arena de José Renato, desenvolver as próprias potencialidades e iniciar fecundo trabalho de encenador e de teórico, expresso nas técnicas do Teatro do Oprimido, internacionalmente conhecidas e postas em prática. Desde a experiência do Teatro-Jornal, dramatização de notícias publicadas na imprensa, para iludir a severidade da Censura, o teórico e realizador foi desdobrando as suas pesquisas, consubstanciadas no Teatro-Imagem e no Teatro-Foro, que privilegiam o aspecto social do fenômeno cênico. Escapando as formas do Teatro do Oprimido das premissas tradicionais do palco, elas requerem exame à parte.

Revolução na América do Sul representou o rompimento do esquema rígido do *playwriting* pela linguagem da farsa, da revista e do circo, já digeridos os processos épicos de Brecht. Boal atualiza despudoradamente a hipérbole aristofanesca, investindo contra tudo e contra todos, no afã de desmascarar o embuste a que é submetido o homem do povo, a que deu o nome simbólico de José da Silva, o mais comum da língua. O aparente caos da fragmentação da narrativa em quinze cenas tem o propósito de sublinhar o saudável empenho anárquico da proposta, e a presença contínua do protagonista preserva a unidade do conjunto. A peça passa ao largo das convenções realistas, ao fazer que o operário não saiba o que é sobremesa e tenha um filho todas as semanas.

Além da parceria com Guarnieri em *Arena Conta Zumbi* e *Arena Conta Tiradentes*, Boal escreveu *Arena Conta Bolívar* e *Tio Patinhas e a Pílula*, cujos títulos sugerem a preocupação social. *José, do Parto à Sepultura* retoma a personagem central de *Revolução,* sem repetir-lhe o êxito, apesar da idéia feliz de, parodiando *Don Quixote,* mostrar as derrotas de quem se submete às leis ortodoxas da livre iniciativa, em face de um poder econômico superior.

O dramaturgo lança, após o término da ditadura, *Murro em Ponta de Faca,* evocação autobiográfica das vicissitudes de um grupo de exilados, em permanente fuga pelos países da América Latina, os quais foram presas vergonhosas dos regimes de exceção. O comovido depoimento humano está temperado por peripécias cômicas, equilibrando a composição artística.

Se as tarefas internacionais do Teatro do Oprimido dificultam a regularidade da contribuição especificamente dramatúrgica (*O Corsário do Rei,* tratando do aventureiro francês Duguay-Trouin, que se lançou à conquista do Rio de Janeiro nos inícios do século XVIII, traiu a fragilidade da obra de circunstância), há muito a esperar, ainda, do poder criador de Augusto Boal.

A temporada de 1965 incorporou ao campo teatral uma obra que, escrita em 1955, teimava em ser confinada no território da poesia: *Morte e Vida Severina,* "auto de Natal pernambucano" de João Cabral de Melo Neto. Nas montagens anteriores à do Teatro da Universidade Católica de São Paulo, que recebeu o Grande Prêmio para "Tema Livre" do Festival de Nancy, na França (1966), não ficavam patentes as virtualidades dramáticas do texto. Bastou ser-lhe agregada a bonita música de Chico Buarque de Holanda, na encenação de Silnei Siqueira, o poema adquiriu insuspeitada teatralidade, a ponto de servir de exemplo a um possível musical épico brasileiro.

Morte e Vida Severina conta a caminhada de um retirante da serra da Costela, nos limites da Paraíba, até o Recife, capital do Estado de Pernambuco. Por que Severino emigra? Na esperança de fugir da "morte de que se morre / de velhice antes dos trinta, / de emboscada antes dos vinte, / de fome um pouco por dia". Severino, na longa retirada, só encontra a morte. De início, um assassinado ("sempre há uma bala voando / desocupada"). Depois, numa casa, cantam excelências para um defunto: "Dize que levas somente / coisas de não: / fome, sede, privação".

Ao ver uma mulher na janela, que lhe parece remediada, Severino acaba ouvindo que ela é rezadora titular de toda a região: "Como aqui a morte é tanta, / Só é possível trabalhar / nessas profissões que fazem / da morte ofício ou bazar". Adiante, Severino assiste ao enterro de um trabalhador de eito, escutando o que dizem os amigos do morto sobre a cova: "é de bom tamanho, / nem largo nem fundo, / é a parte que te cabe / deste latifúndio".

Finalmente, Severino chega ao Recife e surpreende a conversa de dois coveiros. Fala um que o retirante que chega à cidade, pensando "poder morrer de velhice, / encontra só, aqui chegando / cemitérios esperando". E o outro conclui: "Não é viagem o que fazem, / vindo por essas caatingas, vargens; / aí está o seu erro: / vêm é seguindo seu próprio enterro".

Diante de tantas "coisas de não", Severino pergunta a José, mestre carpina: "Que diferença faria / se em vez de continuar / tomasse a melhor saída: / a de saltar, numa noite, / fora da ponte e da vida?". Mas a conversa é interrompida com o anúncio feito a José de que seu filho é chegado: "não sabeis que vosso filho / saltou para dentro da vida?"

Todos trazem presentes pobres para o recém-nascido, duas ciganas lêem-lhe o futuro e mestre carpina responde à pergunta do retirante: "é difícil defender, / só com palavras, a vida, / ainda mais quando ela é / esta que vê, severina; / mas se responder não pude / à pergunta que fazia, / ela, a vida, a respondeu / com sua presença viva. [...] mesmo quando é uma explosão / como a de há pouco, franzina; / mesmo quando é a explosão / de uma vida severina".

No auto, a morte transmuda-se em vida. Com uma sensibilidade extraordinária, João Cabral ligou a conhecida odisséia do retirante nordestino ao tema universal do nascimento de Cristo. Um Cristo do Nordeste, marcado pelo sofrimento, mas fazendo do próprio ato de existir um sentido para a vida. Com uma poesia enxuta e cortante, composta de apreensões essenciais, João Cabral de Melo Neto escreveu o mais belo auto de Natal da história do teatro.

A revelação contundente de autor, na década de sessenta, foi a de Plínio Marcos. Ele deixou de lado quaisquer esquemas racionais para exame da realidade social e política, em benefício do aproveitamento de personagens até então praticamente esquecidas: o lumpesinato urbano, as sobras do processo duro da luta por um lugar ao sol, a marginalidade que os sistemas injustos criam e não sabem como absorver. Uma violência insuspeitada toma conta do nosso palco e se ela se funda em entranhado realismo, supera de longe os limites dessa escola.

Repórter de um tempo mau – definição que se atribui –, Plínio lançou-se na dramaturgia com *Barrela,* numa única noite do Festival Nacional de Teatros de Estudantes, no ano de 1959, em Santos. Barrela, que os dicionários explicam ser a borra que sobra do sabão de cinzas, significava, na gíria, estupro ou curra. A Censura permitiu a montagem uma só vez, graças à circunstância de ser Paschoal Carlos Magno, membro do gabinete do então presidente Juscelino Kubitschek, o promotor do certame. Inspirando-se no caso de um rapaz, detido por motivo menor que, ao ser solto, matou todos os que o estruparam, o autor imaginou o que se teria passado na prisão. À crueza da situação, Plínio juntou a virulência da linguagem, traço evidente de seu talento.

Dois Perdidos numa Noite Suja abriu em fins de 1966, por causa da interdição de *Barrela,* o contato efetivo do autor com o público e a crítica, na cidade de São Paulo. O ponto de partida do texto é o conto *O Terror de Roma*, de Alberto Moravia, e ao transpô-lo para o palco, Plínio lhe deu a plena dimensão dramática. Na exasperação do embate irracional de Paco e Tonho, que partilham um quarto de hospedaria de última categoria, depois de um assalto, ficam patentes o drama do imigrante deslocado na cidade grande e a inevitabilidade do crime para o indivíduo a quem não se concederam condições dignas mínimas de sobrevivência.

Navalha na Carne reúne em cena uma prostituta em declínio, o cáften que a explora e o empregado homossexual do bordel. O flagrante realista é quebrado pela ambigüidade dos conflitos surpreendidos pelo autor. Impressiona a pungência da miséria e da solidão das personagens, num universo desumano, em que a única piedade vem do desvelo do dramaturgo pelas suas criaturas.

Plínio Marcos realiza-se numa seqüência ininterrupta de criações – cerca de uma vintena – em duas décadas de atividade. O leque vai dos candentes problemas sociais à inspiração de cunho místico e religioso, passando pela comédia musical, que se debruça sobre a vida de compositores populares. Tem sempre em mente o autor que, se é difícil fazer um teatro para o povo, porque lhe faltam recursos para o acesso às casas de espetáculos, ao menos esse teatro deve ser em favor do povo.

Em *Quando as Máquinas Param,* um operário desempregado dá um murro na barriga da mulher, na esperança de interromper a indesejada gravidez. *Homens de Papel* fixa o cotidiano dos catadores de rua. Um marginal sumariamente eliminado pela polícia é o centro do conflito de *Oração para um Pé de Chinelo. Jesus Homem* retoma a solidariedade evangélica do Cristo primitivo, que nada tem a ver com a imagem acomodada do mundo burguês.

Para os desavisados, *Abajur Lilás* repetiria o esquema de *Navalha na Carne,* pois estão em cena três prostitutas, às voltas com o dono do prostíbulo. Logo se percebe a ferocidade da alegoria política, mais do que justa, nos anos ferrenhos da ditadura. As prostitutas simbolizam o comportamento dos oprimidos, em face do poder. Uma acomoda-se, outra tenta a conciliação mas chega a delatar, e a terceira é a contestadora radical. O preposto do proprietário homossexual do bordel, a fim de vencer as resistências da revoltada, destrói os móveis do aposento e atribui a ela o estrago – prática sabida do nazismo, introduzida no país pelo regime de exceção. A metáfora, de que teve de valer-se o dramaturgo, em nada atenuou sua crítica política direta.

Denomina-se *A Mancha Roxa* a produção seguinte de Plínio Marcos, de claro intuito social. Num presídio feminino, as mulheres descobrem que são portadoras de Aids, e da verificação triste partem para o desafio de propagar a doença pelo mundo, em resposta à incúria da sociedade. Incomodando sempre o gosto repousado do público, o autor prossegue a trajetória rebelde avessa a compromissos partidários.

As conquistas de Plínio Marcos, em relação à rudeza da linguagem e à liberdade das situações, escancararam as portas da dramaturgia para os novos valores, sequiosos de exprimir-se. 1969, ano posterior ao do Ato Institucional n. 5, numa prova insofismável da resistência do teatro ao arbítrio do Poder, lançou quatro novos autores, que aproveitaram a síntese de *Dois Perdidos numa Noite Suja*. A repressão do sistema aguçou o mal-estar subjetivo, prestes a explodir. Em 1968 Antônio Bivar, em *Cordélia Brasil,* já prenunciava a desagregação apocalíptica.

As quatro estréias de 1969 têm em comum, além das duas personagens e do diálogo não convencional, a meditação sobre um drama crucial do momento. José Vicente, em *O Assalto,* une revolta existencial contra a injustiça dominante e enfrentamento da temática do homossexualismo, uma das bandeiras dos direitos das minorias. *Fala Baixo senão Eu Grito,* de Leilah Assunção, retrata pela primeira vez a condição da mulher, de uma perspectiva nitidamente feminina. Em *À Flor da Pele,* Consuelo de Castro confronta a linha comunista ortodoxa e a anarquista, nas implicações no cotidiano de um professor e uma aluna, sua amante. Finalmente Isabel Câmara, em *As Moças,* dramatiza o relacionamento de duas jovens na luta pela sobrevivência, num grande centro urbano, a que não falta uma delicada sugestão de lesbianismo.

Depois de outras vitórias, José Vicente recolheu-se ao silêncio, bem como Isabel Câmara. Leilah Assunção e Consuelo de Castro construíram, laboriosamente a sua obra, com altos e baixos artísticos, mas sem perder de vista a responsabilidade social do criador.

Jorginho, o Machão, a segunda peça encenada de Leilah, satiriza impiedosamente o mito masculino. Completando a trilogia, inaugurada por *Fala Baixo, Roda Cor de Roda* inverte os papéis sociais do marido dominador e da mulher submissa, transformando-a em sujeito e fazendo dele objeto, na relação doméstica. Amélia, "a mulher de verdade" do samba de Mário Lago, nome simbolicamente escolhido para a protagonista, esposa fiel, ao descobrir o adultério de Orlando, assume por vingança a personalidade da menos recatada prostituta – a Batalha de Vaterlu. E transfere para a amante dele, Marieta, a função até de mãe dos próprios filhos. Toda a trama propõe a desmistificação dos papéis convencionais vividos no matrimônio, incluindo o adultério.

Consuelo de Castro soube conciliar o empenho social e a irredutível fidelidade a si mesma. *Prova de Fogo,* a sua primeira peça, proibida imediatamente pela Censura, fixava com isenta lucidez os episódios da ocupação de uma faculdade pelos alunos, em pleno período do movimento estudantil que precedeu a edição do Ato Institucional n. 5. Era a manifestação, no Brasil, da rebeldia que eclodiu no mundo inteiro, contra a insatisfatória ordem estabelecida. *Caminho de Volta,* ao lado do exame da alienação e da crítica à sociedade de consumo, sacode as personagens no sentido de apurar se têm fôlego para ir até o fim ou se transigem na metade da jornada, se encarnam a existência como criatividade ou capitulação aos compromissos menores, projeto transcendente ou apego a valores convencionais. *O Grande Amor de Nossas Vidas,* sem desfraldar a bandeira feminista, abraça com mérito invulgar a causa da mulher.

Até o surgimento de outra dramaturga – Maria Adelaide Amaral, na temporada de 1978 –, o teatro brasileiro foi apresentando obras isoladas, em que era significativa a preocupação social. Durante o período da ditadura militar, era esse o denominador comum que unia uma ou outra criação de praticamente todos os autores. Voltando-se contra o *status quo* inaceitável, os textos das mais variadas tendências não se furtavam a condenar um aspecto da sociedade, o que ao menos colocou a produção dramatúrgica na vanguarda do repúdio ao regime sufocante instalado.

Pela quase generalidade da crítica às situações injustas que a ditadura exacerbou, serão mencionadas apenas algumas obras, que se distinguiram pelo mérito artístico ou pelo feitio exemplar. Nessa enumeração, pode-se compreender que haja muitas lacunas, quer por não ter sido feito levantamento exaustivo das estréias, quer pelo gosto pessoal do crítico, inseparável dos juízos mais desejadamente objetivos. A escolha, de qualquer forma, sempre contemplará textos de relevo, por múltiplas razões.

Impressionou a crítica e o público, na temporada de 1973, *Apareceu a Margarida,* monólogo em que Roberto Athayde, com pouco mais de vinte anos, criticava metaforicamente a sufocação a que a ditadura submeteu o povo brasileiro. Monologava a professora autoritária, e o achado formal estava em ministrar ela uma aula, de que os espectadores eram os alunos. Estabelecia-se, dessa forma, uma relação normal no monólogo, que se aceitava como se não proviesse de um artifício. A "loucura" de D. Margarida atingia a platéia como a soma absurda dos valores que o mundo bombardeia diariamente sobre nós.

Sem falsa filosofia, a peça questiona o nascimento, a educação, a linguagem, a história, a evolução, a revolução e muita coisa mais. Na aula de biologia, escuta-se, como interpretação nunca ouvida antes, que nascemos sem sermos consultados. E que todos vamos morrer, sem exceção. Tornados crianças, desde que alunos, de repente deparamos verdades elementares, mas que põem em xeque toda a existência.

E a história é pior do que a biologia. "Sabem qual é o grande princípio da história? Todo mundo quer mandar nos outros. Exatamente como d. Margarida manda em vocês". Na matemática, "dividir é cada um querer ficar com mais que o outro" ("A conta de dividir tem que ser aplicada em todos os setores da sociedade"). Adiante, vem a pergunta: "Vocês sabem o que é a evolução? Não sabem! Pois fiquem sabendo que a evolução não é nada! Evolução não existe. É tudo sempre a mesma coisa! [...] A revolução vocês sabem o que é? Também não sabem! Pois é duas vezes uma evolução. Duas vezes nada, nada: revolução não é absolutamente nada!".

A coerência desse raciocínio louco vai impondo, aos poucos, a imagem do absurdo que nos cerca e invade progressivamente a nossa intimidade. D. Margarida mostra um mundo assustador, do qual só nos damos conta na medida em que ele perturba o nosso cotidiano. O texto é forte e abala os valores miudamente acatados. Roberto Athayde vomita uma cultura transmitida, que nada vale para quem se inicia no ofício de viver. *Apareceu a Margarida* incomoda – presença perturbadora que a constante fuga da verdade sempre evita.

O Último Carro ou as 14 Estações, de João das Neves, junta à força do texto a proposta de inovação do espaço cênico. A peça foi escrita em 1965-1966 e refeita em 1967, por ocasião do 1º (e único) Seminário Carioca de Dramaturgia, do qual foi vencedora. A malfadada Censura a manteve na gaveta ao longo de nove anos, ainda que, no mesmo Seminário, fosse "detentora do prêmio especial de montagem que deveria ter sido realizada pelo SNT" (Serviço Nacional de Teatro, órgão oficial do Governo, àquela época incumbido de estimular a atividade cênica no país).

O texto vai além das obras sociais da época, revelando a preocupação de apelar para o simbólico e uma liberdade associativa de personagens e situações que não se contêm nos limites do naturalismo. Dir-se-ia uma peça intermediária entre as visões fotográficas anteriores da vida brasileira e a introspecção empreendida por Plínio Marcos, naqueles anos, em *Dois Perdidos Numa Noite Suja* e *Navalha na Carne.*

Na fragmentação de quadros da conturbada viagem, surge uma imensa galeria de tipos que se unem momentaneamente e cujo destino, graças a um desastre, acaba por tornar-se o mesmo. João das Neves não aprofunda nenhuma personagem em particular, mas, pela soma das silhuetas que seleciona, oferece um retrato bastante diversificado do povo brasileiro. Do bêbado ao beato, do ladrão à prostituta, do casal que se inicia na vida ao operário consciente e com iniciativa, há de tudo em *O Último Carro.* Um vasto painel de camadas populares, que de repente se sentem caminhar para o abismo, por falta de um maquinista que dirija a composição em movimento.

Cada cena, por si, não supera os clichês associados às personagens. O valor dos diálogos não tem força suficiente para imprimir individualidade à massa quase informe de figuras rastreadas na rápida viagem do trem. O interesse desloca-se, contudo, do indivíduo para a coletividade, do particular para o geral, do aprofundamento para o panorama. Amplas coordenadas esboçam a imagem de um povo abandonado e sofredor, próximo do sacrifício em razão do desgoverno.

A introdução do elemento simbólico, além da composição que se desloca vertiginosamente, sem maquinista, está no desejo de salvarem-se, unindo-se muitos no último carro, que seria separado do restante do trem. A velocidade desse vagão diminuiria gradativamente, até a parada, enquanto um grande estrondo indica o acidente fatal para os outros carros. Sobrevive quem domina o próprio destino, sem aceitar passivamente o desastre provocado pela falta de direção.

Nessa "antitragédia brasileira", o público via-se passageiro desse trem absurdo, caminhando para o abismo. Estava claro, porém, na solução de desligar o último carro, um sinal de resistência à vertigem suicida, a mensagem otimista de João das Neves, achando que havia saída para o país.

Ao transpor em *Gota d'Água* (1976) a tragédia *Medéia,* de Eurípides, para o morro carioca, Chico Buarque de Holanda e Paulo Pontes tiveram a sabedoria de preservar a verdade humana do original, inscrevendo-o de acréscimo num quadro social próximo de nós, o que permite surpreender-lhe melhor a engrenagem.

Na base da história acha-se uma situação que se poderia considerar universal, em termos dos nossos valores. Jasão, fatigado do amor possessivo de Medéia, procura o regaço repousante de Alma, que tem a vantagem de ser jovem e rica. Medéia, mais velha que Jasão e não vendo perspectiva para recompor a vida, num gesto de profundo ressentimento suprime os frutos do amor de outrora, com o propósito de ferir e de destruir-se, que equivale a um grito de destruição do mundo.

Nada mais visceral que essa mágoa e sua repercussão, desfecho obrigatório quando está em jogo um amor totalizante. Se Eurípides centra a sua tragédia no berro descomunal de Medéia, Chico Buarque e Paulo Pontes, inspirados em concepção de Oduvaldo Vianna Filho, para a tevê (segundo eles próprios, honestamente, creditam no texto publicado), conservam o primitivismo da paixão no relacionamento direto e linear do morro, e desnudam o substrato social, demitindo-se o homem de sua intratabilidade em troca do bem-estar financeiro.

Como pano de fundo, os dramas provocados pelas correções monetárias no sistema financeiro de habitação (sempre um pesadelo, para quem adquire a prazo uma moradia), as silhuetas bem desenhadas dos vários habitantes do morro, a consciência política de um Egeu, que desmascara o ludíbrio de um presente de conveniência dado por Creonte. A questão social não é elemento espúrio justaposto a *Medéia,* em *Gota d'Água,* mas lhe fornece o necessário sustentáculo de realidade.

E, mais que essa virtude, a peça se valoriza pelos versos admiráveis. As palavras se encadeiam com maravilhosas surpresas sonoras e ao mesmo tempo brotam com incrível espontaneidade. Não se sente o verso como presença isolada, marcando a sua autonomia no ouvido, porque ele escorre com fluência ininterrupta. E fica patente o rigor da construção vocabular, um caudal de palavras que em nenhum momento prescinde da essencialidade.

Maria Adelaide Amaral, sem realizar uma dramaturgia de propósitos marcadamente sociais, utiliza o pano de fundo da crítica à sociedade, nas tramas valorizadas pela aguda análise psicológica. Em *Bodas de Papel,* sua peça de estréia, em 1978, ela desmonta com impiedade o universo menor da nova categoria profissional dos executivos "vitoriosos", que venderam a alma em troca de um bem-estar provisório. Aos poucos, o preço pago pela ascensão social vai sendo jogado na cara de todos e do público. Vários casais se trucidam em cena, por ter a mulher chamado para a reunião festiva um amigo desempregado, quando o marido convidou, com o fito de fazer um negócio, quem despediu esse amigo. Confrontam-se os valores de honestidade, honradez, frieza técnica, etc., no painel triste de uma classe média alienada, não por motivos políticos, mas por abdicação das fontes propriamente humanas.

A Resistência, escrita antes mas só estreada em 1979, no Rio de Janeiro, passa-se na redação de uma revista decadente, em um só dia. Anuncia-se que haverá cortes de pessoal, por medida de economia, em decorrência da majoração de salários. A partir dessa situação desencadeia-se o clima dramático desenvolvido com inteligência pelo veículo da comédia. Entrecruzam-se admiravelmente no texto os problemas pessoais e o coletivo, motivado pela perspectiva de desemprego. Está implícito o julgamento de um sistema, que se rege por leis econômicas, deixando em segundo plano as considerações individuais. O protagonista da história acaba por tornar-se, insensivelmente, o sentimento de insegurança, gerado pelo espírito competitivo da sobrevivência capitalista.

Ossos d'Ofício concentra-se no terceiro subsolo de um estabelecimento bancário, onde se localizam o arquivo morto e os empregados que, por diversos motivos, vivem a semi-aposentadoria do "encosto". O malogro das personagens vincula-se, porém, a motivos secretos, como a não opção pelo fundo de garantia (que desobrigaria a empresa do pagamento da indenização, no caso de despedir o empregado) ou a liderança numa campanha por greve.

O simulacro existencial do arquivo morto, que tem a cordialidade, o calor e a sabedoria do convívio brasileiro, é rompido pela chegada de um PhD em computação. Para um técnico formado em racionalização do trabalho, é constrangedora a papelada inútil que se acumulou, além da poeira e da vizinhança dos ratos. Está armado o conflito entre a eficiência e a rotina, a nova e a velha mentalidade, o rigor frio e a acomodação, mascarada em iniciativas sem verdadeiro alcance.

Maria Adelaide não tem a ingenuidade de defender o *status quo* insatisfatório contra o progresso tecnológico, responsável, freqüentemente, pelas demissões em massa. Sua postura é, em toda a linha, a humanista, que advoga o equilíbrio entre as conquistas científicas e o respeito ao homem. Caracteriza o seu temperamento a interpelação que uma personagem faz ao PhD: se ele se pautar apenas pelo princípio da eficiência, dali a dez anos outro jovem, armado de técnicas mais recentes, o apeará do poder. Não basta a atualização permanente: o fator biológico tem marcha inexorável. *Ossos d'Ofício* representa, portanto, um apelo à tolerância, ao entendimento, à busca de soluções humanas para todos os conflitos.

De Braços Abertos, a melhor peça encenada de Maria Adelaide, coloca no palco um simples casal de amantes, numa mesa de bar, anos depois de rompido o relacionamento. A ação se tece pela justaposição de sucessivos *flashbacks,* entremeados pela narrativa de um e outro, ponteando a trajetória do caso amoroso. O intuito mais evidente da autora, por certo, é atingir o fundo do encontro e do desencontro do casal – o abandono sentimental, o prazer, a cumplicidade, o entendimento inteligente, a deposição de armas em face das vivências recíprocas, a dependência não confessada, e, depois, as reservas, os sarcasmos, as ironias, os medos, as mágoas, os mal-entendidos ruinosos, a amargura, o desencanto, a agressividade, o sadismo, as neuroses, as incompreensões cruéis, que, de repente, põem um desconhecido diante do outro.

A focalização privilegiada – vê-se – é o aprofundamento psicológico, esbatendo qualquer vínculo social. Ele atua sub-repticiamente, contudo, no comportamento do casal. E o diálogo leva a protagonista a analisar, com acuidade, a antiga paixão por um militante político, poderoso pano de fundo para se definir a personalidade de agora.

Processada a abertura política, sobretudo depois do término da vigência do Ato Institucional n. 5, em 1978, acreditava-se, no fim dos anos setenta, em verdadeiro alento do teatro. A Censura havia interditado cerca de 500 textos (até hoje não se conhece o número exato), e, com o seu desativamento, esperava-se que muitas obras-primas saltassem das gavetas. É preciso confessar que foi decepcionante, sob o prisma numérico, a dramaturgia interditada que acabou chegando ao palco.

Qual o motivo da expectativa frustrada? Excetuados alguns êxitos significativos, a exemplo dos textos de Oduvaldo Vianna Filho e Plínio Marcos, deve-se convir que a Censura, na sua obtusidade incansável, contribuiu para gerar equívocos irremediáveis. Bastava ela proibir uma peça para se criar a lenda de que o público era privado de uma obra-prima definitiva. Naturalmente, a encenação se encarregava de mostrar o erro. Mas existiu outra razão para o esquecimento, ao menos provisório, das várias centenas de peças escritas durante o período da ditadura: o público, sob o alento da liberdade, procurava novos valores, e não agradava remoer mágoas próximas. A conjuntura histórica nascente exigia um teatro voltado para o futuro, não explorando em termos masoquistas a tristeza que se tentava sepultar. Ainda não havia tempo para os dramaturgos vivenciarem a abertura.

Fora alguns textos mencionados, a primeira exceção auspiciosa trazida pelo abrandamento censório foi *Fábrica de Chocolate,* que promoveu Mário Prata, em 1979, ao pequeno rol dos dramaturgos de mérito indiscutível. A peça continha a incômoda novidade de analisar o problema da tortura sob o prisma do torturador, restando uma terrível perplexidade, como se se tratasse de um pesadelo em que não se deseja acreditar.

Mário Prata encarou a situação com a maior naturalidade, sem emprestar-lhe a violência suplementar do grotesco ou da caricatura. Tudo se passa em clima normal do cotidiano, o que aumenta a carga de crueldade. Houve, numa sessão de tortura, um acidente de trabalho, que é preciso corrigir a todo custo, para não comprometer a imagem do sistema. O menos inverossímil é transformar a morte em suicídio, depois de uni-lo a um segundo assassínio, para que o quadro adquira outras características de veracidade.

Os episódios se sucedem em lógica implacável, dir-se-ia um quase rigor científico. O autor revela uma lucidez surpreendente nas implicações da trama. Do psicológico ao social e ao político, *Fábrica de Chocolate* não deixa desguarnecida nenhuma frente. A peça evitou pintar monstros patológicos, às voltas com taras incontroláveis. Se foi lamentável o acidente, inclusive porque impediu o responsável de assistir à partida decisiva de futebol, a máquina repressora é acionada para restabelecer a ordem. Os funcionários exemplares dominam a ciência de oferecer uma versão oficial indiscutível, assegurando até a cumplicidade do industrial, de quem, aliás, se tornam os delegados práticos nas tarefas menos nobres. Denuncia-se a completa solidariedade dos vários segmentos da população opressora, quando o poder se sustenta pela força e pelo arbítrio.

Por mais que seja dramático ou trágico o episódio, o tratamento que lhe é dado provoca inevitáveis reações de riso. É o humor negro instilado no diálogo, a farsa macabra dos acontecimentos, exigindo o alívio da gargalhada. Sem essa reação, o espetáculo, talvez, se mostrasse insuportável. Mário Prata soube aproveitar a brecha aberta pela Censura, surpreendendo pelo tom exato da crítica, pelo desmonte inteligente da repressão.

Tinha de ser diferente, por todos os motivos, a óptica de João Ribeiro Chaves Netto ao escrever *Patética,* lançada na temporada de 1980. O autor transpõe para o palco a biografia de seu cunhado, o jornalista Wladimir Herzog, assassinado durante o interrogatório em

São Paulo, e também tema inspirador de *Ponto de Partida*, obra metafórica de Gianfrancesco Guarnieri.

A comissão julgadora do concurso de dramaturgia promovido pelo Serviço Nacional de Teatro proclamou vencedora, em outubro de 1977, a peça *Patética*, inscrita no ano anterior, sob o n. 143, quando se teve notícia de que órgãos de segurança a confiscaram, impedindo, assim, que fosse premiada. Num sintoma inequívoco de que os tempos melhoraram, o diretor do órgão pôde, mais tarde, fazer a identificação oficial do laureado e entregar-lhe o prêmio a que tinha direito. Da edição, em 1978, o texto chegou ao palco, em 1980, numa prova do acerto da abertura política.

Chaves Netto escreveu uma obra de límpida verdade humana, sem exageros e proselitismos, e exteriorizando sua legítima indignação contra o arbítrio e a violência do poder. Fazer "teatro dentro do teatro" – os episódios vividos pelos atores do Circo Albuquerque, que fechará depois do único espetáculo de *A Verdadeira História de Glauco Horowitz, Subintitulada... Patética* – não era um recurso desconhecido, nem havia grandes elaborações na trama. O autor preferiu seguir com simplicidade os momentos decisivos da trajetória de Glauco e sua família, desde a fuga do nazismo europeu.

Acompanhando a biografia de Herzog, o dramaturgo pretendeu realizar uma lúcida parábola política a propósito da solidariedade entre as ditaduras e o crime, o poder discricionário e o desrespeito pelos direitos humanos fundamentais. Não é à toa que a família de judeus, que fugiu da Iugoslávia, esperando fixar-se num país livre, acaba por reconhecer a profunda semelhança entre o regime brasileiro e o nazista, supostamente sepultado na Europa. Essa verificação representa melancólica ironia.

Não traçou o dramaturgo o perfil de um herói, mas apenas o de um homem inteligente, cujo erro foi o de haver confiado em que a inocência nada tem a temer dos órgãos repressores. A brutalidade com a qual Glauco Horowitz é sacrificado na tortura se aparenta ao absurdo dos processos kafkianos. *Patética* dramatiza uma história semelhante às de *Ponto de Partida* e *Fábrica de Chocolate*, superando-as no terreno da emoção e do documento.

Lauro César Muniz, que se havia afirmado, nas décadas de cinqüenta e sessenta, na comédia de costumes (*O Líder*, da Feira Paulista de Opinião, ingressou com inteligência no debate social), discutiu abertamente um tema político da atualidade em *Sinal de Vida*, estréia de 1979. Retomando, uma década depois, as personagens Verônica e Marcelo, de *À Flor da Pele*, de Consuelo de Castro (uma primeira versão foi escrita em 1972), o autor adotou uma clara óptica masculina. As duas obras não se contradizem: se Marcelo, na visão da dramaturga, perdia em autenticidade para Verônica, em *Sinal de Vida* seu mundo interior aparece desnudado, sem que se apequene a natureza da mulher. O suicídio romântico de Verônica, em *À Flor da Pele*, antecedia a trajetória terrorista cumprida por jovens de sua geração. Lauro apresenta Verônica em outra face do romantismo, que é o terror. E Marcelo, além da atividade política, responsável por ser interrogado por um militar, define-se em função das mulheres que o rodeiam, enriquecendo seu corte psicológico.

Direita, Volver, de 1985, surgiu como um dos retratos mais autênticos dos 21 anos anteriores da vida nacional. O senador biônico (nomeado pelo Governo e não eleito pelo povo) representa bem uma síntese da direita brasileira. Lauro preferiu a caricatura e o deboche, e seu protagonista escreveu "A Obra de Plínio Salgado" (criador do integralismo, que nacionalizava os *ismos* direitistas europeus), "A Vida dos Santos Apóstolos", "Brasil, Ame-o ou Deixe-o" (*slogan* da ditadura, que instigava os descontentes a saírem do país), "A Família – Célula Máter da Sociedade" e "A Questão Judaica", aprova a tortura, acha que a imprensa é responsável pela desmoralização do sistema e o povo precisa de ser tutelado, é hipócrita (não admite o divórcio e tem amantes em penca) e corrupto (recebeu 200 mil dólares, depositados na Suíça, para votar no candidato situacionista, no Colégio Eleitoral) – define-se, enfim, por todos os atributos negativos que assinalaram as duas décadas do período discricionário.

Parece que o autor se deu apenas ao trabalho de colecionar as características veiculadas diariamente pelos jornais, dispensado de qualquer invento pessoal. A realidade, porém, foi ainda pior do que se retrata no texto. A crueza de Lauro César Muniz é acabrunhante, por captar e reproduzir a ridícula e sinistra política brasileira. A peça não cedeu à volúpia do revanchismo, deleitando-se em resultar numa saudável lavagem da alma.

Depois das lúcidas revisões dos anos da ditadura, a dramaturgia brasileira distanciou-se, aparentemente, da preponderante preocupação com os problemas sociais. Múltiplas causas se conjugam para explicar o fenômeno. Do ponto de vista estético, o teatro centrou-se na figura do encenador, que também se apropria da função de dramaturgo, e coloca a tônica do espetáculo na pesquisa da linguagem. Alienação? Em vários casos, sem dúvida que sim.

O problema requer investigação mais ampla. Não se pode esquecer que a ditadura, talvez por sentimento de culpa, talvez por não acreditar na eficácia prática do teatro, talvez pelo propósito de cooptação dos artistas, manteve um subsídio permanente à atividade cênica. A volta à democracia teve a única – e fundamental – vantagem de propiciar a liberdade de expressão. No mais, ela se mostrou desastrosa para a cultura. O primeiro governo federal eximiu-se de realizar uma política própria e confiou a uma lei de incentivos fiscais o patrocínio da arte. Naturalmente, beneficiaram-se dela aqueles que tinham relações de amizade na área empresarial, sem que se desenvolvesse um programa coerente de teatro. Muitos autores, que já haviam obtido êxitos ponderáveis, não encontraram meios de dar continuidade ao seu trabalho. Privilegiou-se o evento, permanecendo nas gavetas originais que precisariam falar ao público. O segundo governo chegou ao acinte de desativar, entre outros organismos culturais, a Fundação Nacional de Artes Cênicas, penosa conquista de várias gerações. Até os parcos benefícios da lei de incentivos foram suspensos. Se, arrependidas de tanta insensatez, as autoridades procuraram depois reparar o mal irremediável que provocaram, não houve sintoma palpável de recuperação. O teatro brasileiro sobrevive heroicamente, graças à audácia de abnegados, que lançam mão de todos os expedientes, para evitar sua morte. Não cabe exigir dele, nessa circunstância, ambição artística, e muito menos coerência ideológica. Em fases difíceis como a que se atravessa, o importante é manter a chama sagrada, para não sucumbir.

Se o suposto liberalismo, que só tem produzido a recessão, o desemprego e o arrocho dos salários, não se compenetrar da exigência de um mínimo de responsabilidade social, não se sabe que rumo tomará o teatro. Consciência viva dos direitos humanos durante a ditadura, quem sabe ele se converterá em arauto de uma autêntica revolução.

(1993)

10. Dramaturgia Brasileira Moderna

Sabemos que, na literatura, nas artes plásticas, na música, na arquitetura, a Semana de Arte Moderna, realizada em São Paulo, em 1922, foi o marco divisório com o passado. O assunto, naturalmente, pode ser discutido, mas, para efeito didático, utilizemos essa referência. O teatro, entretanto, esteve ausente da Semana, e sua entrada na modernidade só veio a ocorrer muito mais tarde. A propósito, quando da morte de Nelson Rodrigues, em dezembro de 1980, Tristão de Athayde publicou um necrológio, no *Jornal do Brasil* de 6 de fevereiro de 1981, de compreensão fundamental a respeito do dramaturgo e do problema. Escreveu o grande crítico:

A estréia de *Vestido de Noiva* (28 de dezembro de 1943) foi para mim a complementação teatral retardada, mas genial, da revolução modernista. Curiosa essa entrada tardia da cena no elenco modernista de poemas, romances e críticas. Chegou em último lugar, quando já o tumulto modernista passara por duas fases e estava em vésperas da terceira. Mas chegou para ficar. E ficar de modo ainda mais criativo e permanente que a seara poética ou romanesca de 1922. Pois, com Nelson Rodrigues, o teatro se transformou, junto à música popular, no gênero mais representativo das letras do nosso século XX. Esse pernambucano de origem, carioca de adoção, entrava de peito na ribalta, para transformá-la radicalmente pelo sopro de uma personalidade absolutamente singular, que refugou todo o elitismo verbal e psicológico modernista, para entrar em cheio na massa das paixões mais populares. Daí a sua popularidade única e natural, que fez descer o modernismo às ruas e à lama das ruas.

Com um atraso ele 21 anos, assim, a obra de Nelson, segundo Tristão de Athayde, se tornou a verdadeira culminação do movimento modernista. Entendido como espetáculo, o teatro teve como marco moderno, sem a menor dúvida, a estréia de *Vestido de Noiva.* Mas não cabe esquecer que, na década ele 1930, Oswald de Andrade, uma das figuras exponenciais do modernismo, já havia publicado em livro suas três peças escritas em português (*Mon coeur balance* e *Leur âme,* concebidas em francês, em parceria com Guilherme de Almeida, foram editadas em 1916): *O Rei da Vela*, começada em 1933, chegou às livrarias em 1937, junto com *A Morta* e *O Homem e o Cavalo*, em 1934, em tiragem particular. Por que a dramaturgia de Oswald permaneceu na estante, sem conhecer de imediato o palco?

Creio que *O Homem e o Cavalo* seja de montagem muito difícil, ainda hoje. Exige numerosíssimo elenco, e faz um julgamento da civilização ocidental e cristã à luz do socialismo. Os reacionários se apressam a afirmar: com a queda do muro de Berlim e a implosão da União Soviética, a realidade desmentiu Oswald. Se pensarmos, porém, em outros termos, considerando que Oswald tinha uma visão utópica do socialismo, que importa no desejo de igualdade social e de uma justiça mais ampla, o texto, apesar de uma porção de bobagens, entre as quais o desfile das maravilhas do regime soviético, apresentado em estatísticas por crianças, guarda evidente atualidade, e seria desejável que alguém criativo como José Celso Martinez Corrêa, responsável pela montagem de *O Rei da Vela,* o encenasse. Quando o Oficina lançou *O Rei da Vela,* em 1967, Procópio Ferreira escreveu que, embora a peça lhe tivesse sido oferecida, em 1934 ou 1935, como poderia tê-la apresentado, se a Censura proibia, na ocasião, que se pronunciasse no palco a palavra amante? *O Rei da Vela* vincula-se a *Ubu Rei,* obra de vanguarda de Alfred Jarry, lançada com escândalo em Paris, em 1896 – uma paródia de *Macbeth* e Lady Macbeth. Os protagonistas de Oswald são Abelardo e Heloísa, não o casal romântico tradicional, mas a paródia dele – seu casamento é um negócio. Entre outras características, *O Rei da Vela* promove a completa dessacralização do matrimônio cristão. De outro ponto de vista, a peça mostra a aliança de um burguês em ascensão, um capitalista em preparo (no fundo, um arrivista, cujos ganhos provinham da agiotagem), com uma aristocrata decadente. Um querendo ostentar os brasões da tradicional família paulista, e a outra, o dinheiro que havia perdido com a crise de 1929, agravada pela derrota da Revolução Constitucionalista de 1932. Oswald fazia questão de proclamar: "A burguesia só produziu um teatro de classe. A apresentação da classe. Hoje evoluímos. Chegamos à espinafração". E só os nomes dos filhos do coronel Belarmino revelam o seu desejo de espinafrar: Heloísa de Lesbos, Joana (vulgo João dos

Divãs), Totó-Fruta-do-Conde... O último, Perdigoto, bêbado e achacador, pretendia organizar uma milícia rural em São Paulo, para conter o avanço do comunismo. Verdadeiro precursor daqueles que se entregaram à mesma tarefa, no preparo do golpe militar de 1964. E até a sogra, D. Poloquinha, sugeria o ato falho significativo de ser chamada Polaquinha.

Não bastando estes dados, no dia 10 de novembro de 1937, no mesmo ano da publicação de *O Rei da Vela*, Getúlio Vargas instituiu o Estado Novo, ditadura que se estendeu até 1945 e foi, na minha lembrança, mais férrea que a do general Médici, salvo a questão da tortura. Com uma censura rigidíssima, como se poderia encenar *O Rei da Vela*? *A Morta*, de expressão mais poética, estabelecendo um diálogo intertextual com *A Divina Comédia*, de Dante, pelo seu hermetismo, dificilmente atrairia nosso teatro profissional. O destino de Oswald seria chegar ao palco somente três décadas depois de publicado.

Já tive oportunidade de apontar, mais de uma vez, o parentesco de Nelson Rodrigues com Oswald, ainda que o autor de *Vestido de Noiva* desconhecesse suas peças. Esse é tema para uma longa disputa, não cabendo nesta colocação genérica sobre o teatro brasileiro moderno. Lembrem-se, apenas, de que Abelardo I se define como personagem de Freud e a obra de Nelson se realiza sob o signo da psicanálise. Abelardo queria um túmulo fantástico de três metros de altura, e a morte apoteótica aparece em duas peças de Nelson: *A Falecida,* em que Zulmira procura compensar sua vida de frustração com um enterro de luxo; e *Boca de Ouro,* em que o protagonista tenta resgatar sua origem humílima construindo um caixão dourado. Acontece que Nelson, além do gênio teatral, teve a sorte histórica de produzir seu teatro no momento em que ele pôde ser encenado, não obstante sete peças de sua autoria fossem interditadas. As dificuldades não impediram que ele se tornasse, com razão, o marco inicial da dramaturgia brasileira moderna. Oswald se definiria, assim, como um precursor, que adotou uma perspectiva eminentemente política de esquerda. Nelson, por se iniciar em plena ditadura Vargas, independentemente de motivos pessoais, nunca poderia ter adotado este caminho. Depois de explorar a psicologia do subconsciente, enveredou para os mitos, os arquétipos, realizando uma síntese destas tendências na última e mais numerosa fase de sua obra, a das tragédias cariocas.

O desnudamento do mundo interior e a flexibilidade cênica da linguagem foram as conquistas de Nelson que ajudaram a abrir caminho para os dramaturgos posteriores. A partir da estréia de *Vestido de Noiva,* a evolução da dramaturgia brasileira timbrou sempre em incorporar um novo elemento, antes inexplorado. Ainda no final da década de 1940, no Rio de Janeiro, começou a surgir Silveira Sampaio, com uma comédia típica da zona sul carioca. Sua *Trilogia do Herói*

Grotesco foi muito bem recebida e muitos acreditaram que ele desbancara Nelson Rodrigues.

Hoje, assisto com grande melancolia ao desinteresse a que foi relegada a obra de Silveira Sampaio, explicável talvez porque seu êxito estivesse associado, em grande parte, ao estilo interpretativo por ele desenvolvido, e que o crítico Décio de Almeida Prado qualificou de mímico-expressionista. Intérprete brilhante de suas comédias sobre adultério, ele precisaria ter um continuador à altura, para que as sutilezas de seu diálogo não se perdessem. Se mencionarmos que Shakespeare sofreu ostracismo de dois séculos, até ser consagrado, em definitivo, como o maior autor da História do Teatro, não se deve estranhar que Silveira Sampaio, depois de gozar de imensa popularidade, não freqüente agora nenhum palco. Espero que o tempo se incumba de desfazer essa injustiça.

Esquecimento absurdo mantém fora de cartaz Jorge Andrade (o maior dramaturgo paulista), desde seu falecimento, em 1984. Jorge lançou *A Moratória* em 1955, no Teatro Maria Della Costa, tendo Fernanda Montenegro como protagonista. A peça começava a traçar um painel da civilização do café, da mesma forma que José Lins do Rego compôs o ciclo da cana-de-açúcar e Jorge Amado, o do cacau.

Nascido numa família de fazendeiros, Jorge conheceu aos sete anos de idade, em 1929, as conseqüências da crise econômica internacional, que fez seu avô perder as terras e mudar-se para uma casa modesta de cidade do Interior. Foi essa dura experiência que ele transpôs para o palco.

A Moratória é um texto autobiográfico, na medida em que o protagonista é uma recriação do avô do dramaturgo, às voltas com a crise do café, naquele ano de 1929. Jorge aproveitou a flexibilidade dos planos da realidade, da memória e da alucinação, já desenvolvidos por Nelson Rodrigues em *Vestido de Noiva,* jogando de forma habilíssima com os planos do presente (1932) e passado (1929), distante tanto da cronologia linear como do simples *flashback.* A ponto de uma cena do passado parecer, muitas vezes, um acréscimo na dinâmica do presente. O presente estaria a preparar algo que ocorreu no passado.

As conseqüências da crise econômica de 1929 surgem em peças como *Os Ossos do Barão, A Escada, Senhora na Boca do Lixo* e *O Telescópio.* Na primeira, celebra-se o matrimônio entre o filho de um imigrante italiano enriquecido com a indústria têxtil e a filha de um aristocrata decadente (a conjuntura é diversa da tratada em *O Rei da Vela*). *Vereda da Salvação* examina o problema agrário sob a perspectiva do colono e não mais do fazendeiro. *Rasto Atrás* é a autobiografia do dramaturgo, projetado no alter ego Vicente. A mestria técnica de Jorge é tão grande que Vicente, aos 43 anos (idade do autor ao escrever a peça), contracena com ele aos cinco, 15 e 23 anos, às vezes simultaneamente. O painel histórico espraia-se no passado: *Pedreira das*

Almas passa-se durante a Revolução de 1842, quando os liberais são derrotados pelas forças absolutistas, na São Tomé das Letras onde se esgotaram os veios auríferos e os mais jovens saem em busca do Planalto Paulista; *As Confrarias*, sobre o preconceito racial na Vila Rica de fins do século XVIII, contemporânea da Inconfidência Mineira; e, finalmente, *O Sumidouro*, retratando o despontar do sentimento nativista no conflito entre o bandeirante português Fernão Dias Paes e seu filho mameluco José Dias. Estas dez peças formam o ciclo enfeixado no volume *Marta, a Árvore e o Relógio*[1]. *Milagre na Cela* e *O Incêndio*, entre outras obras, não alteram os valores do legado daquele ciclo. Jorge Andrade incorporou as fontes rurais à nossa dramaturgia.

Outro autor que inovou o teatro brasileiro foi Ariano Suassuna. Com o *Auto da Compadecida*, trazido do Recife ao Rio, em 1956, por um elenco pernambucano de amadores, retomou-se a tradição do milagre medieval, representada em Portugal por Gil Vicente e, no Brasil, por Anchieta, associando-a ao populário nordestino, que se aproxima do improviso da *Commedia dell'arte*. A peça tornou-se o maior êxito do nosso repertório, naqueles anos, sendo representada na Alemanha e na Espanha, e publicada na França. Na mesma linha, Suassuna realizou outra obra-prima dramatúrgica, *A Pena e a Lei*, de inspiração profundamente cristã e com aproveitamento do mamulengo, gênero popular do Nordeste. No início, as personagens atuam como bonecos, humanizando-se à medida que se aproximam da morte. Entre outros textos, Suassuna escreveu ainda *O Santo e a Porca*, abrindo as atividades do Teatro Cacilda Becker, no Rio, na década de 1950. Sob a perspectiva da avareza como pecado, a peça atualiza a *Comédia da Panela*, de Plauto, e *O Avarento*, de Molière. Todos desejamos que Ariano Suassuna volte a produzir para o palco, onde seu talento tem muito a oferecer.

Nova contribuição importante ao teatro, sob o prisma temático e não da pesquisa formal, aconteceu em 1958, no Teatro de Arena de São Paulo, com a estréia de *Eles Não Usam Black-tie*, de Gianfrancesco Guarnieri. Além de seus valores próprios, a peça teve o papel importante de impor, a partir de então, a dramaturgia brasileira, inclusive por meio de um seminário criado na casa de espetáculos. *Eles Não Usam Black-tie*, em pleno período do desenvolvimentismo, dramatiza o problema da luta de classes, da greve nos grandes centros urbanos, dando ênfase à questão social.

Não cometeria a injustiça de omitir que Abílio Pereira de Almeida foi autor de muito sucesso no Teatro Brasileiro de Comédia (TBC), na década de 1950. Seu apreço era tanto que o empresário Franco Zampari lhe pagava um alto salário mensal, para que ele abastecesse regular-

1. São Paulo: Perspectiva, 1986.

mente o cartaz. Mas, não sendo suas obras satisfatórias, do ponto de vista artístico, para mim elas tinham o agravante de serem muito conservadoras, sob o prisma ideológico, embora aparentassem uma crítica aberta ao sistema. Abílio significou um fenômeno isolado no TBC: dificilmente outros autores brasileiros eram ali admitidos. Lembro de Cacilda Becker dizer-me que o TBC havia alcançado elevado padrão de montagem e desempenho, não acompanhado pela nossa dramaturgia. Segundo ela, os autores brasileiros deveriam fazer um aprendizado no TBC, antes de se lançarem à produção de novas obras. Não obstante toda a minha admiração pela excepcional atriz que foi Cacilda Becker, eu não concordava com o ecletismo de repertório seguido pelo TBC, que, aos poucos, se tornou cada vez mais comercial. A guinada se deu quando Flávio Rangel assumiu a direção da casa de espetáculos e encenou, em 1960, *O Pagador de Promessas,* de Dias Gomes, assimilando a linha implantada pelo Arena.

O Pagador de Promessas acrescenta à nossa temática o sincretismo religioso, que se manifesta de forma especial na Bahia. Zé-do-Burro faz promessa a Iansã de carregar uma cruz no percurso de sete léguas, para depositá-la no interior da Igreja de Santa Bárbara, em Salvador. Impedido pelo formalismo religioso do padre, Zé-do-Burro insiste no propósito, até que uma bala o liquida e, ironicamente, ele é carregado morto para dentro da igreja, em cima da cruz. Dias Gomes, que já havia escrito um texto sobre greve, na década de 1940 (que poderemos avaliar quando estiver publicado seu Teatro Completo), tem produzido com regularidade para o palco, e seu *Campeões do Mundo* se reveste de importância histórica fundamental, por ser a primeira peça a fazer um balanço da política brasileira, de 1964 a 1979, com inteira liberdade, não recorrendo a metáforas e a alusões para iludir a Censura. O mérito indiscutível do Teatro de Arena e de seu Seminário de Dramaturgia foi o de lutar para que o Brasil inteiro se revelasse no palco. A partir do êxito de *Eles Não Usam Black-tie,* achava-se que nossos autores deveriam se voltar para a realidade nacional, em seus múltiplos aspectos. Por isso sucederam-se em cartaz obras que foram desnudando parcelas específicas da realidade.

Em 1959, o Arena lançou *Chapetuba Futebol Clube,* de Oduvaldo Viana Filho. O título já sugere o tema nacionalíssimo: o futebol. E a peça adota o ângulo caro a Vianinha: o do anti-herói, do homem derrotado, que uma força social mais poderosa esmaga, cujo protótipo é Willy Loman, protagonista de *A Morte do Caixeiro-Viajante*, de Arthur Miller.

Revolução na América do Sul, de Augusto Boal, lançada em 1960, tornou-se outro marco de nossa dramaturgia. Anárquica e anarquista, a peça foge do realismo de *Black-tie e Chapetuba,* para ingressar numa espécie de hipérbole aristofanesca, em que o operário José da Silva não sabe o que é sobremesa e tem um novo filho, com a mesma mulher, a cada três meses.

Afirmava-se a pujança da dramaturgia brasileira, até que o golpe militar de 1º de abril de 1964 implantou uma censura rígida. A solução dos autores foi o recurso à metáfora, acarretando o que Gianfrancesco Guarnieri chamou mais tarde de "teatro de ocasião". Ele e Boal, em 1965, apresentaram *Arena Conta Zumbi*, enaltecendo a figura do herói negro que reivindica a liberdade para a sua raça. Alusões à realidade brasileira daqueles dias podem ser pinçadas nos diálogos. A mesma dupla escreveu, depois, *Arena Conta Tiradentes*, cujo protagonista é o protomártir de nossa Independência. Insurgindo-se contra a repressão, praticamente toda a nossa dramaturgia privilegiou o político, o social. Ao lado do humorismo e da música popular, o teatro encarnou, naqueles anos, a luta mais consciente contra a ditadura. Não se fez ainda um inventário completo dos textos proibidos pela censura durante o regime militar, e que uns estimam de quatrocentos a quinhentos, e outros elevam até mil. No governo Médici, peças anteriormente liberadas retornaram à censura, sofrendo interdição. O absurdo generalizou-se de tal forma que até textos fraquíssimos tiveram promoção indevida, ao serem proibidos.

Guarnieri continuou fiel a seus princípios, produzindo *Botequim* e *Um Grito Parado no Ar,* prejudicados porque o autor se sente mais à vontade na esfera do realismo. Mas *Ponto de Partida,* de 1976, recorrendo à metáfora, dramatizou com êxito, numa vaga Idade Média, o assassínio do jornalista Wladimir Herzog, que as autoridades quiseram fazer passar por suicídio.

Se a ditadura provocou muitos malefícios, não impediu que *Papa Highirte* e *Rasga Coração,* premiadas e depois proibidas, alcançassem grande repercussão, com a abertura política. Pena que o autor, Oduvaldo Viana Filho, falecido em 1974, não tivesse assistido a esse triunfo. *Papa Highirte* mostra o acerto de contas com um desses ditadores latino-americanos, mesmo no exílio. E *Rasga Coração* narra a história do país nas quatro décadas anteriores à morte do autor, sob o prisma de um anônimo militante político de esquerda, com mestria técnica invejável. Um belo testamento espiritual deixado por Vianinha.

A repressão da ditadura provocou, em contrapartida, o surgimento de uma dramaturgia explosiva, feita de violência. Seu arauto foi Plínio Marcos, ao estrear, numa sala improvisada de São Paulo, *Dois Perdidos numa Noite Suja,* em 1966. Pensou-se, a princípio, que o texto se aparentava a *História do Zoológico,* de Albee. Mas era evidente que o autor, como havia declarado, dramatizara o conto *O Terror de Roma*, de Alberto Moravia. Plínio levou ao paroxismo a agressividade de dois marginais, enriquecendo a galeria das nossas personagens com representantes do lumpesinato. *Navalha na Carne,* estréia seguinte, reunia em cena uma prostituta, o cáften que a explorava e o empregado homossexual do bordel, num diálogo de intensa dramaticidade. *Abajur Lilás* valeu-se de esquema semelhante para simbolizar a reação do país em face da ditadura militar. Entre os dramaturgos combativos do Brasil, Plínio Marcos continuou o mais atuante.

Dois Perdidos numa Noite Suja deu origem a uma série de peças de duas personagens, a partir de *Cordélia Brasil*, de Antônio Bivar, em 1968. A temporada de 1969 revelou sucessivamente quatro obras do gênero: *O Assalto*, de José Vicente, em que um bancário e um varredor do banco encarnam a recusa do sistema e mantém uma relação homossexual; *Fala Baixo senão Eu Grito*, de Leilah Assunção, exercício de libertação feminina das amarras sociais de todo tipo; *À Flor da Pele*, de Consuelo de Castro, confronto de duas posturas da esquerda – a ortodoxa, representada por um professor do Partidão, e a dissidente, vivida por sua aluna e amante, uma anarquista; e *As Moças*, de Isabel Câmara, fixando duas jovens que dividem um apartamento na cidade grande de hoje. Todas estas peças equilibram muito bem o conteúdo social e a carga de subjetividade, longe de esquematismos políticos.

Se o início da década de 1970 se pautou pela rígida censura do governo Médici, o monólogo *Apareceu a Margarida*, de Roberto Athayde (1973), soube se valer da metáfora para encarnar numa professora autoritária a dureza do regime. Recurso técnico engenhoso fez da platéia a classe de alunos, às voltas com o arbítrio da mestra. Transpondo para o morro carioca a tragédia *Medéia*, de Eurípides, Chico Buarque e Paulo Pontes preservaram em *Gota d'água* (1976) a humanidade do original, dentro de um quadro social muito palpável: o do sistema financeiro de habitação que, adotando a correção monetária superior aos reajustes salariais, tornou a compra da casa própria um pesadelo. Escrito em 1965-66, refeito em 1967 e mantido na gaveta pela Censura, durante nove anos, *O Último Carro ou As 14 estações*, de João das Neves, enveredou pelo terreno simbólico: uma composição se desloca vertiginosamente, sem maquinista, enquanto uns poucos passageiros lúcidos conseguem desligar o último carro, comprovando que um ato racional é a única maneira de reagir contra a ditadura absurda. A abertura política sobrevinda, em 1978, ao término da vigência de dez anos do Ato Institucional n. 5, não foi propícia ao teatro, como se esperava. Poucos textos de inspiração política interessaram ao público e a censura econômica substituiu a anterior, não favorecendo o surgimento de uma grande dramaturgia.

Maria Adelaide Amaral, revelada com *Bodas de Papel* (1978) e *A Resistência* (1979), realizou em *De Braços Abertos* (1984) seu melhor texto na época. Um casal de amantes dialoga, numa mesa de bar, anos depois de rompido o relacionamento, e a sutileza da análise psicológica tem como pano de fundo toda a amargura do longo tempo do arbítrio político. As condições adversas da produção teatral conservaram inéditas diversas obras de Maria Adelaide, além de numerosas outras, de diferentes autores.

Privilegiei nesta resenha certos acréscimos, mais de explorações temáticas do que propriamente de conquistas cênicas. Por isso deixaram de ser mencionados numerosos dramaturgos, às vezes de mérito semelhante ou mesmo superior ao daqueles que receberam citação. Só uma história sistemática da literatura teatral moderna corrigiria esta injustiça. Cito, sem preocupação de esgotar nomes, alguns que deveriam figurar num trabalho menos dirigido. Obtiveram êxito, nos anos posteriores à Semana de Arte Moderna, por exemplo, Joracy Camargo, Abadie Faria Rosa, Oduvaldo Viana, Raimundo Magalhães Júnior, Guilherme Figueiredo, Pedro Bloch e Henrique Pongetti. Embora o considere uma obra-prima, o auto de Natal pernambucano *Morte e Vida Severina*, de João Cabral de Melo Neto, pertence sobretudo ao território da poesia, ainda que tenha proporcionado uma encenação primorosa de Silnei Siqueira, com música de Chico Buarque de Holanda. Têm obra respeitável, entre outros, Francisco Pereira da Silva, Antônio Callado, Domingos de Oliveira, João Bethencourt, Millôr Fernandes, Carlos Queiroz Telles, Lauro César Muniz, Renata Pallottini, Ferreira Gullar, Bráulio Pedroso, Mauro Chaves, Nelson Xavier, João Ribeiro Chaves Neto, Sérgio Jockman, Maurício Segall, Márcio Souza, Alcides Nogueira Pinto, Carlos Vereza, Alcione Araújo, Carlos Henrique Escobar, Carlos Alberto Soffredini, Fauzi Arap, Luís Carlos Góes, Fernando Melo, Marcus Vinícius, Benê Rodrigues, Isis Baião, Luiz Marinho, Mário Prata, Paulo Goulart, Juca de Oliveira, José Wilker, Flávio de Souza, Celso Luís Paulini, Ziraldo, José Rubens Siqueira, Luiz Alberto de Abreu, Naum Alves de Souza, Jandira Martini, Marcos Caruso, Flávio Márcio, Timochenco Wehbi, César Vieira, Zeno Wilde, Edla Van Steen, Mauro Rasi e Miguel Falabella. Maria Clara Machado construiu sólida dramaturgia voltada para o público infantil.

Os dias atuais não têm sido muito propícios ao autor brasileiro, um tanto esquecido pelos empresários. É que a hegemonia do palco, desde a estréia de *Macunaíma*, adaptação da rapsódia de Mário de Andrade, feita por Jacques Thiériot e pelo Grupo Pau-Brasil, e dirigida por Antunes Filho (1978), passou para as mãos do encenador. Na sua experiência com a linguagem teatral, esse encenador utiliza a obra do dramaturgo segundo a sua ótica, muitas vezes exigindo cortes substanciais, ou assume a inteira autoria do espetáculo, mesmo se lhe faltam dotes literários. Compreende-se que, assim, fique muito difícil para um autor profissional ver sua obra apresentada.

Espero que se trate de moda passageira, ainda que fundada em conceito estético defensável, porque o teatro não pode prescindir de uma dramaturgia viva. E, nos momentos decisivos da história do nosso palco, os autores brasileiros sempre desempenharam papel pioneiro e marcante.

(1994)

11. Oswald Contemporâneo

Seria possível imaginar uma nova exegese da poesia, do teatro, do romance, da crônica, do ensaio e do memorialismo de Oswald de Andrade, mas talvez não ocorresse a ninguém que o próprio autor se tornasse objeto de uma análise sociológica. E é essa proeza que realiza *Um Ciclone na Paulicéia*[1], livro de Rubens de Oliveira Martins.

Com domínio metódico da disciplina, conhecimento amplo da obra e da biografia de um dos mentores da Semana de Arte Moderna de 1922 em São Paulo, ao lado de Mário de Andrade, Menotti del Picchia e outros, o estudioso esquadrinha todos os aspectos do problema, observando numa consideração preliminar: "O que aparece como inquietante e surpreendente é que, mesmo consagrado atualmente, Oswald de Andrade encontra-se estigmatizado ou carnavalizado, visto na maioria das vezes por uma perspectiva redutora, reforçada pela própria força de seus aforismos, que conseguem ofuscar uma apreciação mais imparcial de sua variada produção intelectual". Move-o a esperança concretizada "em poder demonstrar que falar a respeito do intelectual Oswald de Andrade é muito mais que falar de um 'dândi'do PRP: é falar de um indivíduo que 'suporta' as contradições de sua época e que é capaz de elaborar intelectualmente uma 'solução' para compreendê-la e, talvez, poder transformá-la".

Entre marginalidade e legitimação, que balizam o comportamento dos membros da Semana, Rubens Martins vai desenhando o perfil

1. São Paulo: Unibero, 2001.

de Oswald e do mundo que o cercava. É curioso que ele dê relevo ao confronto de Oswald com os participantes da geração da revista Clima, que sucedeu a do modernismo e se pautava por outros princípios. Ao prefaciar *Teatro e Antropofagia*[2], de David George, Décio de Almeida Prado afirmou que, de todas as ilusões de sua juventude, as mais enganadoras referiam-se ao passado, no sentido de que "a impressão de que tudo o que se fizera no Brasil antes de 1930 – marco artístico, político e econômico – ficara irremediavelmente para trás". E, no entanto, as encenações de *O Rei da Vela*, de Oswald, em 1967, e de *Macunaíma*, de Mário, adaptado para o palco, em 1978, representaram inesperado e impressionante choque estético e político.

Em termos semelhantes ao exame que Bourdieu faz de *A Educação Sentimental,* de Flaubert, Rubens Martins trata de *Serafim Ponte Grande*, de Oswald. E, aos poucos, mantendo permanentemente o rigor científico de sua pesquisa, constrói um Oswald de Andrade autêntico, em tudo nosso contemporâneo.

2. São Paulo: Global, 1985.

12. A Modernização do Palco

Oswald de Andrade, como se registrou, estendeu sua ação à dramaturgia na década de trinta, depois de ter publicado em 1916, junto com o poeta Guilherme de Almeida, duas peças em francês, na esperança de conquistar a universalidade. *O Rei da Vela* (1933/37), *O Homem e o Cavalo* (1934) e *A Morta* (1937) são marcos indiscutíveis de radicalidade criadora e política, em linhas que vem de Jarry e Maiakóvski. O atraso nacional, agravado pelo golpe do Estado Novo, em novembro de 1937, não permitiria que nenhum desses textos descesse das estantes para a cena. Oswald ficou aprisionado no livro, até que o Teatro Oficina de São Paulo, sob a direção de José Celso Martinez Corrêa, liberou, em 1967 a carga explosiva de *O Rei da Vela*.

Nesse quadro, entende-se que a modernização do teatro brasileiro tenha ocorrido somente em 1943, quando o grupo de Os Comediantes estreou, no Municipal do Rio de Janeiro, *Vestido de Noiva*, de Nelson Rodrigues, sob a direção do polonês Ziembinski, foragido da guerra, e com cenário do artista plástico Santa Rosa, formado no espírito novo. O espetáculo sacudiu em todas as frentes o marasmo: ao invés do astro, dominando os coadjuvantes, a mesma linha de desempenho, harmonizando a equipe; mais de uma centena de efeitos luminosos, em lugar das luzes fixas para os diferentes períodos do dia; e, substituindo os telões pintados, o cenário construído, com despojamento que valorizava a presença do ator.

A feliz reunião de tantos fatores foi estimulada, sem dúvida, pelas características inovadoras da peça. Enquanto a comédia de costumes observava, normalmente, um desenvolvimento linear, indo da apresentação ao desfecho de um conflito, *Vestido de Noiva* propôs a técnica da "ação simultânea em tempos diferentes". Sob a égide da psicanálise, Nelson Rodrigues deu menos importância à realidade aparente, para investigar os fluxos da subconsciência. Por isso, os episódios se passam em três planos: o da realidade, que tem o objetivo de situar a história; o da memória, em que uma acidentada, a protagonista Alaíde, procura recuperar a sua identidade; e o da alucinação, em que ela, liberta das amarras do consciente, dá largas às fantasias de todo tipo. O palco deixa de ser apenas o lugar em que dialogam criaturas verdadeiras, para tornar-se a projeção exterior da mente de Alaíde, materializada em associações livres.

O plano da realidade se contém, assim, em poucos dados. Ouvem-se os sons de um atropelamento, seguido da sirena da ambulância. Em outra cena, médicos operam Alaíde. Jornaleiros gritam as manchetes da tragédia. Um médico informa ao marido Pedro que a mulher chegou ao hospital em estado de choque, e "isso para o acidentado é uma felicidade. Uma grande coisa. A pessoa não sente nada – nada". Informações complementares ao jornal, sobre a identidade da atropelada e, por último, a morte na sala de operação.

Intercalando esses *flashes*, avultam as sondagens da memória e os delírios de Alaíde. A heroína recompõe sua trajetória, em que fica patente ter seduzido Pedro, namorado de sua irmã Lúcia, casando-se com ele. Depois, foi a irmã que lhe roubou o marido, e, no desespero criado pela situação, o atropelamento tanto pode ser uma tragédia fortuita do cotidiano como suicídio, deliberado ou inconsciente.

Mais interessante que o plano da memória, que afinal desvenda uma trama folhetinesca, tão cara ao universo do dramaturgo, é o da alucinação, porque se entrega, sem pudor, ao desregramento poético. Sua origem prende-se ao diário de Mme. Clessi, descoberto no sótão da casa que passou a ser habitada pela família de Alaíde. Aos poucos, fica-se sabendo que Mme. Clessi foi uma mundana, assassinada, no princípio do século, por um estudante de 17 anos. Eles se amavam, mas o ciúme provocou o crime, depois de um frustrado pacto de suicídio, que os resgataria daquela situação impossível. Nelson Rodrigues pintou com delicadeza a relação edipiana, não se furtando a pôr na boca de Mme. Clessi que "As mulheres só deviam amar meninos de 17 anos!".

Se o romance entre a prostituta e o adolescente merece a lírica dramatização do autor, seu empenho maior se concentra em fixar o movimento de curiosidade de Alaíde. Na aventura do subconsciente, ela vai à procura de Mme. Clessi e forja encontros imaginários, cenas grotescas de prostíbulo, situações romanescas sugeridas pela ópera *A Traviata* e pelo filme *E o Vento Levou...*, tudo de permeio, naturalmente, com as imagens reminiscentes da descoberta do Diário.

Na fusão de mundos tão diversos, Nelson Rodrigues põe em prática esmerada técnica dramatúrgica, desde o diálogo curto e incisivo até os cortes, as elipses, as mudanças de planos, as alusões irônicas, as falas mordazes, o fluxo contínuo de sentimentos que não se submetem a vetos censórios. Intuição psicológica certeira faz que ele, nos momentos desagregadores que antecedem a morte, oscile com mais freqüência entre os planos da memória e do delírio. Impressiona a compacta solidez da arquitetura cênica de *Vestido de Noiva*, sem prejuízo da leveza e da transparência da construção.

Como o fundamental, na peça, é o subconsciente exteriorizado no espaço do palco, não parece absurda a crítica de que ela deveria terminar com a morte da protagonista. O próprio encenador defendeu esse ponto de vista, não referendado pelo dramaturgo, que exigiu na montagem a integridade do texto. Por certo, não lhe falta razão, ainda que as rubricas autorizem a dúvida. Nelson inclui no plano da realidade tudo o que se segue ao falecimento de Alaíde: o luto familiar, a recuperação de Lúcia numa fazenda e seu casamento com o viúvo, recebendo da irmã o tradicional buquê de flores, enquanto se superpõem a Marcha Fúnebre e a Nupcial. A leitura atenta das indicações mostra que esse desfecho não poderia ocorrer efetivamente, pois uma morta jamais iria entregar a alguém um buquê. Deve-se concluir que a cena se desenrola também na mente em desagregação de Alaíde, isto é, ela antecipa o que o temor enxerga no futuro – não o plano mesmo da realidade, mas o que a insegurança constrói para a realidade, sobre a qual não terá nenhum poder.

A estréia de *Vestido de Noiva* irmanou o teatro às outras artes e Nelson Rodrigues passou a encarnar para ele o que Villa-Lobos representava para a música, Portinari para a pintura, Niemeyer para a arquitetura e Carlos Drummond de Andrade para a poesia. Desapareceu, aí, o complexo de inferioridade do palco brasileiro.

O itinerário do dramaturgo, entretanto, não foi pacífico. Antes de *Vestido de Noiva*, ele havia escrito, em 1941, *A Mulher Sem Pecado*, que teve apenas êxito de estima, embora já trouxesse apreciáveis inovações. Os três atos, de ação continua, transcorrem em tempo idêntico ao da duração do espetáculo, e o protagonista, Olegário, movendo-se ainda no território do consciente, está prestes a atravessar suas fronteiras, para mergulhar na loucura. Ao domínio do subconsciente, expresso em *Vestido de Noiva*, sucede a exploração do inconsciente coletivo, dos mitos, dos arquétipos, enfeixada em quatro peças: *Álbum de Família* (1945), *Anjo Negro* (1946), *Senhora dos Afogados* (1947) e *Dorotéia* (1949). Interdições da Censura ou malogro de público marcam essa fase, considerada por muitos o epitáfio do autor. Ele próprio, em artigo, publicado em outubro de 1949, na revista *Dionysos*, do então Serviço Nacional de Teatro, escreveu:

Com *Vestido de Noiva*, conheci o sucesso; com as peças seguintes, perdi-o, e para sempre. Não há nesta observação nenhum amargor, nenhuma dramaticidade. Há, simplesmente, o reconhecimento de um fato e sua aceitação. Pois a partir de *Álbum de Família* – drama que se seguiu a *Vestido de Noiva* – enveredei por um caminho que pode me levar a qualquer destino, menos ao êxito. Que caminho será este? Respondo: de um teatro que se poderia chamar assim – "desagradável". Numa palavra, estou fazendo um "teatro desagradável", "peças desagradáveis". No gênero destas, incluí, desde logo, *Álbum de Família, Anjo Negro* e a recente *Senhora dos Afogados*. E por que "peças desagradáveis"? Segundo já se disse, porque são obras pestilentas, fétidas, capazes, por si sós, de produzir o tifo e a malária na platéia.

O ciclo das peças míticas encerrou-se, provavelmente, em razão das proibições censórias e do desinteresse da platéia, mas ainda do natural esgotamento. Nessa fase, o autor se exprimia como se tivesse abolido a censura, acolhendo das personagens apenas o inconsciente, sem considerar o forçoso convívio humano, responsável por tantas acomodações e pelo respeito às regras sociais. Explorado ao máximo esse veio, cabia a Nelson encontrar outro caminho e, em nova experiência, ele retornou ao subconsciente, no monólogo *Valsa n. 6*, de 1951. Curiosamente, essa peça, sob o prisma da técnica, assemelha-se a um *Vestido de Noiva* às avessas: enquanto a mente de Alaíde projeta em cena as personagens de seu mundo, Sônia, no solilóquio, encarna os interlocutores que a rodeiam. E é semelhante o tempo das duas obras – do acidente à morte de Alaíde, em *Vestido de Noiva*, e do apunhalamento à morte de Sônia, em *Valsa n. 6*, sem que ambas as protagonistas saíssem do estado de choque.

A última fase do dramaturgo consubstanciou-se num compromisso entre a consciência e a subconsciência anteriores e o inconsciente coletivo dos textos míticos. Daí a possibilidade de denominar tragédias cariocas a mais numerosa produção do autor, que consistiu de oito peças. São elas, pela ordem, *A Falecida* (1953), *Perdoa-me por me Traíres* (1957), *Os Sete Gatinhos* (1958), *Boca de Ouro* (1959), *Beijo no Asfalto* (1960), *Bonitinha, mas Ordinária* (1962), *Toda Nudez Será Castigada* (1965) e *A Serpente* (1978). Podem juntar-se a *A Mulher Sem Pecado, Vestido de Noiva e Valsa n. 6* mais duas peças psicológicas: *Viúva, porém Honesta* (1957) e *Anti-Nelson Rodrigues* (1973). Dezessete peças constituem a produção teatral do autor, que foi também admirável prosador, em livros de memórias e confissões, romances, contos-crônicas e comentários esportivos.

Boca de Ouro, como se viu, pertence ao ciclo das tragédias cariocas. No universo obsessivo do dramaturgo, a peça tem um ponto de contato evidente com *Vestido de Noiva*: seus três atos são a dramatização da narrativa de D. Guigui, ou melhor, concretiza-se no palco o que ela fala a propósito dos acontecimentos que envolvem a personagem-título. Trata-se da projeção exterior de sua mente, não desagregada por atropelamento, mas conduzida pelas flutuações emocionais.

Para desenvolver a trama, Nelson vale-se de um artifício. Primeiro, à guisa de prólogo, ele coloca o protagonista na cadeira de um catedrático de Odontologia, exigindo que seus dentes perfeitos sejam substituídos por dentadura de ouro. Nasce, assim, seu nome, bem como o mito. A boca de ouro simboliza o poder, em vida, e o caixão de ouro, que ele vai construindo devagar, exprime o anseio de eternidade.

Chega à redação de um jornal sensacionalista, na abertura do primeiro ato, a notícia de que Boca de Ouro foi assassinado. Na tentativa de fugir ao necrológio convencional, um repórter entrevistará D. Guigui, a amante, abandonada por ele, que é bicheiro, alcunhado por um locutor "o Al Capone, o Drácula de Madureira, o D. Quixote do jogo do bicho, o homem que matava com uma mão e dava esmola com a outra!". O ressentimento faz que D. Guigui o denigra sem apelo – ele era até o autor dos crimes que a polícia não desvendava e atribuía aos comunistas...

Bastou esclarecer-se que Boca de Ouro estava morto para a paixão reprimida substituir a mágoa. D. Guigui quer retificar o depoimento, e agora vê o ex-amante com uma "pinta lorde". Na nova narrativa que ela faz, o criminoso implacável torna-se vítima – machuca-o a frívola crueldade alheia. Um grupo de grã-finas, sob o pretexto de obter recursos para a Campanha Pró-Filhos dos Cancerosos, pergunta se de fato ele nasceu numa pia de gafieira. A referência à origem humílima é que desperta o seu propósito de vingança.

Ao testemunhar a explosão amorosa de D. Guigui pelo bicheiro, o marido, que a havia perdoado, aceitando-a de volta à casa, não vê mais sentido em permanecer ali. O repórter, responsável involuntário pelo atrito, sente-se no dever de reconciliar o casal. D. Guigui e o marido se entendem e ela, movida pela conveniência, apresenta a terceira versão da biografia de Boca de Ouro, em que ele é logo qualificado de covarde.

A peça poderia ser cansativa, por dramatizar três versões de uma mesma história (procedimento que evoca o filme *Rashomon*, de Akira Kurosawa). Mas Nelson foi tão hábil que os elementos inéditos, trazidos a cada narrativa, estimulam a sutil curiosidade do espectador. Deseja-se acompanhar os meandros de uma aventura, sempre diferente nos pormenores. E que tem múltiplas funções teatrais.

Por meio das características muitas vezes opostas, desenha-se uma personagem que transcende a simples realidade, para erigir-se em mito. E o procedimento de D. Guigui define uma questão psicológica interessante: um indivíduo não inscreve outro numa imagem imutável, mas a transforma de acordo com as variações dos seus sentimentos. A fórmula pirandelliana, segundo a qual somos tantos quantos são os nossos contempladores, se enriquece por um jogo mais amplo, forjado no permanente cotejo de intersubjetividades. O retrato de uma personagem se altera a todo momento, se o interlocutor a vê com olhos cambiantes.

A frustração básica do ser humano está detectada no desejo de construir um caixão de ouro, compensando na morte o que a vida não ofereceu. Em *A Falecida*, Nelson já havia feito a protagonista suspirar por um enterro de luxo. Ao descobrir que ela acreditou satisfazer esse desejo entregando-se a um homem rico, o marido comprou-lhe o mais barato caixão. Pessimista feroz, Nelson Rodrigues atribui a Boca de Ouro destino semelhante. Com seu assassínio, o cadáver se encontra no necrotério, desdentado. A vida prega uma peça em todo o mundo.

13. Teatro: Marco Zero

Se a peça *O Rei da Vela* tivesse sido encenada em 1937, por um diretor estrangeiro, constituiria por certo o marco de renovação do teatro brasileiro moderno. Como só apareceu em livro (juntamente com *A Morta*, em publicação da Livraria José Olympio Editora), cabe reivindicar para ela apenas o papel de obra renovadora da nossa dramaturgia, a partir da qual puderam surgir Nelson Rodrigues e os outros autores que se vêm afirmando desde a década de cinqüenta do século passado.

Tornou-se hábito reconhecer que a Semana de Arte Moderna de 1922 revolucionou todos os campos da criatividade nacional, sobretudo a poesia, as artes plásticas, a música, a arquitetura. O teatro seria a única expressão não abrangida pelo movimento e até porderáveis motivos teóricos se alinham para explicar o fenômeno: realizando-se como síntese de várias artes, o espetáculo supõe o trabalho preliminar de renovação de cada uma delas, para afirmar-se na sua organicidade. Compreende-se, assim, que *Vestido de Noiva*, em montagem de Os Comediantes, surgisse em 1943, como eco remoto dos postulados modernistas.

Mas *O Rei da Vela*, precedida pela experiência de *O Homem e o Cavalo* e *A Morta*, não dependia de outros fatores para definir-se como texto teatral de vanguarda. Um dramaturgo se estimula com a realidade cênica viva, à sua volta, encontrando campo propício para testar a obra e desenvolver-se. A ausência de condições favoráveis não impede, porém, que um escritor de gênio, como Oswald de Andrade, se exercite no prazer solitário da criação e consiga, na posteridade, a ressonância que não encontrou em seu tempo. *O Rei da Vela* não envelheceu um dia e, por muitos títulos, tem o vigor de uma obra nascida agora, para atuar na realidade histórica do momento.

Não é de se estranhar essa contemporaneidade, se forem cotejadas as situações sociais de 1937 e de trinta anos depois. *O Rei da Vela* foi escrita num período de convulsão, antes que se instalasse, no dia 10 de novembro daquele ano, o Estado Novo, com uma rigorosa vedação das liberdades individuais. O regime autoritário do presente não encontrou clima para sufocar as manifestações teóricas de descontentamento e daí haver na maioria das obras teatrais um violento teor crítico e reivindicatório. Como Oswald de Andrade ia sempre ao cerne dos problemas, sem se preocupar com aspectos laterais, formulou em *O Rei da Vela* um esquema básico de desnudamento da realidade que se apresentava antes da Segunda Guerra Mundial e continua válido até hoje. Modificaram-se jogos de força e outras coordenadas surgiram, mas a questão fundamental da luta de classe e do imperialismo não se alterou na essência. A peça, usando com talento premonitório recursos cênicos que só em nossas dias se tornam familiares, ainda agora mostra um poder fecundante e uma abertura de caminhos que poderão influir na obra dos jovens dramaturgos. Oswald está tão atuante como nos tempos em que escandalizava a pacata província de São Paulo.

O primeiro ato passa-se no escritório de usura de Abelardo & Abelardo, onde se vê, além de outros elementos sugestivos, um "mostruário de velas de todos os tamanhos e de todas as cores". O título contém duplo significado: o rei da vela é o industrial que domina o mercado do produto e o homem que se alimenta da morte dos outros – o agiota que enriquece na medida da necessidade alheia e herda simbolicamente o tostão da queima de cera nos velórios. De extrato social humilde, Abelardo I se torna o novo-rico empenhado em ascender socialmente pelo matrimônio com Heloísa, aristocrata em irremediável decadência econômica, recompondo a eficaz aliança do dinheiro com o prestígio de família (o leitor não terá dificuldade em identificar nesse problema o núcleo dramático de *Os Ossos do Barão*, o maior êxito de público alcançado por Jorge Andrade). Os protagonistas não se envolvem numa trama romântica de amor, mas participam conscientemente da transação em que figuram como mercadores e mercadoria. Nesse enunciado, coloca-se o problema de classes, para se manter um privilégio que de outra forma deixaria fissuras perigosas. O significado político se acrescenta com a figura do Americano, sob cujas vistas se desenrola a trama e que é todo-poderoso na situação, inclusive no direito a Heloísa. O capital brasileiro, por mais ponderável que pareça, não passa de tributário do capital estrangeiro, dentro de linear dialética financeira. O inflexível Abelardo (com os devedores) se curva até o chão para cumprimentar o Americano, que dispõe de sua fortuna e de sua noiva. Os nomes Abelardo e Heloísa traem o propósito de dessacralizar a união romântica dos amorosos tradicionais, esvaziados na perspectiva da caricatura e da paródia, instrumentos prosaicos de uma época de descrença.

Toda a engrenagem se pulveriza ao ritmo de uma focalização que atravessa sempre as aparências, para revelar a intimidade. Oswald de Andrade procede como se as personagens abolissem a censura, para dialogar com os dados do subconsciente. O sistema, além de afastar o convencional, dispensa a ordenação lógica e discursiva da consciência, para que os diálogos, em sínteses admiráveis, ponham a nu as criaturas. Perdem-se sutilezas, em função de um desmascaramento franco e imediato da realidade. Oswald não se nutria de ilusões ingênuas.

Cada personagem foi talhada com um senso da generalidade que logo define um caráter, sem ficar na abstração. Os nomes e os sobrenomes têm valor semântico indisfarçável, desde a Heloísa de Lesbos à Joana conhecida por João dos Divãs e o Totó Fruta do Conde. Através dessa evidente brincadeira Oswald procura atingir a dissolução de costumes, que não se separaria do tédio das classes abastadas. Pintando as liberdades e os vícios sexuais dos ociosas, o dramaturgo os ligou à abundância de dinheiro e à decadência aristocrática, nessa imagem que é hoje um lugar-comum da cinematografia. A peça examina audaciosamente, nesse universo, a posição do intelectual, como Antonioni faria mais tarde no filme *A Noite*. Pinote afirma (na década de trinta!) que o teatro nacional virou teatro de tese e proclama a própria ignorância política, para esquivar-se a compromissos. Ao que Abelardo replica: "Ninguém é neutro no mundo atual". Os escritores precisam ser mantidos na miséria – a burguesia reclama lacaios, exige definições... O capitalista, que descobriu e incentivou a regressão, a volta à vela, sob o signo do capital americano, joga às claras, para que ninguém se engane a seu respeito. Ele declara que são a arma de sua classe as crianças que choram em casa, as mulheres lamentosas, fracas, famintas...

A estrutura pode ser esquematizada em três estádios nítidos: o primeiro ato narra como opera o agiota; o segundo, como vive, isto é, como se diverte, como espairece o tédio; e o terceiro, como ele morre, numa morte pessoal que é também o sino dos óbitos provisórios de sua classe – os erros de cálculo e os maus negócios que resultam em falência.

Os diálogos iniciais do primeiro ato têm o objetivo de estabelecer a relação entre o usurário e os clientes. O cenário, de sabor expressionista, comporta uma jaula, dentro da qual se espremem os devedores. Após o bate-boca em que passa do pedido de clemência á ameaça, o cliente não pode senão aceitar o jogo imposto por Abelardo, que fala didaticamente para a platéia, numa técnica distanciadora usada pelo teatro épico: "esta cena basta para nos identificar perante o público. Não preciso mais falar com nenhum dos meus clientes. São todos iguais". Piscator e Brecht haviam, na década anterior, desenvolvido a teoria do afastamento, rompendo o efeito ilusionista da cena italiana, mas não cremos que ela estivesse muito divulgada nas fontes acessíveis a Oswald de Andrade, para que se pudesse estabelecer uma influência. Julgamos, antes, que Oswald teve nesse caso uma de suas iluminações geniais, que só se tornaram moeda corrente na década de sessenta. Aliás, todo o enfoque das personagens é antiilusionista e já em sua primeira fala com Abelardo, Heloísa diz: "O nosso casamento é um negócio"...

Como vive o milionário? O segundo ato passa-se numa ilha tropical da baía de Guanabara, onde há um mastro com a bandeira americana, homenagem a Mr. Jones e símbolo da soberania alienígena. Vestidas pela "mais furiosa fantasia burguesa e equatorial", as personagens atravessam a cena na camaradagem aberta do sexo, que importa em variadas combinações. Enquanto Heloísa entretém o Americano, Abelardo tenta seduzir a futura sogra, e Totó vai procurar companhia. O papel ilustrativo desse ato se completa com as frases de espírito de Oswald, mestre da anedota e do humor ferino. D. Cesarina, a sogra, seria uma personagem do gracioso Wilde, e Abelardo se define como personagem de Freud, "o último grande romancista da burguesia".

O terceiro ato retorna ao cenário do primeiro, achando-se o palco atravancado com o ferro velho penhorado a uma casa de saúde. Abelardo diz a Heloísa que ela deve procurar outro corretor: "Nos casávamos para você pertencer mais à vontade ao Americano. Mas eu já não sirvo para essa operação imperialista. O teu corpo não vale nada nas mãos de um corretor arrebentado que irá para a cadeia amanhã... Ou será assassinada pelos depositantes. Essa falência imprevista vai me desmascarar..." A situação não mudará muito, porque poderá casar com ela o ladrão "de comédia antiga", que tem "todos os resíduos do velho teatro" ("Quando te digo que estamos num país atrasado!"): Abelardo II, o sócio de Abelardo I, cujo nome nem é diferente, para ficar bem clara a desimportância da substituição, quando os bens permanecem na mesma classe. Abelardo I chama Abelardo II seu alter ego e sabe que reviverá nele. Abelardo rico não pagará a conta de Abelarda suicida... É uma barricada de Abelardos: "um cai, outro o substitui, enquanto houver imperialismo e diferença de classes".

Abelardo I havia traído sua fome, aceitando qualquer ajuste para abandonar a própria origem. Não fez como o cachorro Jujuba, que se manteve solidário com os outros cachorros, e não aceitou uma vantagem que só o beneficiaria. Abelardo acreditou que a sociedade era uma cidadela que só podia ser tomada por dentro, quando a união daqueles que estão lá fora é que permitirá um dia a quebra dos privilégios. Os soldados são da classe do Jujuba e acabarão por deixar atropeladamente os quartéis, realizando a revolução social. Esse é o sentido da parábola do cachorro Jujuba e da condenação sofrida por

Abelardo I, infiel à miséria em que nasceu. Oswald inventou uma fábula que vale pela clareza exemplar.

Escritor que havia assimilado todas as conquistas da vanguarda, Oswald reúne em *O Rei da Vela* as mais diferentes técnicas da arte moderna. A paródia do par romântico de Abelardo e Heloísa talvez tenha como antecedente a paródia de Macbeth e Lady Macbeth, feita por Jarry no admirável *Ubu Roi*. A ausência de censura, jorrando o subconsciente, que é também uma prática do expressionismo, encontra naquela obra seminal do teatro de vanguarda o mais perfeito paradigma. Além da síntese, o usò do achado imprevisto lembra o futurismo, como na cena do suicídio de Abelardo. Depois de chamar o maquinista, Abelardo expõe didaticamente para os espectadores as várias formas de matar-se. Oferece o revólver ao ponto, a cortina encobre a cena, mas o que se ouve é uma salva de sete tiros de canhão. À técnica da vanguarda Oswald acrescentou um sentido político de esquerda, como já havia feito Maiakóvski em relação ao futurismo italiano, de espírito direitista. *O Homem e o Cavalo*, peça anterior do dramaturgo brasileiro, em muitos pontos se aproxima do *Mistério Bufo* do poeta soviético. Hoje em dia, esse parentesco se afigura uma influência normal, dentro das previsões das afinidades literárias. Há trinta anos atrás Oswald revelava uma total inaceitação da rotina do teatro brasileiro, que repetia as fórmulas da comédia de costumes do século XIX ou se aventurava no melodrama de mau gosto, corno o das pseudo-obras metafísicas de Renato Viana ou da subfilosofia social do *Deus lhe Pague*, de Joracy Camargo.

Nesse quadro histórico, a linguagem de *O Rei da Vela* eclodiu com uma violência e um poder teatral que estarreceram os bem-pensantes. A frase curta, a objetividade da fala, o diálogo propositadamente não literário, o estilo telegráfico, postos em circulação pelo expressionismo, varreram o tratamento convencional de nossa dramaturgia, abrindo caminho para quaisquer experiências. Ao alinharmos essas características, é possível que já se tenha pensado em Nelson Rodrigues, e não será difícil apontar as coincidências de sua obra, desde *Vestido de Noiva*, com o que Oswald apresentou em *O Rei da Vela*. Nelson afirma que nunca leu a dramaturgia de Oswald (a única publicada em nossa língua, por uma editora de prestígio, quando ele se iniciou no palco), e por isso somos obrigados a reconhecer que se trata de uma aproximação de temperamentos, que, no mais, tiveram oportunidade de se indispor em polêmicas pouco amáveis.

A primeira semelhança dos dois dramaturgos está na linguagem, e muitas vezes caberia afirmar que um diálogo poderia ser indiferentemente escrito por um ou por outro. O gosto da frase paradoxal e inteligente, que populariza Nelson fora das fronteiras do teatro, já se encontra em Oswald. A abolição da censura, para que o subconsciente aflore com vigor primitivo, Nelson adota com a mesma franqueza de Oswald.

Quem é o Dr. Werneck de *Bonitinha, mas Ordinária*, o capitalista cínico e amoral, consciente de que realiza um jogo de classe, senão o Abelardo de *O Rei da Vela*? Ambos se contam com absoluta ousadia, na vertigem de quem se despede da vida, e muitas de suas palavras são idênticas. Abelardo, prestes a expirar, não quer ouvir os sinos, porque são gratuitos: "Quero pagar tudo! À vista! [...] Não quero nada de graça... Não admito..." O Dr. Werneck, pensando que dali a quinze minutos a guerra nuclear pode sacrificá-lo, acha que tudo é permitido e indenizará a virgindade perdida das jovens, repetindo sempre com mais força: "Eu pago!" Ambos procuram compensar a sua finitude com o delírio do dinheiro.

Abelardo havia mandado fazer um projeto de túmulo fantasmagórico, cheio de anjos nus de três metros (as mesmas imagens pletóricas de Nelson), e terá a vala comum. Quem não se lembra do sonho acalentado por Zulmira, a heroína de *A Falecida*, de resgatar a frustração com um enterro de luxo? E no entanto ela terá o mais humilde dos caixões, ironia sádica do mundo com o seu sonho irreal.

O achado da última cena de *Vestido de Noiva* sempre mereceu os mais entusiásticos louvores da crítica: superpõem-se a Marcha Fúnebre da morte de Alaíde e a Marcha Nupcial do casamento do viúvo Pedra com Lúcia, irmã da falecida. Em *O Rei da Vela*, enquanto morre Abelardo I, ouvem-se os acordes da Marcha Nupcial, coroando o matrimônio de Heloísa e Abelardo II. O final irônico de Nelson Rodrigues, típico de toda sua obra, já estava antecipado na fala de Abelardo II: "Heloísa será sempre de Abelardo. É clássica!" Oswald ainda encerra a peça com uma exclamação do Americano – "Oh! good business!" – que religa *O Rei da Vela* à nossa comédia de costumes, lembrando a fala de Mr. James, diante do anúncio de casamento do par amoroso na última cena de *Caiu o Ministério!*, de França Júnior: "All right! boa negócia". Parece-nos inútil insistir no assunto, pois, mesmo considerando que Nelson Rodrigues desconhecia o teatro de Oswald de Andrade, não cabe questionar a precedência cronológica de *O Rei da Vela*, o que desloca para ela muitas das virtudes pioneiras normalmente atribuídas a *Vestido de Noiva*.

Abelardo I já se havia confessado personagem de Freud e Nelson Rodrigues, em grande parte de sua obra, não fêz mais que fixar as personagens numa perspectiva psicanalítica. Uma diferença que se aprofunda entre os dois autores é exatamente a do empenho político das peças de Oswald, ao passo que Nelson se afastou dos dados imediatos da realidade, para regalar-se nas sondagens introspectivas. Não será difícil explicar essa mudança de caminho, além do feitio individual de cada ficcionista, pelas condições objetivas oferecidas pelo Brasil antes do golpe de 1937 e depois dele. Oswald escreveu suas três peças mais importantes, que não chegaram a ser encenadas, sob o signo dos ideais coletivistas, que fervilhavam antes do Estado Novo. Nelson Rodrigues desenvolveu uma dramaturgia ferozmente individualista como protesto do homem brasileiro contra a ferrenha ditatura de Getúlio Vargas, papel-carbono dos regimes nazista e fascita. O refúgio da solidão era uma forma de não pactuar com a censura e as exigências antiliberais. A rebeldia de Nelson Rodrigues se traduzia no vômito lançado à sociedade, quando pôs a nu todas as suas mazelas de fundo sexual. Realizou ele, no palco, a psicanálise do regime.

Depois que muitos dramaturgos brasileiros passaram a exprimir de novo os ideais coletivistas, é possível restabelecer o fio com *O Rei da Vela*. Sua linguagem é a mesma que utilizam nossos melhores textos do presente. Seus valores permanecem intactos, com um poder explosivo de obra que surpreendeu as questões cruciais da atualidade. O público de hoje está maduro para compreender Oswald de Andrade.

14. A Transcendência na Vida Miúda

Imagino que Nelson Rodrigues teria gostado do título *Paraíso Zona Norte*, atribuído por Antunes Filho ao espetáculo composto por suas peças *A Falecida* e *Os Sete Gatinhos*. Ele sintetiza bem o espírito das "tragédias cariocas" e poderia estender-se às outras seis peças mais caracteristicamente rotuláveis nesse gênero. A Zona Norte do Rio de Janeiro não apenas situa o cenário privilegiado dessas obras mas também simboliza o cotidiano das classes menos favorecidas, com seus problemas de sobrevivência, futebol, saúde precária, prosaísmo – a vida miúda dos que sofrem as injustiças sociais de todo tipo. O paraíso, aí, teria sentido irônico, ao qual se acrescenta, preponderantemente, o contraste da transcendência que não se separa do destino humilde e amargo.

Depois de se avizinhar da fronteira do subconsciente em *A Mulher Sem Pecado* (1941) e de transpô-la, em *Vestido de Noiva* (1943), Nelson Rodrigues invadiu as regiões míticas em *Álbum de Família* (1945), *Anjo Negro* (1946), *Senhora dos Afogados* (1947) e *Dorotéia* (1949). Explorado à saciedade esse veio, o autor retomou o território da sub-consciência em *Valsa n. 6* (1951), para fazer em *A Falecida* (1953) a primeira fusão determinada dos elementos psicológicos e míticos. O texto está fincado no bairro da Aldeia Campista, de onde o imaginário das personagens se desprende, para encontrar o substrato de perplexidade e indagação comum a todas as criaturas humanas.

A primeira cena, qual prólogo, define a trajetória de Zulmira. À semelhança de Orestes, que vai a Delfos para consultar o oráculo de

Apolo, ela pretende decifrar o enigma de seu futuro pela intervenção de uma cartomante. Deusa degradada, "carnavalizada", Madame Crisálida participa da mesma situação de miséria (chinelos, desgrenhada, medo da polícia, um filho de dez anos com o dedo permanentemente no nariz) e aponta a causa, dos males: "Cuidado com a mulher loura!". Cobrado o dinheiro, a cartomante nem aguarda o falso sotaque estrangeiro, que lhe dá autoridade enigmática, e entrega Zulmira ao próprio espanto. O aviso tem terreno fértil em que frutificar.

Fica-se sabendo, no desenrolar dos acontecimentos, que essa mulher loura se identifica a Glorinha, prima de Zulmira, sua consciência acusadora. Um dia Glorinha a viu de braço dado com um homem (Pimentel) que não era seu marido, e a revelação pública do adultério desencadeia em Zulmira o mecanismo de culpa, repúdio da feminilidade, entrada na Igreja Teofilista, pudor do próprio corpo ("A mulher de maiô está nua") e recusa da condição natural ("Nenhuma mulher devia pertencer a homem nenhum!").

Paralelamente ao abandono das continências terrenas, a intuição da morte próxima exige uma compensação da vida frustrada. O ressentimento de Zulmira se aplaca com a certeza de que será uma morta que poderão despir, enquanto Glorinha, vítima de câncer, teve um seio extirpado. E, sobretudo, a pequenez da existência se apagará com a grandiosidade do enterro de luxo – a apoteose da morte redimindo o efêmero da vida. Nessa aspiração inconsciente Zulmira se aproxima dos sentimentos religiosos que procuram fazer dos túmulos morada para a eternidade.

O pessimismo feroz do dramaturgo, porém, não consente nem esse apaziguamento ilusório. Como poderia Tuninho, o marido desempregado, custear o caixão com alças de bronze e forro de cetim? Zulmira havia pensado num estratagema para satisfazer o seu desejo. A uma morta não se pergunta, nada e, logo que expirasse, Tuninho deveria procurar João Guimarães Pimentel, dizendo ser seu primo e não marido. É quase ingênua a trama de Zulmira... Evidentemente, a verdade aparece e, para obter a soma fabulosa, Tuninho recorre à chantagem. Só que, de posse do dinheiro, compra o caixão mais barato e vai apostar no jogo de futebol com o estádio inteiro. Também ele frustrado, finaliza a peça soluçando "como o mais solitário dos homens".

Nelson arma a história com domínio de mestre, abolindo as velhas convenções teatrais. Em pinceladas rápidas, as personagens ficam imediatamente de pé. Os cortes, as elipses, a sucessão de cenas curtas vão construindo um entrecho de inexorabilidade impressionante. Ainda era a norma, em 1953, a peça em três atos, em que o primeiro trata da apresentação, o segundo do desenvolvimento e o terceiro do desfecho de um conflito. *A Falecida* altera esse esquema estrutural, na medida em que Zulmira, a protagonista, morre no final do segundo ato. Da mesma forma que em *Vestido de Noiva* a ação prossegue depois da morte de Alaíde, o terceiro ato de *A Falecida* traz ao primeiro plano Tuninho, e Zulmira surge em *flashback*, por meio da narrativa de Pimentel. Ao invés de quebrar-se a unidade do entrecho, ele sai enriquecido pelas novas revelações e pelas conseqüências no comportamento de Tuninho.

A pintura dos ambientes supera o pitoresco, para conferir maior autenticidade às personagens e realçar as observações insólitas do autor. Veja-se a agência funenária, em que sobressai Timbira. Ali a morte é pretexto para a realização de um bom negócio – a venda de um caixão simples ou luxuoso. Mas essa aparente desmitificação da morte não esconde o que ela significa para os outros. Um embaixador encomendou um caixão "micha" para a mulher ("Esses cartolas enchem!"). Ao passo que o bicheiro Anacleto, ao saber da perda da filha num acidente, aos dezesseis anos, não chorava – mugia –, e adquiriu o mais extraordinário caixão. A admiração incontida pela generosidade do bicheiro leva Timbira a exclamar: "A solução do Brasil é o jogo do bicho! E, sob minha palavra de honra, eu, se fosse Presidente da República, punha o Anacleto como Ministro da Fazenda!"

Sob a veste de conquistador barato, à caça de qualquer fêmea disposta a cair em seu redil, o que o aparenta, como já foi observado, a um Don Juan suburbano, Timbira guarda um laivo de transcendência. Sua aproximação de Zulmira não é diferente da corte às outras mulheres. Um funcionário da agência lhe diz que, "de 15 em 15 minutos, contados a relógio, tens uma paixão". Ao que ele replica: "Com as outras, eu brinco. Dessa eu gosto. É diferente". A penúltima cena Nelson reservou para Timbira, em seu quarto, quando um funcionário da agência, chegando do cemitério, conta a ele que era para Zulmira o caixão miserável. A rública registra que Timbira fica petrificado, com a escova de dentes em suspenso, e, enquanto a espuma do dentifrício rola em catadupa, emite o juízo final sobre Zulmira: "Que vigarista!" o autor não tem a menor contemplação com as suas personagens.

João Guimarães Pimentel é convocado ao palco apenas no terceiro ato, porque está concluído seu caso com Zulmira e Tuninho vai procurá-lo, atendendo ao último desejo dela, para obter o dinheiro necessário ao enterro. A presença tardia vem injetar novo interesse à ação, depois da morte da protagonista, e esclarecer o que ainda não se revelara.

Tudo o que Pimentel narra a Tuninho a propósito da conquista de Zulmira é para ele muito doloroso: "foi a única mulher que eu conquistei no peito, à galega. Entrei de sola". Atracou-a na toalete de senhoras de uma sorveteria na Cinelândia, onde penetrou por engano. Nenhum galanteio prévio, nem ao menos um "bom dia". A aventura se teria encerrado aí, se ela não o identificasse, dias depois, em fotografia no jornal de escândalos *O Radical*. Para Pimentel, Zulmira conta a razão do ódio ao marido: já na primeira noite, ele se levantou e saiu do quarto, para lavar as mãos, "como se tivesse nojo de mim!" O encontro dos amantes com Glorinha determina o fim do romance: "Não acho mais graça em beijo, não acho mais graça em nada! [...] Agora é que eu sou fria, de verdade. Glorinha não me deixa amar. [...] Ela me impede de ser mulher. Tenho nojo de beijo. De tudo..." A reprovação da prima inocula o sentimento de culpa, estiolando o adultério. Do episódio, resta para Pimentel, ao lado da lembrança terna de Zulmira ("tinha um cheiro de suor, que me agradava"), o constrangimento pusilânime provocado pela chantagem, a ponto de, arrasado, ficar de cócoras diante do imaginário cofre, de onde retira o dinheiro.

Ainda no primeiro ato, em face da estranheza de Zulmira, que vomitaria se ele lhe desse um beijo na boca, Tuninho promove um conselho de família, com os sogros e os cunhados. Um dos cunhados, de óculos e livro debaixo do braço (clara caricatura), sentencia, a respeito da irmã: "caso de psicanalista!" Ao que o outro, "feroz e polêmico", atalha: "Freud era um vigarista!" (Nelson, embora recheasse sua obra de elementos psicanalíticos, tinha um sabor especial de satirizar a psicanálise e sobretudo os psicanalistas.) Quando ouve de Zulmira que "Nenhuma mulher devia pertencer a homem nenhum!", nem ao marido, a Mãe retruca, patética: "Minha filha, nem oito, nem oitenta!".

Nelson experimenta verdadeiro prazer sádico ao arrolar o prosaísmo da vida menor, o que não deve ser confundido com adesão ao estilo realista ou naturalista. A descrição correta e objetiva do meio não falseia o ambiente, dando autenticidade plena ao seu vôo liberador. Desde o menino com o dedo no nariz, na cena inicial, é patente a preocupação do dramaturgo. Tuninho deixa o jogo de sinuca porque lhe fez mal um pastel, e tanto ele como a mulher sentam num banquinho, no banheiro, na atitude de *O Pensador* de Rodin. Adiante, Tuninho pede a Zulmira para lhe espremer um cravo grande nas costas. Ela deita na cama e ele imediatamente ronca. Timbira toma refrigerante na própria garrafinha, com um canudo. Zulmira fala à mãe sobre a beleza dos enterros antigos, em que se usavam cavalos, com penacho na cabeça. A mãe não concorda: morreu o pai, a família tinha dinheiro, "Mas ah! Quando o enterro saiu, a nossa porta ficou que era uma nojeira! Nem se podia! Nunca vi cavalos tão grandes e bonitões! Mas sujaram tudo!... Muito desagradável!..." Na rua, uma personagem, designada Fulano, "cava, num dente, com um pau de fósforo, numa dessas faltas de poesia absolutas". Timbira quebra nos dentes um pau de fósforo e o cospe fora. Depois, em casa, ao acordar, coça as pernas cabeludas.

A gíria, normal na linguagem de todas essas criaturas, é incorporada ao diálogo na justa medida. A cartomante diz que "A polícia não é sopa. Outro dia fui em cana". Um parceiro da sinuca, discutindo um jogo de futebol, observa que "O Carlyle ensopa o Pavão!". Tuninho se diz "desempregado e outros bichos". "Até aí morreu o Neves!". Ao ouvir de Zulmira que Glorinha é oxigenada, mas loura, Tuninho confirma: "Batata!". O convite de Tuninho e Zulmira é feito nestes termos: "Vamos meter uma praia?". Zulmira, convertida ao teofilismo, será de novo batizada, e Tuninho pergunta: "Por que, carambolas?" Tuninho insiste na ida à praia: "ora bolas! O que é que tem a praia com as calças?". Zulmira não gosta de Glorinha, mas reconhece que ela "tem linha até debaixo d'água!". Tuninho classifica-a apenas: "Uma chata!". Além da gíria, o dramaturgo acolhe particularidades da fala popular: "Jogador profissional, que me perdesse um pênalti, eu multava!". Comentando a ida de Zulmira à cartomante, Tuninho pergunta: "Então, você me sai de casa debaixo desse toró, larga-se para os cafundós do Judas, atrás de uma cretina?". Esses exemplos não esgotam nem as réplicas do primeiro ato.

Não se pode esquecer que *A Falecida* é de 1953, ano em que não haviam atingido o Brasil os procedimentos da vanguarda francesa, e Nelson desrespeitava todas as convenções cênicas. A primeira rubrica menciona a cena vazia, com fundo de cortinas. Cadeiras, mesinhas, travesseiros são, por vezes, trazidos pelas personagens, como "indicações sintéticas dos múltiplos ambientes". Zulmira entra de guarda-chuva aberto porque, "teoricamente está desabando um aguaceiro tremendo. A moça está diante de um prédio imaginário. Bate na porta, também, imaginária". Quem entrega um chapéu a Zulmira, depois, é um contra-regra, de macacão. Zulmira liga para a agência funerária de um telefone sem fio. Ao procurar Pimentel, Tuninho circula num táxi imaginário, em que o único dado real é uma buzina, gênero "fon-fon". Uma cadeira, atrás da outra, sugere a idéia física do táxi. É o contra-rega que anuncia a Pimentel a visita de Tuninho. O mesmo contra-regra põe cadeira para Tuninho e o motorista, no estádio de futebol. Nelson Rodrigues não se sente bem com as limitações dos cenários construídos do teatro tradicional e recorre a essas e outras liberdades, para não prejudicar o dinamismo da ação. A falta de cerimônia do autor com as convenções cerceadoras do palco tem a vantagem, também, de estimular a criatividade do encenador. Na montagem de *A Falecida* para o Teatro Popular do SESI, sob a direção de Osmar Rodrigues Cruz, Flávio Império concebeu admirável cenário, em três eixos, que atendeu sem nenhuma delonga a todas as necessidades de mudança de local.

Acima das diferenças que lhes confere fisionomia tão particular, as personagens de *A Falecida* têm em comum a frustração dos seus anseios. Ao invés do enterro de luxo, Zulmira chegará ao túmulo com o mais barato caixão. Tuninho descobre-se traído, depois da morte dela. Pimentel, distante da aventura, é vítima de chantagem. E Timbira, além de perder a possível namorada, sente-se enganado na história do enterro. A vida prega uma peça em todo mundo.

As inovações, em 1953, desafiavam os procedimentos habituais do palco. Depois, elas passaram a pertencer ao cotidiano teatral. Repeti-las, hoje, dataria o espetáculo, roubando a atualidade e mesmo a perenidade do texto. Se Flávio Império já havia construído um cenário, por que Antunes Filho não pensaria em outro para a sua montagem? O encenador fez que a ação se passe numa velha estação de trem, que sugere ainda um orquidário, uma estufa, uma clínica, uma nave ou uma bolha espacial. A preocupação é a de ressaltar a atemporalidade do texto, desprendido das contingências menores, para revelar o profundo mergulho na natureza humana. Essa é a verdade maior do teatro de Nelson Rodrigues.

Na cronologia da obra rodriguiana, *A Falecida* teve seqüências em *Perdoa-me por me Traíres* (1957), cuja estréia provocou grande escândalo. A má recepção levou o autor a satirizar a crítica em *Viúva, porém Honesta*, menos de três meses depois. Lavada a roupa suja, se se pode dizer assim, *Os Sete Gatinhos* reata o fio com *A Falecida* um ano mais tarde (1958) e cabe até afirmar que forma com ela uma duologia. Os parentescos, as obsessões são comuns a todo o teatro de Nelson Rodrigues, mas Antunes Filho acertou em cheio, ao surpreender a secreta unidade dos dois textos, reunindo-os em *Paraíso Zona Norte.*

Algumas aproximações são meramente circunstanciais – desdobramento de uma linguagem, então revolucionária, que precisava ser explorada em toda a potencialidade. O primeiro quadro tem também a função de prólogo e, recusando os limites do teatro, assume a influência do cinema, que não precisa circunscrever-se a quatro paredes. Duas cadeiras representam um táxi, que vai de um ponto de ônibus à rua Barata Ribeiro, em Copacabana. E um casal dá voltas pelo palco subindo escadas imaginárias, até galgar o apartamento em que consumirá o ato amoroso. Na ocasião, Nelson contornou o veto certo da Censura apelando para o estilo não-realista: os dois arrancam de si roupas imaginárias e, "à distância, sem se tocarem, vivem o bárbaro desejo".

Um liame mais profundo está no estigma da frustração como componente da natureza humana. Não é à toa que "Seu" Noronha, chefe da família que habita o bairro do Grajaú, tem o cargo de contínuo da Câmara dos Deputados (o Legislativo Federal, até a mudança da Capital para Brasília, funcionava no Rio de Janeiro). Desesperado masoquismo, aliás, leva-o, em ritual de autoflagelação, a desafiar os outros a xingarem-no de "contínuo". Gorda, sua mulher (repare-se no apelido melancólico), compensa-se da falta de auto-estima e do afastamento do marido escrevendo palavrões e obscenidades nas paredes do banheiro. E as filhas Aurora, Débora, Arlete e Hilda são, cada uma à sua maneira, irrealizadas. Aurora prostitui-se, mantendo as aparências como funcionária de um instituto. Arlete não gosta de homem e o lesbianismo a faz sentir-se menos prostituta. Débora intermedeia mulheres para velhos. Qual o elo que sustenta essa família degradada?

Todos aceitam o sofrimento, a melancolia, as humilhações, porque depositam em Silene, filha caçula e irmã nascida dez anos depois da última, as esperanças de um destino superior. Silene realizará, por procuração, o que foi vedado às demais. Se apenas ela conseguisse escapar daquele cotidiano insatisfatório, ninguém seria vítima de condenação inapelável.

Por isso, o dinheiro arrecadado vai para o enxoval de Silene, que estuda em colégio interno, de gente rica. "Seu" Noronha jura, enfático: "Não hei de morrer sem levar Silene, de braço, até o altar com véu, grinalda, tudo!". Uma leitura superficial de *Os Sete Gatinhos* tachará de ingênua essa aspiração. Como depositar, hoje em dia, tamanha virtude na virgindade, se os costumes evoluíram, de forma a desprezá-la? A virgindade e o casamento com véu e grinalda têm, na peça, valor simbólico de preservação dos valores mais elevados, não desfeitos pela realidade. O sacrifício geral, pela salvação de Silene, redimiria a família da vida inglória que foi obrigada a arrastar.

Mais uma vez o pessimismo sombrio de Nelson Rodrigues impede qualquer ilusão. Em *Álbum de Família,* Glória, surpreendida em intimidade lésbica, é expulsa do colégio, voltando para casa. Por motivo diferente, repete-se a situação, na nova peça: Silene matou uma gata prenhe a pauladas. A mãe já estava morta e nasceram sete gatinhos, numa golfada de vida. Dr. Portela conta que expulsaram a adolescente porque sua agressividade é uma doença. Ela não pode conviver com as colegas. A sentença dolorosa: "Leve sua filha ao psiquiatra!". Noronha, desesperado, não aceita a verdade. Se o Dr. Portela falasse de qualquer outra filha, ele não diria nada. Ofende até a mulher do visitante, porque se vê o desenho da calça no seu vestido. O desabafo conclui na pergunta patética: "Silene é pura por nós, ou você não percebe que ela é pura por nós?".

O desenrolar da ação mostrará que a morte da gata não é o único "pecado" de Silene. Dr. Bordalo anuncia, depois de examiná-la, que ela está grávida de três meses. A notícia tem o efeito de uma bomba na família. Hilda quer ir para Santos, estimulada pelo "sucesso" de uma colega. Arlete fala em sair de casa. Por que a fuga? Noronha propõe o que Dr. Bordalo denomina "um bordel de filhas": "o que vocês ganhariam, lá fora, vão ganhar aqui, aqui!". E chega à tirada reveladora: "Todos nós somos canalhas! [...] Sabe por que esta família ainda não apodreceu no meio da rua? (*num soluço*) Porque havia uma virgem por nós! O senhor não entende, ninguém entende. Mas, Silene era virgem por nós, anjo por nós, menina por nós! (*feroz*) Mas agora que Silene está no quarto – esperando o senhor! (*riso com desespero*) nós podemos finalmente cheirar mal e apodrecer...".

A presença do sobrenatural, conduzindo os episódios, dentro da crendice popular, é palpável também em *Os Sete Gatinhos.* Noronha soube por que as filhas são umas perdidas. Quem lhe disse? O Dr.

Barbosa Coutinho: "O Dr. Barbosa Coutinho, que morreu em 1872, é um espírito de luz! Foi médico de D. Pedro II e o melhor vocês não sabem: os versos de D. Pedro II não são de D. Pedro II. Quem escreveu a maioria foi o Dr. Barbosa Coutinho. D. Pedro II apenas assinava". Delicioso achado, de sabor cômico admirável, jogando magia surpreendente numa história que poderia bastar-se no plano natural.

Hilda, que é médium, "recebeu" por sua vez o primo Alípio. Noronha não gosta da revelação, porque o falecido não se dava com ele... Mas o primo Alípio confirmou o aviso do Dr. Barbosa Coutinho – a família foi liquidada pelo homem que chora por um olho só. Ser estranho, mítico, escapando às normas da natureza. Passa-se, assim, à procura desse homem ou, como diz com sarcasmo Noronha: "Procuro uma lágrima, o que me interessa é um lágrima..." No desfecho, Arlete reclama que o pai prostituiu as filhas e não chora. Noronha se entrega à culpa e Arlete surpreende, em seu choro, uma única lágrima. É ele o demônio que chora por um olho só. Enquanto pega o punhal, para assassiná-lo, Hilda entra em transe mediúnico e "recebe" de novo o primo Alípio. Com voz de homem, ela diz a última réplica da peça: "Mata, sim, mata velho safado! Mata e enterra o velho e a lágrima no quintal! Velho safado!".

O tema de duas irmãs que amam o mesmo homem, fonte do conflito de *Vestido de Noiva,* atravessa várias peças, até passar a absoluto primeiro plano em *A Serpente,* o último texto escrito por Nelson (1978). *A Falecida* sugere o interesse das primas Zulmira e Glorinha por Tuninho. Em *Os Sete Gatinhos,* a inclinação incestuosa deixa de ser motivo de rivalidade entre duas irmãs, para adquirir significado transcendente. Aurora envolve-se na primeira cena com Bibelot, que recebeu esse apelido por dar "sorte com mulher". Ele só usa terno branco ("o homem vestido de virgem"), tem a superstição de que será assassinado por uma prostituta e encarna uma certa forma do machismo brasileiro, ao dizer que se dividirá entre uma mulher em casa e outra na zona. Casado, a esposa se consome no câncer e Bibelot reserva Aurora para a prostituição, não escondendo que se unirá ao "brotinho", já desvirginado por ele. Não será difícil para Aurora identificar nesse "broto" a própria irmã Silene, e a vingança, tema recorrente em Nelson, selará o destino do conquistador. Mais importante que essa vingança, a peça mostra a fatalização de duas irmãs pelo mesmo homem. Nenhuma sabe da inclinação da outra, e ambas estão irremediavelmente envolvidas com Bibelot. O incesto tem aí raízes no inconsciente.

Fora do "álbum de família" representado por Noronha, Gorda e as filhas, as outras personagens teriam função episódica. O dramaturgo não deixou, porém, de caracterizá-las com minuciosa precisão. O Dr. Portela, representante do colégio, que vem devolver Silene a casa, é calvo, grave, solene, e usa bengala e chapéu. Procura manter a dignidade do papel, sendo insultado com vulgaridade pela família, que não tolera sua função repressora. "Seu" Saul faz um contraponto cômico com a tragicidade da situação. Quer a companhia de uma filha de Noronha, disposto a dar dinheiro, mas não pede muito em troca. Na primeira Grande Guerra, recebeu um ferimento: "um estilhaço matou meu desejo".

Dr. Bordalo assume, na trama, perfil mais consistente. Médico, diagnostica a gravidez de Silene, provocando o tumulto familiar. Diante da reação de Noronha, que pensa prostituir as filhas no próprio lar, chama-o de louco e se dispõe a protegê-las, levando-as para sua casa. Aos poucos, entretanto, cede à inclinação incestuosa. Observando que Silene tem a idade de sua filha, Dr. Bordalo não resiste à tentação de possui-la, depois que o pai a oferece: "Se foi de um, pode ser de todos!" Punindo a culpa antecipada, Dr. Bordalo quer que, antes de entrar no quarto, Aurora lhe cuspa na cara. A punição mostra-se ainda leve para aliviar seu autodesprezo. No final, "seu" Saul entra na casa de Noronha, para contar o enforcamento do Dr. Bordalo no fio do ferro elétrico. E ele deixou um bilhete, revelador do incesto culpado. "Seu" Saul o repete, na linguagem atrapalhada de estrangeiro: "Não quero que meu filha me beije no caixão!".

Profissionalmente, Dr. Bordalo não errou o diagnóstico, fenômeno incomum entre os médicos de Nelson Rodrigues. Dr. Borborema (anote-se o ridículo do nome) examinou Zulmira, em *A Falecida,* concluindo ser gripe o que era turbeculose galopante. Mesmo o outro médico mencionado na peça (que tratou de Glorinha), dava-se ao desfrute de ter um piano de cauda no consultório. Sobre o tratamento de sua mulher, que está morrendo, Bibelot comenta, em *Os Sete Gatinhos:* "Esses médicos são umas bestas! Tratavam o câncer a leite e papinha!". Se o Dr. Bordalo não errou a respeito da gravidz de Silene, sofre de complicações psíquicas terríveis, a ponto de matar-se depois de concretizar, com Silene, o incesto por procuração.

Além das aproximações maiores entre as duas peças, outras ocorrem. Zulmira converteu-se à Igreja Teofilista, depois de ouvir seus cânticos. Aurora comenta com Bibelot que Noronha descobriu "uma tal religião Teofilista". E virou vidente. Para o espectador, tem efeito cômico uma conseqüência dessa crença: ele não admite papel higiênico em casa. Se a cartomante fala a Zulmira para ter cuidado com uma mulher loura, em *A Falecida,* disseram a Bibelot que uma mulher da zona lhe daria um tiro. Daí a sua cautela nos encontros com Aurora (mas é Noronha quem lhe crava o punhal no peito, instigado pela filha). A certa altura, Noronha vai ao banheiro porque comeu algo que lhe fez mal, num prosaísmo idêntico ao de Tuninho. Peculiaridade popular leva Noronha a despejar café no pires, ao invés de bebê-lo na xícara.

Qualificada tragédia carioca pelo autor, *A Falecida,* no programa da montagem da Companhia Dramática Nacional, passa a farsa trágica. Não obstante a liberdade na atribuição de gêneros, no teatro moderno, é estranhável a conversão de tragédia em farsa, ainda que trágica. Para *Os Sete Gatinhos,* Nelson cunhou a classificação de "divina comédia", evidente paródia do título do poema de Dante. Não creio que se deva especular muito sobre o assunto, pois seriam pequenos os resultados práticos. O desejo de forjar gêneros, típico da vanguarda dos anos cinqüenta, se deve, certamente, à insatisfação com os tradicionais.

A ironia trágica, tão visível na dramaturgia sofocliana, se comunica ao entrecho de *Os Sete Gatinhos.* Aurora pensa utilizar Bibelot como assassino do sedutor de Silene e logo descobre que foi ele que a seduziu. Recorde-se que Édipo procura o assassino do rei de Tebas e as evidências acabam por apontá-lo como o criminoso.

Descobre-se, afinal, que "seu" Noronha é o homem que chora por um olho só. Portanto, foi ele que perdeu sua família. Simbolicamente, essa realidade significa que o criador destrói suas criaturas. Deus é o responsável pela perdição dos homens. E a maneira de salvá-los se associa à punição do criador. Sob o incentivo do primo Alípio, encarnado no transe mediúnico de Hilda, processa-se o sacrifício ritualístico de "seu" Noronha. A morte do gerador de vida instaura no desfecho o caos.

Na peça, chama a atenção o fenômeno que levou o diretor Antunes Filho e o Grupo de Teatro Macunaíma a encenarem *Nelson Rodrigues o Eterno Retorno* sob a ótica de *O Mito do Eterno Retorno,* de Mircea Eliade: após o caos, a orgia, o aniquilamento, a morte – uma nova vida. Assim como a gata sacrificada deu à luz sete gatinhos, Silene, que havia recusado praticar o aborto, guardou no ventre o germe que frutificará em seiva humana (o pai Bibelot é apunhalado, assim como Arandir, em *Beijo no Asfalto,* é morto a tiros, enquanto a mulher Selminha está grávida). A destruição do mundo, simbolizada no desfecho, dá lugar a um nascimento que se anuncia. Estaria nessa promessa de vida o antídoto do pessimismo de Nelson Rodrigues?

(1989)

15. Nelson Otimista

Aqueles que nunca se assustaram com a aparente violência temática de Nelson Rodrigues sabiam que a sua obra guardava o horror do mundo deturpado pelo erro, a indignação contra o mal proveniente da queda paradisíaca; um moralista atônito diante da existência imperfeita, ou, para maior rigor, um moralista às avessas. Em *Bonitinha, mas Ordinária* (encenada pela primeira vez no Teatro da Maisson de France, no Rio de Janeiro, em 1962, sob o título *Otto Lara Resende ou Bonitinha mas Ordinária)* o dramaturgo dá um passo adiante: supera a ironia feroz do inconformado com a realidade, para instaurar uma ética otimista. Mergulha, talvez mais do que em qualquer outra peça, na abjeção, e extrai dela o resquício de transcendência que justifica a vida. Como um bom apóstolo evangélico, conclui que o homem encontra a verdade quando aceita ficar de mãos vazias. O moralista tortuoso passa a exprimir uma moral direta.

Todo o universo de *Bonitinha, mas Ordinária* se nutre de simbologia cristã. A tentação inicial está implícita na frase-tema do texto: "O mineiro só é solidário no câncer". Antes que o público ou o leitor indague o alcance da afirmativa, o diálogo se apressa a esclarecer: "é o homem, o ser humano". Ou, por outra: não há solidariedade, somos os lobos uns dos outros, e daí a ausência de qualquer código moral. Se a frase for verdadeira, não existirão valores, as personagens poderão chafurdar no mal absoluto. Se alguém recusar a validade genérica dessa verificação, haverá esperança de fundar-se a residência terrena em outra base, e a paisagem do indivíduo é a da descoberta da aurora, com a qual, aliás, se encerra a peça: "O Sol! Eu não sabia que o Sol era assim! O Sol!".

A frase de Otto Lara Resende se assemelha à maçã proibida ou às várias formas que o problema faustiano vem tomando na literatura. Pena que o autor a repita muito, esgotando-a pelo cansaço e querendo atribuir-lhe um mérito revelador desproporcionado, que descamba para o anedótico (ela seria mais importante do que *Os Sertões* e todo o Machado de Assis). Em *Os Demônios,* Dostoiévski já havia formulado uma opção semelhante na tragicidade de Kirilov, que raciocinava: "Se Deus não existe, tudo é permitido". Se não há princípio e fim de todas as coisas, a existência não tem significado. Serão provavelmente as reminiscências dostoievskianas da formação do escritor mineiro e o confessado interesse de Nelson Rodrigues pelo romancista de *Os Irmãos Karamazov* o móvel inicial da peça, que em muitos aspectos procura exteriorizar um clima apocalíptico.

A tentação se materializa no repto que o milionário Werneck faz a Edgard, o ex-contínuo, seu empregado, a quem ele quer dar a filha em casamento, para reparo de um estupro. Entrega-lhe Werneck um cheque ao portador de dois milhões de cruzeiros, – fórmula terrível da tentação, porque o conflito só se instalará na consciência de Edgard. A dúvida se o protagonista descontará a quantia, vendendo-se e confirmando a verdade da frase, ou se destruirá o papel, resgatando-se da tentativa de compra, alimenta o entrecho, e lhe confere o vigor dramático das escolhas em situações concretas, que são o fundamento da ficção sartriana.

Werneck tem muito do anjo caído, e não é à toa que a mulher lhe diz que é bom, como se fosse necessária essa certeza da origem para restabelecer-se seu equilíbrio interno. Convergem na personalidade de Werneck vários estigmas, sintetizáveis na idéia que ele próprio tem de que seu mundo está acabando. A difusa consciência de que não há mais lugar para os seus privilégios confunde-se com a noção segundo a qual o universo chegou ao fim. Por isso Werneck se move no paroxismo, e sua psicologia tem a tensão limítrofe dos heróis expressionistas. Só a vertigem lhe cria a sensação de vida, e daí o jogo perigoso em que se lança a cada momento. Na festa alucinada que promove, e que termina em curra, Werneck exclama: "Um momento! ... Sei lá se daqui a quinze minutos... Vou levar um foguete russo pela cara. Estou dando adeus. Adeus a minha classe, ao meu dinheiro. Estou-me despendindo. Posso ser de repente uma Hiroshima. Hiroshima, eu. Eu, Nagasaki. Portanto, hoje vale tudo! Tudo!" Seu estribilho é: "Eu pago!". Com o poder econômico, espera comprar tudo e no delírio do progresso técnico (típico do meio que leva às últimas conseqüências as conquistas materiais, chegando até a destruir pelo dinheiro todos os outros tabus), informa que um médico restaurará a virgindade da jovem. "Coisa à toa. E a pequena sai mais virgem do que entrou".

Peixoto se inclui também na esfera do mal, e sua função específica é a de intermediário entre Werneck e Edgard. Tira ele um prazer sádico do desejo de dobrar o jovem à sua convicção, e atrás da vontade de sentir que todos são canalhas se encontra o anseio íntimo de justificar-se. Se Werneck representa a força pura do dinheiro, Peixoto é o vendido conscientemente a esse poder superior. Depois de querer para Edgard um futuro igual ao seu, Peixoto proclama, numa espécie de catarse: "Não há ninguém que trepe na mesa e diga: 'Eu sou um canalha!' Pois bem, eu digo: 'Eu sou um canalha!' Digo isso de boca cheia! Sou um canalha". Como Nélson Rodrigues nunca abole a dicotomia em suas criaturas (presas do mal, nostálgicas de um bem semelhante ao paraíso perdido), Peixoto desfigura Maria Cecília, razão de seu pecado, e se pune com o suicídio. Autodestruição semelhante à de Judas, outro intermediário do demônio, que se matou por desesperar da salvação.

A matéria de Edgard se aparenta à de Arandir, protagonista de *Beijo no Asfalto.* Nessa peça, o jovem enfrenta estoicamente a coletividade, que procura desvirtuar o beijo que deu num moribundo, a única ação boa que praticou em toda a vida. Arandir sucumbe, vítima do cerco implacável. Em *Bonitinha, mas Ordinária,* Edgard resiste ao suborno, quando a tentação assume para ele as mais insuspeitadas formas. Um a um, caem diante dele todos os ídolos. Primeiro, é a própria transformação do matrimônio em objeto negociável. Revela-se, mais tarde, a perversão sexual de Maria Cecília, que desejou ser violada. Ritinha, para quem parecem inclinar-se os sentimentos espontâneos de Edgard, acaba confessando-lhe a condição de prostituta. Finalmente, a mãe procura vencer-lhe os escrúpulos para que aceite o cheque, e diante de sua intransigência, condena-o: "Desgraçado! Igual ao pai! ao pai! Oh, por que você nasceu!". Fecha-se assim o cerco em torno do herói, cujo substrato psicológico está nessa inquebrantável herança paterna, sua arma contra o mundo. Se já era patente a filiação de *Beijo no Asfalto* a *Um Inimigo do Povo, Bonitinha, mas Ordinária* se liga integralmente à linhagem ibseniana, da qual um dos exemplos recentes é *Rinocerontes,* de Ionesco. Pode-se afirmar que as personagens do texto de Nelson Rodrigues foram atacadas de *rinocerite,* salvo Edgard, que resgata a humanidade, com a sua intransigência. Muitos críticos, liderados por Sartre e adotando, a nosso ver, uma posição superficialmente marxista, condenaram a ideologia de Ionesco, por julgá-la o estertor do individualismo pequeno-burguês. Faltou-lhes a perspectiva da obra, fundamental numa análise válida. Antes de *Rinocerontes,* a dissolução de Ionesco levava ao extermínio o mundo. Não apenas o mundo burguês, mas a totalidade da existência. Béranger adquiriu as cores de herói positivo, por preservar a vida, bem inicial de qualquer exercício de convivência. Não se deve julgá-lo o individualista pequeno-burguês típico, cioso de conservar a sua inútil liberdade.

A partir do reconhecimento do indivíduo é que se alicerçam quaisquer sistemas ou utopias.

Bonitinha, mas Ordinária pode ser vítima da mesma crítica: se o mineiro só é solidário no câncer, isto é, se todo o mundo é corrompido, como sobreviverá Edgard com a sua intratabilidade? Se a peste do dinheiro assolou todos, qual o destino do único ser incontaminado? São poucas as possibilidades de sobrevivência do protagonista. Na obra de Nelson Rodrigues, porém, essa mudança de perspectiva é sintomática de uma alteração profunda. A sua ironia amarga e destruidora aniquilava todos os vislumbres de vida. A morte sempre selou os desfechos, sendo até recusada aos defuntos a satisfação da última vontade. Nelson Rodrigues, rebelado contra a queda, envolvia a passagem terrena em total escuridão. Pela primeira vez em sua dramaturgia, *Bonitinha, mas Ordinária* apresenta um final de esperança. Edgard e Ritinha, de mãos dadas, iniciam a experiência do primeiro casal, Adão e Eva que retomam o paraíso, depois de absorverem completamente a culpa. A purgação do mal devolveu-lhes a inocência. Poderia servir de epígrafe à sua aventura uma observação de Hermann Hesse, em *O Lobo da Estepe:*

> No princípio das coisas não há simplicidade nem inocência; tudo o que foi criado, até o que parece mais simples, é já culpável, já complexo, foi lançado ao sujo torvelinho do desenvolvimento e já não pode, não poderá nunca mais, nadar contra a corrente. O caminho para a inocência, para o incriado, para Deus, não se dirige para trás, mas sim para diante; não para o lobo ou a criança, mas cada vez mais para a culpa, cada vez mais fundamente dentro da encarnação humana.

Ritinha é a companheira de Edgard no caminho da redenção, e ecos de outras personagens rodriguianas estão em seu contexto. A frustração de Zulmira de *A Falecida* parece-nos o seu ponto de partida, e ela procura compensar o malogro pessoal com um casamento de véu e grinalda para as irmãs. Coagida a prostituir-se para salvar a mãe dos resultados de um inquérito administrativo, alimenta-se da abdicação de si mesma para justificar a existência, e novo logro, agora com as irmãs, lhe subtrai as motivações derradeiras. Na verdade, ao aceitar o cumprimento de um dever que se impôs, Ritinha já mostra a sua natureza altamente moral, não obstante o tipo de ofício a que se entrega. No auge do desespero, confidencia a Edgard: "Escuta. Deixa eu falar. Você escreva. Pode escrever. Quando minhas irmãs se casarem. E minha mãe morrer. Então, sim. Aí, eu estarei livre. E vou me matar. Ah, vou! E vou morrer queimada, como essas do jornal. Essas que tocam fogo no vestido. (*com alegria cruel*). Quero morrer negra!" Essa seria a autopunição para o pecado em que incidiu, embora ela própria soubesse que as circunstâncias a fizeram cair nele. Ritinha, assim descrita, está pronta para a purificação total. Por isso, quando Edgard lhe propõe que tentem juntos partir do nada ("E se for preciso, um dia, você beberá água de sarjeta. Comigo. Nós apanharemos água com as duas mãos"), aceita o convite, sabendo que ele será o primeiro homem com quem vai ter prazer.

Os dados até agora referidos permitem anotar que Nelson Rodrigues retoma, em *Bonitinha, mas Ordinária,* temas, situações e personagens de peças anteriores. Haverá importância nessa constatação? Não o cremos. Quase todos os autores repetem sempre as mesmas características, e é difícil fugir delas, quando são tão marcadas, como no caso do criador de *Álbum de Família.* Além de muitas peças funcionarem pelo processo de concentração, toda a sua obra deve ser vista como laboriosa reincidência nas mesmas investigações, sob facetas diversas. Não nos incomoda, por isso, que o último texto tenha reminiscências de *Os Sete Gatinhos,* e inclusive Werneck lembra a personagem do deputado. A mãe que só anda para trás afigura-se uma variação da louca de *A Mulher sem Pecado.* Aqui, também, volta uma constante da dramaturgia rodriguiana: irmãs ligadas sentimentalmente ao mesmo homem. A situação aparece de duas formas, em *Bonitinha, mas Ordinária;* de um lado Edgard está às voltas com Aurora e Ritinha; de outro, Peixoto é casado com Tereza e gosta da cunhada Maria Cecília.

O que nos parece menos aceitável na peça é a escorregadela no melodrama, que o autor, uma vez mais, não se poupou. Estivesse *Bonitinha, mas Ordinária* isenta desse erro e seria, provavelmente, a melhor obra do teatro rodriguiano. Julgamos inaceitáveis, por exemplo, os *flashback* em que Ritinha dialoga com o presidente da Comissão de Inquérito – a velha banalidade do homem que promete tudo para obter a concessão feminina e desconhece a mulher, depois de satisfeito o desejo; o crime e o posterior suicídio de Peixoto, sem convincente sustentação psicológica na trama (embora eles sejam teoricamente justificáveis); a caricatura da grã-fina Maria Cecília, que afirma: "Tão lindo, tão lindo, ser esposa de um ex-contínuo".

O *flashback,* utilizado em certos momentos, prejudica a fluência narrativa da peça. A técnica de *Bonitinha, mas Ordinária* aproxima-se do roteiro cinematográfico, inclusive pela justaposição de cenas curtas, dentro da multiplicidade de cenários. Os flagrantes contínuos dispensam as delongas psicológicas e a unidade decorre da colagem das numerosas sugestões dispersas. Esse é o grande mérito estrutural da película *Acossado* (*À bout de souffle*), cuja duração está no presente. *Bonitinha, mas Ordinária* poderia ter composição semelhante, e o recurso ao *flashback* desequilibrou sua forma. Compreenderíamos que muitas cenas se bastassem na indicação do instante. Desde que o autor se valeu do *flashback* para fundamentar algumas situações, outras se mostram precipitadas, sem equivalente preparo psicológico. É o caso do desfecho do drama entre Peixoto e Maria Cecília, e da confissão de Ritinha a Edgard de que é prostituta. A rapidez de vários diálogos, ademais, não dá tempo para que certas cenas tomem consistência no palco.

O humor grotesco de Nelson Rodrigues alcança nessa peça momentos admiráveis, que se colocam entre os mais perfeitos de seu teatro. Consideramos de grande efeito a festa de Werneck, na qual as grã-finas se submetem a uma espécie de psicanálise pública. Particularmente feliz é a cena do cemitério, desde o que a motivou até o desfecho. Edgard leva Ritinha ao Cemitério São Francisco Xavier (no de São João Batista poderiam enterrar algum conhecido de sua namorada grã-fina, enquanto no Caju "só dá cabeça de negro"), e o casal dialoga no interior de um túmulo ("Pode ser mórbido. Mas dane-se a morbidez"). A quase consumação do ato amoroso é interrompida pelo coveiro luso – crua presença da realidade, com a qual o autor quebra os extravasamentos sentimentais.

Nova derivação pirandelliana, que aparecera com características diferentes em *Boca de Ouro,* se nota em *Bonitinha, mas Ordinária.* Está aí mais uma obsessão do dramaturgo. Nesse texto, o problema se coloca nas duas versões da violação de Maria Cecília, segundo a narrativa da vítima e depois de Peixoto. Sempre fascinaram Nelson Rodrigues as flutuações da subjetividade.

O veredicto da peça, quando adota generalizações, fere sempre a realidade nacional. Werneck diz, a certa altura: "No Brasil, todo mundo é Peixoto". Mais adiante, ouve-se o juízo severo: "No Brasil, quem não é canalha na véspera, é canalha no dia seguinte". Edgard seria a única pessoa que ainda se ruboriza no País... Mas, se tem necessidade de não omitir nenhum pormenor da abjeção de suas personagens, Nelson Rodrigues constrói, além dela, a sua tímida, elementar e inalienável confiança. Para um irônico ou rude destruidor das bem-pensantes convicções assentadas, essa nova postura corresponde a uma verdadeira revolução. *Beijo no Asfalto,* obra anterior, nos parecia o hausto final de um abandono melodramático – quase um melancólico epitáfio de quem não soube aprofundar suas imensas vírtudes. *Bonitinha, mas Ordinária* abre novo caminho, e obriga todos a esperarem, com sofreguidão, o que fará esse outro Nelson Rodrigues.

(1990)

16. Os 50 anos de *Vestido de Noiva*

Não me lembro de peça que, no cinqüentenário de sua estréia, provocasse a celebração de *Vestido de Noiva*. Comemoram-se o centenário de nascimento ou morte dos autores e algumas datas mais. O que se passa agora é inusitado. Talvez a razão dos festejos, além da grande voga de que Nelson Rodrigues goza hoje, esteja em que no dia 28 de dezembro de 1943, no Municipal do Rio de Janeiro, nascia o teatro brasileiro moderno.

O marco não se deve apenas às inovações do texto. Por feliz coincidência, o espetáculo do grupo amador de Os Comediantes transplantava para estas plagas os novos conceitos de encenação. O polonês Ziembinski, foragido da Segunda Grande Guerra, impunha a noção de equipe, contra a anterior hegemonia do astro sobre o restante do elenco, e valorizava todos os elementos de uma arte que se queria autônoma. Ficaram famosos os seus mais de uma centena e meia de efeitos luminosos, quando a norma era uma luz para a manhã, outra para a tarde e uma terceira para a noite. E Santa Rosa desenhou um cenário insuperável, pelo arrojo da concepção e pela pureza de linhas. Na verdade, a *intelligentsia* teatral estava madura para o salto.

O dramaturgo sempre explicou o seu "achado" como o produto de "ações simultâneas em tempos diferentes". Ninguém vai contestar a procedência desse juízo. Dividida nos planos da realidade, da memória e da alucinação, a trama, diferentemente das obras de fatura normal, que obedecem a uma seqüência cronológica, pula de um tempo a outro, repete várias vezes, ao longo da narrativa, o som inicial de derrapagem de um veículo e de vidraças partidas, e a sirena de uma assistência, sugerindo ainda no escuro que alguém se acidentou. Cenas do presente alternam-se com episódios do passado, recuperados pela lembrança ou intuídos pelo delírio. Essa prodigiosa construção ficcional caía de fato como uma bomba sobre um palco rotineiro.

O que permitiu a Nelson desvencilhar-se da prática tradicional da dramaturgia? Se o traço distintivo do teatro se encontra na presença física do ator em face do público, circunstância que lhe assegura a perenidade, a visão maciça, compacta, de uma personagem tende a encerrá-la numa máscara fixa, que acaba por ser empobrecedora. Por isso a grande invenção de Nelson, dramatizando a conquista da psicanálise, foi ter libertado a personagem da aparência unitária do consciente, para trazer à tona as forças da subconsciência.

No plano da realidade, os acontecimentos são mínimos, porque, no universo de Nelson, eles não têm importância. Poucos diálogos, surgidos aqui e ali, situam a trama para o espectador. A platéia acompanha a história por meio das notícias do acidente que os repórteres comunicam à redação e depois pelos jornaleiros que gritam as manchetes. De vez em quando, acendem-se os refletores sobre uma mesa cirúrgica, na qual os médicos operam a acidentada, Alaíde. Até que ela não resiste mais aos ferimentos. E, quase no final, um *speaker* transmite o anúncio fúnebre, agradecendo aos que compareceram ao enterro e convidando para a missa de sétimo dia.

Importa, verdadeiramente, a aventura interior de Alaíde. E, para manifestá-la, Nelson se vale de um artifício ficcional, de admirável eficácia: tudo o que se passa nos planos da memória e da alucinação é a projeção exterior da mente da protagonista, que se desagrega aos poucos. As personagens do mundo de Alaíde estão mediadas pelo subconsciente dela, que se libera das amarras da censura. O imaginário criado permite que ela, em 1943 (o presente da peça), aos 25 anos de idade, dialogue com Madame Clessi, uma mundana assassinada em 1905, cujo diário descobriu no sótão de sua casa.

Será especialmente revelador o universo em que se move Alaíde? Pela situação, tentando ela resgatar a própria identidade e engolida, ao mesmo tempo, pela vertigem dos desejos reprimidos, era natural que se materializassem no palco apenas momentos privilegiados de sua curta existência. Por isso ganha relevo no palco a disputa que teve com a irmã Lúcia a propósito do marido Pedro. Alaíde roubou o namorado da irmã e, agora, sente que ela lhe toma o marido. Mas o mais sugestivo na peça é a atração mítica da pureza pelo mistério da prostituta – o fascínio de Alaíde por Madame Clessi. E esta, qual "dama das camélias" moderna ou Margarida Gautier travestida em Violeta Valéry de *A Traviata*, romanticamente apaixonada por um adolescente confundido com Alfredo Germont, exclama: "As mulheres só deviam amar meninos de 17 anos!". Valorizam *Vestido de Noiva* as iluminações, as sínteses poéticas. Nesse sentido justifica-se que Nelson considerasse a peça, dentro de sua dramaturgia, um "soneto".

Muitas das obsessões do escritor já aparecem com inteira nítidez. Acha-se aí o tema das duas irmãs apaixonadas pelo mesmo homem, que toma formas diversas, no longo da obra, até em *A Serpente*, a última peça que ele escreveu. Clessi, a certa altura, diz: "Engraçado – eu acho bonito duas irmãs amando o mesmo homem: não sei – mas acho...", explicação que o próprio Nelson repetia em entrevistas, para explicar a reincidência do motivo dramático. Clessi realiza com o estudante Paulo um incesto simbólico, pois ele se parece muito com o filho dela, que morreu, aos 14 amos (o incesto povoa toda a obra rodrigueana). A realidade adquire sempre conotação prosaica – Lúcia não suporta ficar ao lado da mãe, que transpira muito. Aqui é um desembargador quem custeia as despesas de Clessi, como em *Perdoa-me por me Traíres* será um deputado o visitante do bordel – signo da lascívia escondida atrás das imunidades.

Embora, nas *Memórias* e em outras oportunidades, Nelson afirmasse que tocou "o mistério profundíssimo do teatro", ao descobrir que "a peça para rir, com essa destinação especifica, é tão obscena e idiota como seria uma missa cômica", *Vestido de Noiva* faz aflorar, aqui e ali, um elemento cômico. Ouça-se a fala de Alaíde: "um morto é bom, porque a gente deixa num lugar e quando volta ele está na mesma posição". Testemunha ocular do acidente, uma mulher telefona para *O Diário*, dizendo que ele "'podia botar uma reclamação contra o abuso dos automóveis". Alaíde pede o buquê para a mãe, Clessi observa que, naquela situação, não poderia ser a mãe, e a rubrica registra, então: "A mãe volta em marcha a ré". Os comentários, como um coro irônico, se sucedem no velório: "Quem morre descansa", "O senhor é espírita?", "Respeito todas as religiões". Não pode deixar de ter um efeito cômico involuntário a pergunta de Pedro a Clessi: "A senhora é uma que foi assassinada?" Enquanto um repórter informa que Lúcia chora muita a morte de Alaíde, outro replica: "Irmã é natural!", para o primeiro completar: "Um chuchu!" A presença do cotidiano fez certamente o dramaturgo qualificar, mais tarde, com o adjetivo carioca, o que chamara na estréia apenas de tragédia. Classificação que ensejaria longas conjecturas estéticas. E que não o impediu de incluir *Vestido de Noiva* entre as peças psicológicas, na edição do *Teatro Completo*.

Se se levasse a ferro e fogo uma caracterização racional dos três planos, seria obrigatório concluir que Nelson cometeu vários equívocos. É evidente que não poderia passar-se na realidade a cena final, quando Lúcia, vestida de noiva, pede o buquê, e Alaíde, "como um fantasma, avança em direção da irmã", numa atitude de quem vai fazer-lhe a entrega. Por outro lado, Madame Clessi não surgiria no plano da memória, a retificar falhas nas lembranças de Alaíde. Seguindo-se o mesmo raciocínio, não teria sentido, ainda que no plano da alucinação, Madame Clessi aludir a moda moderna, quando não se usa mais aquele chapéu de plumas. Na abertura do terceiro ato, como memória, Clessi e o namorado surgem vestidos à maneira de 1905. Uma explicação menos convencional mostra que não se trata de lapsos do autor.

Para Alaíde, cuja mente em decomposição é o filtro de todos os episódios, as fronteiras entre a memória e o delírio devem ser forçosamente tênues. Na sua mitologia pessoal, grande parte da alucinação pertence ao esforço de recuperar a memória da leitura do diário de Madame Clessi. Daí a mistura dos planos, na busca de recompor a própria psicologia, feita de dados concretos e de desejos fantasiosos.

As objeções de muitos, argumentando que a peça deveria acabar com a morte de Alaíde, nascem de um míope realismo, que esquece os mecanismos incontroláveis do subconsciente. Na projeção de seus temores inconfessos, Alaíde vislumbraria mesmo, no futuro, o casamento da irmã Lúcia com o viúvo Pedro. Nada mais certo, assim, do que Nelson Rodrigues conceder-se a liberdade ficcional de construir o lindo desfecho de *Vestido de Noiva*.

(1993)

17. Montagem de *A Falecida*

Nelson Rodrigues indica, para a montagem de *A Falecida*, a cena vazia, com fundo de cortinas. A rubrica inicial ainda informa que as personagens, por vezes, dependendo da situação, "trazem e levam cadeiras, mesinhas, travesseiros que são indicações sintéticas dos múltiplos ambientes". Com o despojamento do palco, pretendeu o autor, por certo, esbater o realismo de sua primeira tragédia carioca. E incorporar uma linguagem que, em 1953, data da estréia, podia ser considerada de vanguarda.

Talvez pela liberdade implícita na sugestão os encenadores fossem tentados a mostrar das mais diferentes formas os vários locais em que transcorrem os diálogos – Zulmira indo da casa da cartomante ao seu próprio quarto, à igreja teofilista, à sala dos pais, à agência funerária e ao consultório médico, e o marido Tuninho aparecendo na sinuca, no táxi, num palacete, também na funerária e por fim no estádio de futebol.

Duas soluções cenográficas me haviam agradado particularmente (não conheci a de Santa Rosa para o espetáculo da Companhia Dramática Nacional, dirigido por José Maria Monteiro): a de Flávio Império para o Teatro Popular do SESI, sob a direção de Osmar Rodrigues Cruz, em 1979; e a de J. C. Serroni para o Grupo Macunaíma, na montagem de Antunes Filho denominada *Paraíso Zona Norte,* situando no mesmo ambiente também *Os Sete Gatinhos,* em 1989. A partir do Teatro de Palladio em Vicenza, na Itália, Flávio Império identificou três eixos em *A Falecida,* e os materializou, à direita e à esquerda, e na sua oposição entre a morte e a vida. Nelson ficou tão entusiasmado que escreveu: "tudo era tão magicamente vivo, que as ratazanas atropelavam as pernas dos moradores". Serroni preferiu um espaço comum às peças *A Falecida* e *Os Sete Gatinhos,* que tanto evocava uma velha estação de trens como um antigo sanatório.

Ao estrear a nova versão da peça, no dia 25 de fevereiro, no Teatro Nelson Rodrigues do Rio, o diretor Gabriel Villela teve a vantagem de partir de um cenário por ele concebido, profundamente vinculado ao seu universo ficcional. O chão é uma imensa mesa de sinuca, sem pernas, que no desfecho se transforma em campo de futebol. No fundo, estão simetricamente dispostos, na vertical, tacos de bilhar, terminados em velas, sugerindo o desenho do conjunto um órgão de igreja. Essa concepção aproxima-se maravilhosamente do ritual vislumbrado por Nelson, quando afirmou: "Meu teatro está cravejado de círios". No mesmo espírito mitológico do texto, os figurinos de Letícia Teixeira privilegiam o uniforme de futebol, em que a metade do couro da bola cobre uma cabeça e a chuteira simula um aparelho telefônico.

Não se pense que eu, por ter ressaltado de início o enquadramento visual do espetáculo, faça qualquer restrição ao trabalho de texto de *A Falecida.* Chamei logo a atenção para esse aspecto porque ele define a profunda originalidade da montagem de Gabriel Villela. Depois dos vários achados das encenações anteriores, ele conseguiu sintetizar, de maneira extraordinária, a pluralidade de signos da tragédia rodrigueana.

E nenhuma de suas invenções peca por gratuidade. Os agentes funerários, na típica função de mercantilismo com a morte, deslocam-se como verdadeiros abutres. Gabriel colocou em cena a figura da loura Glorinha, a prima de Zulmira que representa a sua consciência culpada. Nelson, em *Vestido de Noiva* e *Valsa n. 6,* fez que diversas personagens fossem a projeção exterior da mente de Alaíde e Sônia, e nada mais legítimo do que Gabriel valer-se de idêntico recurso em *A Falecida,* quando Glorinha surge no palco e por fim, junto com a hemoptise fatal de Zulmira, transpassa-a de espadas, à semelhança do sacrifício de um santo.

Creio que Gabriel Villela, por outro lado, compreendeu muito bem o significado peculiar da tragédia carioca rodrigueana. Se o substantivo supõe fatalidade, inevitabilidade, inexorabilidade, não mais, evidentemente, em função do arbítrio divino, mas do efêmero da condição humana, o adjetivo traz o entrecho para realidade do Rio de Janeiro, feita de um certo grotesco, da gíria que dessacraliza a linguagem nobre, do pequeno cotidiano que nos amesquinha. Esses elementos estão perfeitamente fundidos no espetáculo.

No programa da montagem original, Nelson examinou o problema do gênero:

> Como definir *A Falecida*? Tragédia, drama, farsa, comédia? Valeria a pena criar o gênero arbitrário de tragédia carioca? É, convenhamos, uma peça que se individualiza, acima de tudo, pela tristeza irredutível. Pode até fazer rir. Mas transmite, ao longo dos seus três atos, uma mensagem triste, que ninguém pode ignorar. Os personagens, os incidentes, a história, o clima, tudo parece exprimir um pessimismo surdo e vital. Dir-se-ia que o autor faz questão de uma tristeza intransigente, como se a alegria fosse uma leviandade atroz.

Analisadas as personagens, o dramaturgo concluía: "Ao apresentar *A Falecida,* o autor esclarece que faz suas obras na base de uma tristeza fundamental. Nem aqui nem alhures, teve jamais a intenção de fazer rir. Ele tende, por índole, e por destino, ao gênero trágico. Na sua opinião, o teatro para rir, o teatro com esta destinação específica é tão falso, tão imoral como o seria uma missa cômica".

Curiosamente, Nelson atribuiu à falta de humor o malogro de público do filme que o cineasta Leon Hirszman realizou da peça, em 1965. No papel de Timbira, "o cafajeste dionisíaco", Nelson Xavier sugeria, de acordo com o exagero pletórico do dramaturgo, estar vivendo Hamlet. Gabriel Villela em nenhum momento desequilibra a dimensão trágica e os efeitos cômicos – um quase riso involuntário, feito de deliciosa ironia, misturando muitas vezes o ridículo prosaísmo das situações banais à rude presença do destino.

De nada adiantaria o acerto teórico da encenação se o desempenho não o sustentasse. Houve perfeito entendimento entre as propostas do diretor, bem apoiadas no preparo corporal de Vivien Buckup e sem dúvida no papel de dramaturgia de Edélcio Mostaço, e o trabalho do elenco. Maria Padilha compõe com inteiro domínio uma Zulmira dividida entre o bovarismo, o componente irracional da crença na cartomante e na igreja teofilista, e o impulso interior de compensar no enterro de luxo a frustração de sua vida. O Tuninho de Marcelo Escorel é igualmente patético: aliena no futebol a preocupação com o desemprego e, ao saber que Zulmira o havia traído, vinga-se dela e "soluça como o mais solitário dos homens". A perplexidade conduz os seus passos.

A tristeza é o denominador comum das personagens de *A Falecida.* A agressividade pessoal, que fez de Pimentel dono de uma frota de lotações e amante de Zulmira, simbolizada adequadamente no figurino de lutador de boxe, não impede que ele ceda à chantagem de Tuninho. Oscar Magrini exterioriza bem essa ambigüidade. Sérgio Mastropasqua passa do Don Juan suburbano, que há em Timbira, ao logro do relacionamento com Zulmira. Yolanda Cardoso faz uma síntese corretíssima da Cartomante, e aproveita na medida exata as poucas réplicas da Mãe. Tatiana Issa, materialização da consciência de Zulmira, que não existe no texto, passa a imagem etérea, mitificada, e não a inimiga acusadora de Zulmira, embora consuma o martírio dela. Adriana Esteves, Lourivam Prudêncio e Edson Fieschi alternam-se sempre em silhuetas nítidas.

A trilha sonora de Tunica, acompanhando as características da peça e da montagem, junta o *Réquiem* de Mozart, o hino religioso, a marchinha carnavalesca e a voz de Elis Regina, em ilustrações apropriadas. E o cuidado geral do espetáculo se espelha na iluminação de Maneco Quinderé.

Muitas montagens houve de *A Falecida* e nenhuma, sem fugir à palavra do texto, mais original e criativa. Nelson Rodrigues marcou as principais personagens da peça com o estigma da frustração. Zulmira, ao invés do enterro de luxo, tem o mais barato dos caixões. Tuninho descobre-se traído. Pimentel é vítima de chantagem. Timbira não conquista Zulmira e nem faz um bom negócio na funerária.

O pessimismo do dramaturgo não é, porém, silencioso, e Gabriel Villela soube torná-lo gritante, feérico, hiperbólico, bem no seu estilo paradoxal.

18. Nelson Assumido com Total Criatividade

A relação de Nelson Rodrigues como encenadores nunca foi fácil e muitas vezes ele os desautorizou publicamente, por discordar das liberdades tomadas com os textos. Chegou a exaltar o "diretor burro", que não ousaria alterar uma rubrica da obra. Numa "confissão" de *O Óbvio Ululante,* escreveu: "A inteligência está liquidando o teatro brasileiro. Daqui por diante, só darei uma peça minha ao diretor que provar a sua imbecilidade profunda".

O teor enfático dessas afirmações não impediu que o dramaturgo autorizasse Antunes Filho a montar, como bem entendesse, *Nelson Rodrigues o Eterno Retorno*, infelizmente só estreado em 1981, depois de sua morte. A confiança irrestrita no diretor surgiu depois que ele assistiu a *Bonitinha, mas Ordinária*, no ano de 1974, em São Paulo. A proposital fragmentação de cenas não prejudicou a unidade, porque, numa técnica cinematográfica, os episódios foram fundidos e sobrepostos, numa fluência absoluta. E, em *O Eterno Retorno*, para juntar quatro peças – *Álbum de Família, Os Sete Gatinhos, Beijo no Asfalto* e *Toda Nudez Será Castigada* –, Antunes não só alterou a ordem das cenas como também procedeu a um enxugamento dos diálogos.

Reconhecendo ao encenador a autoria do espetáculo, não há que estranhar a possibilidade que lhe cabe de fazer a própria exegese do texto, cujas intenções íntimas, além dos objetivos expressos, muitas vezes escapam ao dramaturgo. No caso de Nelson, não se deve esquecer que *Dorotéia,* classificada por ele como "farsa irresponsável", recebeu na direção de Ziembinski o tratamento de tragédia grega. Desde que o encenador não se entregue a supostas inovações, que são apenas arbitrariedades, tem o direito de materializar a sua visão da peça.

Por isso a temporada de 1994 merece ser julgada particularmente feliz na leitura da dramaturgia de Nelson Rodrigues. Lançaram-se nela quatro produções significativas de suas obras, obedecendo a estilos diversos: *A Falecida*, sob a direção de Gabriel Villela; *Anjo Negro*, sob a direção de Ulysses Cruz; *Vestido de Noiva*, sob a direção de Eduardo Tolentino de Araújo; e *Senhora dos Afogados*, sob a direção de Aderbal Freire-Filho (as duas primeiras e a última no Rio de Janeiro, e só a terceira em São Paulo). De todas, a que radicalizou mais a autoria do encenador foi a de *Senhora dos Afogados*, apresentada a partir de dezembro no Teatro Carlos Gomes.

Aderbal atribuiu aos vizinhos uma importância onipresente, de testemunhas e comentaristas da ação. Nelson os caracteriza como figuras espectrais. A certa altura, eles recuam para o fundo do palco, tapando o rosto com uma das mãos, para significar que não participam do diálogo imediato. Na seqüência das cenas, D. Eduarda diz a um Vizinho que aquele não é o seu rosto – é a sua máscara. "Põe teu verdadeiro rosto". Ele pede licença e, segundo a rubrica, "põe uma máscara hedionda que, na verdade, é a sua face autêntica". Adiante, todos exibem suas máscaras ignóbeis. Em outras situações, eles atiram insultos contra a família Drummond – "têm esgares; gestos de ira, de maldição". Ora riem, ora gritam, e os protagonistas nada vêem, nada percebem.

Se, durante dois atos e o segundo quadro do terceiro, o cenário é a casa dos Drummond, o primeiro quadro desse último se muda para um café de cais, e as rubricas de Nelson vão dar apoio às soluções cênicas de Aderbal. O dramaturgo determina que Sabiá reja com uma caneca de cerveja o coro de mulheres, enquanto o Vendedor de Pentes bate o copo, "a pretexto de acompanhamento". Creio ter partido daí a sugestão para a música de Tato Taborda, que leva os atores a extrair sons também de pentes, raladores e outros objetos. A música volta sempre com um motivo pungente, toda vez que as prostitutas mortas são evocadas.

A tragédia rodriguiana, contaminada pelo grotesco, de efeito estético tão eficaz na dramaturgia moderna, ganha uma dimensão diferente nessa leitura de Aderbal. Aos poucos, o que poderia parecer exótico impregna-se de mal-estar, e o espectador é tomado pelo incômodo – algo que o perturba no íntimo. Desapareceram as máscaras, substituídas pela profusão de signos nas vestimentas e na maquiagem, e faz parte desse universo múltiplo a presença de lésbicas e de um gay, figuras possíveis no bordel para onde o Noivo encaminha D. Eduarda. Ao invés de enxugar ou fazer unívoca a palavra de Nelson, Aderbal optou pela multivocidade, alcançando uma verdadeira riqueza barroca.

Essa riqueza é também propiciada, paradoxalmente, pelo cenário despojado de Hélio Eichbauer. Compõe-se ele, sempre, de apenas um telão, uma mesa enorme, formada de duas partes, e muitas cadeiras, que assumem posições várias. O telão privilegia um imenso polvo e um barco a sugerir antiga caravela, impondo a presença do que a rubrica inicial chama "um personagem invisível: o mar próximo e profético, que parece estar sempre chamando os Drummond, sobretudo as suas mulheres". Uma parte da mesa pode ser o suporte de um caixão, bem como as duas juntas se prestam a compor uma cama ou simplesmente põem em foco especial quem se desloca sobre elas, como o Noivo na dança. A rubrica menciona ainda a superposição de dois ambientes – a casa dos Drummond e o café do cais –, ao passo que o recurso único à mesa e às cadeiras, além do telão que, no segundo ambiente, dá lugar ao fundo escuro, cria um dinamismo maior para o progresso das cenas.

Não me parece entranhável o recurso à música, nem ele sugere que o encenador tenha desejado transformar o espetáculo num musical, o que o afastaria do clima trágico. A verdade é que, na tragédia grega, o coro dançava e cantava. Suponho que Aderbal se valeu dessa lembrança para associar os vizinhos e as prostitutas às partes não apenas declamadas. Ainda aí, ele se mostrou fiel ao espírito do dramaturgo.

Caberia discutir a intromissão de elementos cômicos? Esse debate tem origem em declarações do próprio autor e na austeridade da montagem de *Nelson Rodrigues o Eterno Retorno*. Nas *Memórias* e depois em *O Reacionário*, Nelson utilizou uma forma lapidar para exprimir seu pensamento, que vale a pena ser citado:

> De repente, descobri o teatro. Fui ver, com uns outros, um *vaudeville*. Durante os três atos, houve, ali, uma loucura de gargalhadas. Só um espectador não ria: – eu. Depois da morte de Roberto [seu irmão estupidamente assassinado], aprendera a quase não rir; o meu próprio riso me feria e envergonhava. E, no teatro, para não rir, eu comecei a pensar em Roberto e na nudez violada da autópsia. Mas no segundo ato, eu já achava que ninguém deve rir no teatro. Liguei as duas coisas: teatro e martírio, teatro e desespero. No terceiro ato, ou no intervalo do segundo para o último, eu imaginei uma igreja. De repente, em tal igreja, o padre começa a engolir espadas, os coroinhas a plantar bananeiras, os santos a equilibrar laranjas no nariz como focas amestradas. Ao sair do *vaudeville*, eu levava, comigo, todo um projeto dramático definitivo. Acabara de tocar o mistério profundíssimo do teatro. Eis a verdade súbita que eu descobrira: a peça para rir, com essa destinação específica, é tão obscena e idiota como seria uma missa cômica.

No caso de Antunes Filho, o ascetismo se explicava pelo combate ao "carioquês", no sentido de que as situações freqüentemente pitorescas de *A Vida Como Ela é...* justificariam o partido da chanchada, sobretudo nas adaptações cinematográficas. Deve-se reconhecer que o tratamento mítico de Antunes foi o primeiro passo fundamental para repor o teatro de Nelson na sua verdadeira altitude artística. *O Eterno Retorno* recolocou o dramaturgo na sua dimensão superior, a funcionar como referência básica.

Agora que esse problema está superado, não há nenhum mal em admitir que o dramaturgo, juntamente com o seu sentimento do trágico, foi também um grande humorista. Depois que os contos-crônicas de *A Vida Como Ela é...* restabeleceram o diálogo com o público, dando-lhe extraordinária popularidade na imprensa diária, Nelson não relutou mais em incluir diálogos cômicos nas tragédias cariocas.

Uma leitura atenta das peças míticas mostrará que o humor não se dissocia nelas, também, da tragédia. Vejam-se os comentários do *speaker* em *Álbum de Família*. Que se dirá das observações das primas em *Dorotéia*? A tragicidade não cai do pedestal quando Sabiá e o Vendedor de Pentes lambem os beiços, depois de beber, conforme reza uma rubrica de *Senhora dos Afogados*. E a gíria não está deslocada no protesto que o Vendedor de Pentes faz, no bordel: "Pois venho aqui, faço despesa e sou desfeiteado, ora que pinóia!". Não é preciso evocar que a tragédia grega não recuou quanto à presença de situações e diálogos cômicos. O exagero caricatural da Avó louca, por isso, sublinhando a alienação, acaba por ser um contraponto à tragicidade da família.

Aderbal explicitou muita coisa apenas latente, no texto, num procedimento que atesta o seu poder criador. Assume evidente beleza poética a cena em que D. Eduarda confia o seio a Paulo, o filho adulto. Na regressão infantil que o caracteriza, explica-se a sua maneira canhestra de falar, que aparenta a dificuldade da gagueira. Quando Moema fica só com o pai Misael, no desfecho, depois de afogar as duas irmãs, e já morta a mãe, adquire aura especial a entrega simbólica do desnudamento. E, diante de Misael morto, o gesto de cobrí-lo com a própria vestimenta branca. Nenhuma solução cênica do espetáculo deixou de obedecer a extrema coerência.

Tenho chamado de paráfrase a relação de *Senhora dos Afogados* com *Mourning Becomes Electra* (*O Luto Assenta a Electra* ou *Electra e os Fantasmas*, título da tradução portuguesa, ou *Electra Enlutada*, nome da publicação brasileira), do dramaturgo Eugene O'Neill. Num sentido estrito, não é correta essa caracterização, porque a peça brasileira não contém a mesma informação que a norte-americana, sendo apenas mais longa. Talvez o termo paráfrase se adequasse mais ao procedimento o'neilliano para com a *Oréstia*, trilogia de Ésquilo, transposta para a Guerra de Secessão, nos Estados Unidos. Nelson inspirou-se, sem dúvida, no modelo da família dos Átridas, mas o adaptou com imensa liberdade, em função dos seus propósitos.

Misael, que vem de Ezra Mannon e de seu ancestral Agamenon, não é assassinado, como eles, pela mulher e pelo amante dela, continuando a cadeia de crimes, cujo julgamento final, em *As Eumênidas,* última obra da trilogia esquiliana, visa a celebrar a criação do Tribunal do Aerópago. Nelson concentra-se, à maneira de *Álbum de Família,* na pintura do incesto, que abrange tanto o vínculo edipiano de Moema com o pai como com o meio-irmão Noivo, que por sua vez atrai D. Eduarda, esposa do pai. E é bom lembrar que o edipiano Noivo deseja vingar-se do pai Misael, que matou sua mãe prostituta, há 19 anos, no dia em que ela desejou inaugurar o leito do matrimonio dele com D. Eduarda. Paixões exacerbadas, Misael punindo a mulher adúltera ao cortar suas mãos e provocando-lhe a morte, numa fronteira próxima do melodrama, à semelhança do shakespeariano *Titus Andronicus*. Aderbal soube extrair um clima muito denso do desempenho.

Se os Vizinhos e as Prostitutas surgem sempre em silhuetas nítidas, os protagonistas se abandonam a uma desesperada paixão. Para mim, foi um prazer conhecer ou reencontrar Roberto Bonfim (Misael), Eleonora Fabião (D. Eduarda), Gisele Fróes (Moema); Cândido Damm (Paulo) e Chico Dias (O Noivo). Elenco visceralmente afinado com a concepção do encenador Aderbal Freire-Filho.

19. Silveira Sampaio em 40 Respostas

Silveira Sampaio, na década de cinqüenta do século passado, tornou-se, no Rio de Janeiro, o comediógrafo da moda. Seus maiores êxitos foram a *Trilogia do Herói Grotesco (A Inconveniência de Ser Esposa, Da Necessidade de Ser Polígamo e A Garçonnière de Meu Marido), Triângulo Escaleno, Só o Faraó Tem Alma* e *Sua Excelência em 26 Poses.*

Vindo a São Paulo, com *No País dos Cadillacs*, encenado no desaparecido Teatro Leopoldo Fróes, procurei entrevistá-lo, e ele me pediu um questionário. Meia hora depois, Sampaio entregou as respostas, encerrando a questão. A primeira pergunta se referia aos dados sobre o nascimento e a presença da família. Eis o teor da entrevista:

– Classe, 1914. Junho, 8. Rua Professoar Gabizo. Engenho Velho, Rio. Família: avô, avó, pai e principalmente mãe.

– Como passou a infância?

– Bem obrigado.

– O que marcou sua adolescência?

– Escotismo, jogo do América, D'Artagnan, Fafe (aldeia de meu pai, em Portugal – 1921), "escorrega" nos morros de Petrópolis, uma lata de banha aberta, enterrada no joelho, Colégio Paula Freitas, "seu" Ezequiel, "seu" Álvaro, Carlos Porto Carrero (professores), Jura e Gosto que me Enrosco, sambas de Sinhô na voz de Mário Reis, Cinema Brasil, Glória Swanson, Blanche Sweet, Douglas Fairbanks pai ...

– *Estudos.*

– $Ax^2 + Bx + C = 0$

"Il y en avait dans la cour de la ferme un petit agneau bien gentil qui était à côté de sa mère, la brebis. La brebis venait de lui donner à teter et il disait: Bé! BÉ!"

– *A medicina.*

– Hospital S. João Batista, enfermaria de Pediatria, Calazans Luz, Romeiro, Jayme Vasconcelos, Paes Brazil.

Hospital Jesus – Marcelo Garcia, Souza Paiva, Oswaldo Pinheiro Campos.

Hospital Arthur Bernardes – Pernetta, Mário Olinto, D. Yolanda, enfermeira.

Departamento Nacional da Criança – Prof. Olinto, Flammarion Costa, Prof. Gesteira.

Consultório com José Osório ao lado de Pedro Teixeira e Pedro Bloch.

Pesquisas com Freire Vasconcelos e trabalhos publicados sobre tuberculose na infância, problemas médico-sociais da infância, noções de higiene infantil.

O HOMEM DE TEATRO

– *O que o levou ao teatro?*

– A insuportável *certeza* de que *sabia* fazer teatro.

– *Como foi levado ao teatro?*

– História longa e cacete de tentativas, frustrações e esperas.

– *Como se define como autor? Como ator? Como diretor? Como empresário?*

– Detesto definições. Mormente autodefinições. Como vê, eu não me defino.

– *Qual dessas atividades prefere?*

– Cada dia prefiro uma diferente.

– *Sua formação em cada uma dessas atividades.*

– A única formação que possuo é a universitária.

– *As influências sofridas.*

– As conscientes são: Ballet Jooss e as comédias de Lubistch. As inconscientes continuam inconscientes.

– *Você disse, certa vez, que o* Cristóvão Colombo *de Claudel-Barrault lhe sugeriu a solução de um problema cênico. Qual foi?*

– Não sugeriu solução, inspirou complicação.

– *Que outros elementos tem aproveitado em seu trabalho?*

– Conscientemente, não sei.

A MATÉRIA QUE UTILIZA

– Trace o seu caminho, como autor, desde a estréia até o último espetáculo.

– Não olho para trás.

– Sem piada: como você se situa no panorama teatral brasileiro?

– Como um grande nariz.

– Que contribuição acha que trouxe para ele?

– Nunca parei para fazer a conta.

– Como encara o nosso teatro atual?

– Uma atividade em marcha.

– Suas admirações e aversões.

– Admirações: Marcos Mendonça (quando jogava no América), Limiers ("crack" do Derby antigo), Pablo Zaballa, Douglas Fairbanks, Pardaillan Pai, Carlos Porto Carrero, meu avô e Glória Swanson já disse. Aversões: "chatos" em geral.

– De que se nutre o seu teatro?

– Das minhas observações sobre o que se passa à minha volta.

– Que indivíduos ou classes inspiram suas personagens? São elas baseadas em pessoas "concretas"?

– As classes que freqüento e as pessoas que conheço. Agora se elas são "concretas" não sei.

AUTOCRÍTICA

– Que qualidades e defeitos vê em sua criação?

– Até hoje ainda não pude assistir às minhas criações.

– Como responde à crítica de que o texto de suas peças é insuficiente?

– Com a lei do menor esforço. Se ele chega, pra que mais?

– Concorda com a observação de que utiliza, na fatura dos três atos, o processo dialético?

– Utilizo sim, mas sem querer. Só vi isso depois, quando me chamou a atenção uma crítica do *Diário Carioca*.

– Que peça de sua autoria mais lhe satisfaz?

– Satisfação também tem gênero. Material: *No País dos Cadillacs*. Sentimental: *Football em Família* (a que escrevi com Arnaldo Faro e foi representada quando eu tinha 17 anos). Intelectual: *Só o Faraó tem Alma*. Artística: *Da Necessidade de ser Polígamo*.

– Você tem realizado aquilo que desejava de início?

– Tenho.

A REVISTA

– *Sua experiência na revista: como a encara?*
– Encantadora para mim.

– *É verdade que deseja dedicar-se apenas ao gênero musicado?*
– Sim, no momento. Amanhã pode ser que não queira mais.

– *Além de parecer-lhe agradável trabalhar com música, quais as razões de sua decisão?*
– *Bordereaux*, menino, *bordereaux*!

– *Sente-se cansado como autor de comédias?*
– Não. Mas me sinto enamorado em ser autor de revistas.

– *O que pretende fazer no gênero musicado?*
– *Pau-de-Arara*, a história de um caminhão: *Donos da Cidade*, a história de um bicheiro, um jogador de futebol, um compositor de samba e um cantor de rádio.

– *Acha que pode ser duradoura sua obra na revista?*
– Durará enquanto atrair público.

– *Não seria o novo caminho uma abdicação de ideais maiores?*
– Eu não tenho ideais maiores. Tenho grandes vontades.

AUTO-RETRATO

– *Que lhe tem trazido o teatro?*
– Auto-realização.

– *Sua atividade em outras artes.*
– Já pintei com aquarela os ladrilhos da cozinha, serve?

– *Seus hábitos cotidianos.*
– Não tenho hábitos cotidianos.

– *A família.*
– Mãe, mulher e filha.

– *Auto-retrato final (sem retoques) físico e psicológico.*
– Estou ficando muito careca. E calmo.

– *Seus planos.*
– Não tenho. Acho uma delícia viver dia-a-dia.

(1956)

20. Rachel Dramaturga

Desde a longínqua adolescência, nos anos quarenta, Rachel de Queiroz era para um grupo literário da província uma presença obrigatória, ao lado de Graciliano Ramos e José Lins do Rego, e, em outra vertente, Octavio de Faria e Lúcio Cardoso. Com a definição posterior de um caminho, seu teatro se tornou outra fonte de interesse.

Em entrevista concedida a Edla van Steen, no livro *Viver & Escrever*, Rachel revelou que aprendeu a ler sozinha, aos cinco anos de idade. Estudou num colégio de freiras, retratado mais tarde em *Três Marias*. E não se furtou à confidência: "Acho que tudo o que sou, e como sou, depende dessa infância, passada entre Quixadá e Fortaleza". Depois de 41 anos no Rio, ainda não desencarnara do Ceará. Acrescentou: "O Ceará está muito ligado a mim para que eu possa me imaginar fora dele. Ou pior, sem ele".

O poeta e editor Augusto Frederico Schmidt descobriu no Rio *O Quinze*, escrito aos 18 anos, lançando-o nacionalmente. E a glória literária consolidou-se com a publicação de seis romances, aos quais se acrescentou a imensa legião de crônicas jornalísticas.

Tive ocasião de observar que, por falta de preparo de muitos dramaturgos, registrava com satisfarão as experiências teatrais de escritores consagrados em outros gêneros literários. Ressaltava o apuro estilístico, ausente com freqüência da obra de quem só escreve para o palco. E a contribuição de Rachel ao teatro marcou-se sobretudo no terreno da linguagem, embora a urdidura cênica ficasse aquém das qualidades literárias.

Essa característica está patente em *Lampião*, sua primeira peça, estreada em São Paulo pelo grande ator Sérgio Cardoso. Ao invés de urdir uma trama de bandoleiros, Rachel compôs um belo drama de amor e de paixões humanas. Estão supostas, naturalmente, as façanhas do homem fora da lei, mas os momentos mais altos dos diálogos se acham na confissão do amor por Maria Bonita e o ciúme, sentimentos agrestes, primitivos e selvagens, tratados com beleza e grandiosidade que pertencem ao domínio das obras-primas de nossa literatura.

A Beata Maria do Egito aproxima com inteira felicidade a hagiografia cristã, as crenças e as superstições do Nordeste e um caso de amor muito humano. Na fatura da peça, Rachel fugiu completamente ao convencional. Sua audácia não mereceu a correspondência do público: e, por isso, ela decidiu não voltar mais ao gênero dramático. A meu ver, um prejuízo inestimável para o teatro.

(2003)

21. Analisando Suassuna

Com *O Sertão Medieval – Origens Européias do Teatro de Ariano Suassuna* (1993), Ligia Vassallo contribui de forma decisiva para o melhor conhecimento do autor do *Auto da Compadecida* e, por extensão, da dramaturgia brasileira que realmente conta. A multiplicação de livros como esse – lúcido, penetrante, erudito – permitiria que se fizesse rigoroso inventário da literatura dramática nacional, propiciando um desenvolvimento mais equilibrado do nosso palco.

Da tese universitária, o ensaio utiliza a pesquisa minuciosa de fontes. Mas em nenhum momento o aparato bibliográfico sufoca a elegância da escrita. O recurso a nomes como Bakhtin (sobre a paródia e a carnavalização), Hans-Robert Jauss (o problema dos gêneros medievais), Auerbach, Umberto Eco, Northrop Frye, Genette, Laurent Jenny, Bruce Wardropper, Huizinga, Julia Kristeva e muitos outros apenas serve de apoio ao revelador garimpo que ele empreende.

A autora parte da verificação segundo a qual "no Brasil e em pleno século 20, a Idade Média permanece revivificada através da arte literária de um escritor nordestino, Ariano Suassuna". A partir daí, assinalam-se implicitamente "elementos culturais que controvertem a cronologia literária vigente e reforçam a relação entre arte e sociedade, visto que a literatura medievalizante do artista guarda fortes conexões com o contexto em que surgiu". A imbricação percebida entre esse teatro e os valores do meio que lhe deu origem não importa em abdicar de critérios estéticos em favor de pressupostos sociológicos. Antes, confere à verdade artística uma profunda seiva humana.

Se "a medievalidade entra na obra por via da intertextualidade, que preside o trabalho do escritor", cumpre fazer o levantamento do diálogo permanentemente travado com os modelos. Lígia Vassallo escolhe nove textos publicados de Suassuna, entre os quais *A Compadecida, O Casamento Suspeitoso, O Santo e a Porca, A Pena e a Lei* e a *Farsa da Boa Preguiça,* deixando de lado *As Conchambranças de Quaderna,* por ser posterior à sua análise, e outros anteriores, como *A Mulher Vestida de Sol,* o *Auto de João da Cruz* e *O Arco Desolado,* por fugirem ao esquema do teatro maduro alcançado pelo autor.

Esse esquema, no dizer da ensaísta, "obedece a um conjunto de características diretamente ligadas à concepção da arte armorial", definida pelo dramaturgo como "a relação entre o espírito mágico dos folhetos do romanceiro popular do Nordeste (literatura de cordel), com a música de viola, rabeca ou pífano que acompanha suas canções e com a xilogravura que ilustra suas capas, assim como o espírito e a forma das artes e espetáculos populares em correlação com este romanceiro". O propósito, no dizer de Suassuna, é a realização de "uma arte brasileira erudita a partir das raízes populares da nossa cultura".

Ligia Vassallo, ao relacionar as fontes de Suassuna, não adota o critério exemplificativo, preferindo apontar todos os motivos aproveitados pelo dramaturgo. Assim, no *Auto da Compadecida* sucedem-se nos três atos as transposições dos folhetos *O Enterro do Cachorro,* fragmento de *O Dinheiro,* de Leandro Gomes de Barros; a *História do Cavalo que Defecava Dinheiro,* do mesmo artista; *O Castigo da Soberba,* de Anselmo Vieira de Souza; *A Peleja da Alma,* de Silvino Pirauá Lima; além do entremez *O Castigo da Soberba,* do próprio Suassuna, que retoma os dois últimos originais. A autora acompanha passo a passo as seqüências, no quarto capítulo, dedicado aos espaços intertextuais, dissecando o conjunto da composição.

Vê-se que Ligia Vassallo, ao identificar o paralelismo entre a obra de Suassuna e os modelos europeus, transita com autoridade pela Comédia Nova grega e pelo teatro latino, estendendo-se pelas várias formas do teatro medieval, até chegar à comédia de Molière. Atenção especial é dada ao milagre e à farsa, com cujas características é mais visível o diálogo travado por Suassuna.

No contexto da cultura nordestina, a autora desenvolve muitas observações pertinentes, anotando, a certa altura, que a produção suassuniana

> enquadra-se como paródica nas duas acepções do termo. No sentido de canto paralelo pode ser lida como uma obra erudita em contraponto à cultura popular que a estimula. Mas Suassuna realiza também um movimento inverso ao cânone europeu, já que neste a cultura popular deforma a oficial, ao passo que para o autor paraibano o canto paralelo é a sua criação erudita baseada nos modelos populares. Ele não os rebaixa nem os avilta. Ao invés, transpõe-nos aos parâmetros da alta cultura.

Embora as novelas tradicionais gozem, segundo a ensaísta, de grande vitalidade na cultura nordestina, não se encontram vestígios dela no teatro de Suassuna. Já dentre os folguedos, apenas o bumba-meu-boi, "auto de Natal resultante da aglutinação de diversos reisados", e o mamulengo, "teatro de bonecos, de origem imemorial", estão presentes nas peças do dramaturgo paraibano.

Dentro de sua inequívoca erudição, são poucos os conceitos do livro passíveis de debate. Embora compreenda muito bem que a dramaturgia épica não se restrinja aos modelos de Brecht e Claudel, com os quais Suassuna não tem parentesco, Ligia Vassallo afirma que, em virtude de sua adoção, "no teatro de Suassuna não cabem personagens com psicologia aprofundada. Só há tipos". Tal juízo supõe que a dramaturgia épica não admita profundidade psicológica, quando ela não está ausente das criações brechtiana e claudeliana. E nem da de Suassuna.

Atribuo a um lapso a seguinte assertiva: "A própria trilogia trágica do teatro grego era seguida de uma comédia – as atellanas e os mimos, que retomavam o mesmo tema sob o modo bufonesco" (p.49). Ora, após a trilogia trágica apresentava-se, nos concursos atenienses, um drama satírico. A atellana, forma latina, produziu as figuras de Bucco, Maccus, Pappus, Dossennus, aparentadas a máscaras da *Commedia dell'Arte*, cujas transformações no tempo se assemelham a personagens do gênero caro a Suassuna.

Há um período (o último que se inicia na p. 160) que exigiria ampla discussão, por transcender o território teatral. Nele, a autora assevera que Suassuna

> não propõe, nos seus textos, uma alternativa de mudança social. Toda a condenação ao *status quo* – se é que ela existe – se faz em termos morais e religiosos. [...] As autoridades que ultrapassam seus limites e os representantes da ordem são recriminados enquanto pecadores. Os baluartes do sistema, como os patrões, os juízes e os sacerdotes, aparecem desmistificados pela caricatura. *Ridendo castigat mores*, mas é também o riso que dilui a crítica social. Ela é suavizada pelo humor, portanto Suassuna cai no jogo da armadilha ideológica. Ele critica ainda o preconceito de raça e o esnobismo intelectual, mas sua crítica a isso é mais epitelial e menos consistente do que a indicação da medievalidade.

Antes, a estudiosa havia escrito, acertadamente, que "O sertanejo de Suassuna luta contra a adversidade, que pode concretizar-se no patrão explorador, no cangaceiro assaltante e assassino, na polícia prepotente, na miséria e na fome. Seguindo a ideologia dos folhetos de cordel, seus textos focalizam a sociedade do ponto de vista dos desprotegidos." Em conclusão, "somente pela burla e pela astúcia o sertanejo logra atingir seus objetivos".

De um lado, a fé religiosa – a dramaturgia de Ariano Suassuna é engajadamente católica –, e seus métodos de atuação sobre a realidade social divergem dos de outras crenças e ideologias. E, escritor preso à verdade essencial de suas criaturas, ele não poderia atribuir-lhes diferente destino cênico, sob pena de falseá-las. Existe, sim, condenação ao *status quo*, utilizando a milenar arma do riso e do deboche, de eficácia tão comprovada quanto a do raciocínio lógico.

Ao longo de seu livro, Ligia Vassallo menciona várias teses e dissertações sobre Ariano Suassuna, que aguçam a curiosidade do leitor. E é esse mais um serviço que presta *O Sertão Medieval.*

(1993)

22. Dos Bens ao Sangue

A dramaturgia de Jorge Andrade sempre viveu da observação realista do meio. A realidade, tratada poética ou prosaicamente, toma a forma da memória familiar e grupal em *A Moratória, O Telescópio, Pedreira das Almas* e *A Escada,* e, transposta de reportagens jornalísticas, tornou-se denúncia de erros e injustiças em *Vereda da Salvação* e *O Incêndio.* Estas duas últimas peças, desligadas do ciclo de experiência pessoal do autor, representam esforços de objetividade, aplicando um instrumento de análise literária e social a fatos que reclamavam desmistificação. Nas sondagens da memória, Jorge Andrade pôde cantar a epopéia das conquistas longínquas do Planalto ou, obcecado pela crise de 1929, descrever a decadência da aristocracia rural e a conseqüente queda de valores antigos. Teatro feito de nostalgia e de melancólica recriação do passado, que sob esse aspecto, se aproxima das evocações de Tchecov. Mas a vida não parou. Reelaborada estoicamente ou, em certos casos, recomposta com transigências, ela continua, e a sustentam outros mitos, adaptáveis à civilização moderna. *Os Ossos do Barão,* nova peça de Jorge Andrade, cuja estréia se deu no Teatro Brasileiro de Comédia, fixa um aspecto revelador da paisagem de hoje, em São Paulo: a aliança da aristocracia local com a descendência de imigrantes.

Muitos reconhecerão nos protagonistas um parente, amigo ou pessoa de quem ouviu falar, porque o dramaturgo, apreendendo com síntese a realidade, tem a virtude de pedir de empréstimo, aqui e ali, um traço ou uma característica, e assim plasma a sua figura prototípica, que não se confunde com um indivíduo determinado, mas refaz idealmente o grupo humano que enfeixa. Defrontam-se em *Os Ossos do Barão* duas mentalidades opostas, cujo esforço é o de aparar as mútuas arestas e que resolverão seu conflito no consórcio dos filhos. De um lado está Miguel, mergulhado na tradição e resumindo no sobrenome – Camargo Parente de Rendon Pompeu e Taques – a presença das dezesseis famílias que vieram na caravela de Martim Afonso de Souza. De outro move-se Egisto, o antigo colono italiano do pouco eufônico sobrenome Ghirotto e que, segundo se diz no texto, reuniu em quarenta anos os bens que os outros forjaram em quatrocentos, sem saber conservá-los. Aparentemente, qualquer diálogo entre Miguel e Egisto seria impossível. Seus mundos iniciais são incomunicáveis, na distância que vai das habitações dos colonos à sede da fazenda. Entra, porém, nessa equação, o fator econômico, e há uma quase fatalidade no entendimento de Miguel e Egisto. As reservas diluem-se ante as vantagens recíprocas auferidas na aliança – "a transfusão de sangue e de dinheiro", para um, e, para outro, a integração total na terra. Realista sem expedientes ilusórios, Jorge Andrade faz que a sociedade na Fiação Jaraguá preceda o matrimônio dos filhos de Miguel e Egisto. Ambas as famílias desfrutarão as delícias da fortuna, e o sonho do antigo colono era repousar seus restos, na eternidade, ao lado dos ossos do barão.

A iniciativa da peça cabe toda a Egisto, e nem poderia ser de outra forma, se é ele quem, há quarenta anos, constrói seu presente. Muitos estímulos se juntaram para calçar a sua ascensão: o trabalho, a vontade, a inteligência e sobretudo a simpatia, que faz da sua conquista um direito natural, sem rancores, mágoas ou abdicações. No pacto que celebra com Miguel, e que superficialmente se consideraria uma compra da família tradicional paulista, há sobretudo o desejo de restituir aos que o receberam de braços abertos os bens que lhe permitiram amealhar ("Estou acertando contas, *figlio*. Não gosto de dever nem obrigaçon!" – explica ele). A gratidão, no melhor sentido que possa ter a palavra, define a psicologia desse imigrante, cujo objetivo não deixa de ser também a fundação de uma nova nobreza ("*Io* faço a história" – tem ele plena consciência.) *Os Ossos do Barão* pode ser considerada o cântico teatral da grandeza de São Paulo, sob a perspectiva do cosmopolitismo que impulsionou o progresso da cidade.

Na seleção das personagens Jorge Andrade mostra uma vez mais o senso das necessidades cênicas e das funções dramáticas a explorar. Uma clara simetria equilibra as forças em posição. A família de imigrantes compõe-se de Egisto, Bianca e Martino, enquanto a família tradicional é formada por Miguel, Verônica e Isabel. Aos casais de velhos corresponde o casal jovem. No terceiro ato, os tios solteiros de Isabel, guardiães da tradição, fariam a balança pender de seu lado, mas o recém-nascido, que recebe significativamente o nome de Egisto

Ghirotto Neto, traz de novo os pratos ao mesmo nível. Todos os movimentos da peça são convergentes – o velho e sábio recurso teatral e humano que aplaca os desacordos com a vinda ao mundo de uma criança.

Fiel à sua maneira de dramaturgo e de observador da realidade, Jorge Andrade pinta as figuras femininas com um sentido mais objetivo dos problemas e de como resolvê-los. É mesmo a mulher que propicia o caminho fácil para as soluções, quebrando as reservas masculinas. O próprio Egisto, dinâmico e eficiente, é um sonhador, desde a vontade de construir um império financeiro à de ligar seu destino ao do barão. De Miguel, nem se fale: o cultivo das glórias familiares bastaria ao seu delicado repasto. Martino, continuador da obra paterna, na faina industrial, mostra-se tímido diante de Isabel, e preenche com mal-estar a função de galã, como de resto seus semelhantes, nas outras peças. Já Bianca satisfaz-se na vida prática, vendo na tarefa de cozinhar a possibilidade de ser útil ao marido e ao filho. Verônica, fatigada dos ônus do nome, o qual não lhe traz vantagens materiais, encara de imediato o interesse do casamento da filha com Martino. Percebendo o cálculo de Egisto, trama com ele, em surdina, a aproximação dos jovens. Cabe a ela proclamar que "a colonização italiana é tão importante quanto as bandeiras paulistas" e que, enquanto eles têm quatrocentos anos, Egisto completa mais de dois mil. Isabel há muito abandonou os numes familiares e recusa histórias de antepassados e de móveis antigos. Percebe-se nela uma ressonância de Lucília, a heroína de *A Moratória*, a única personagem da família de fazendeiros que abandona a lamúria pela fortuna perdida e enfrenta com decisão a realidade. A união de Isabel e Martino na peça, aliás, além de toda a conveniência para as famílias, dispõe de lastro psicológico indiscutível. Reconhece ela, mais tarde, que tinha uma muralha de mortos à sua volta, enquanto Martino afirma que era de máquinas a sua muralha. Na verdade, rico e poderoso, ele sofria a vergonha de, com as atitudes paternas, não passar para muita gente de simples carcamano. Isabel, bem educada e liberta de preconceitos, humilhava-se com o precário culto aos mortos, que não bastava à sua sede de vida. A reação contra a rígida postura dos pais predispunha um para o outro. No primeiro encontro, o atrito violento valeu por decisiva prova de fogo. Já estava mais do que em germe o amor.

A peça atinge o público, no correr dos três anos, pela sucessão de recursos cômicos. Começa a bem humorada série de episódios com a engenhosa idéia de Egisto, capaz de trazer a sua casa os descendentes do barão: já que eles não se interessaram pelo anúncio dos móveis que pertenceram à família, o jeito de atraí-los à armadilha foi anunciar a venda da capela, onde descansavam os ossos do antepassado ilustre. Admitir que outros adquirissem a capela seria desmerecer a honra familiar. Um estratagema cômico bem urdido deu a Jorge Andrade a possibilidade de estabelecer o diálogo. Concorrem para firmar a graça a criada de Ghirotto (antiga cozinheira da fazenda tradicional), os biscoitos de polvilho, as xícaras com os brasões do baronato, as referências aos quadros de Almeida Junior e a marquesa incômoda, que Miguel troca por uma poltrona confortável. Procurando tratar com imparcialidade a história, a trama não se bastaria num gênero. Alternam-se no texto comédia, sátira, um sentimentalismo algo piegas. Embora as personagens e os efeitos procurados não comportassem requintes psicológicos, tudo está lançado sem muita sutileza. O autor, contudo, não se perde na caricatura. Um toque mais forte tornaria grosseiro o entrecho, eivando de falsidade as reações. A peça permanece no limite justo em que se ri com os protagonistas, e a ironia das situações não descamba para o mau gosto. Era perigosa, por exemplo, a cena dos tios, no terceiro ato. A pedanteria não se coaduna com a verdadeira tradição. O texto venceu o risco dos efeitos fáceis, realizando uma comicidade legítima nos circunlóquios para que se pusesse no sobrinho o sobrenome da mãe e não do pai. O possível diabolismo da trama imaginada por Egisto e que sai vitorioso, na peça, com irônica inevitabilidade, capta a simpatia da platéia pelo seu intento saudável. Afinal, queria ele constituir "una *bella famiglia* veramente brasiliana".

A estrutura apresentava dificuldades várias, pela urgência requerida no encaminhamento da história. Apesar de Egisto ter Miguel nas mãos, precisava conquistá-lo com a sugestão de que era ele o obsequiado. Uma frase mal expressa poria a perder o trabalho despendido, obrigando os descendentes do barão ao recuo. A inteligência intuitiva com a qual o dramaturgo caracterizou Egisto, materializada em diálogos oportunos, fez que se suplantasse o primeiro obstáculo. O problema crucial era dar autenticidade à união dos jovens quando a visita de Isabel à casa de Martino teve mero caráter de negócio constrangedor. Aí, mais uma vez, Jorge Andrade revelou sua habilidade: pintar-lhes um idílio, ou promessa de idílio em tão rápito contato, seria o lugar-comum dos amores à primeira vista, senão desfaçatez de interesses subalternos. Era necessário sugerir, sem sombra de dúvida, a ligação futura dos jovens, mas o presente deveria bastar-se na rusga. O pano fecha, no segundo ato, sobre o desentendimento de Martino e Isabel, que a olhos menos avisados pareceria incompatibilidade definitiva. Um terceiro ato que pintasse o colóquio do casal seria também vulgar, além de não inspirarem o autor os abandonos amorosos. O corte brusco proporcionou a melhor sugestão técnica para o desfecho róseo: o ato final funciona à maneira de epílogo, passando-se dois anos depois dos anteriores. Não só o casamento foi celebrado, mas é hora de batizar o primogênito. A surpresa que o espectador pode sentir não vem de um imprevisto. Ele sabe que aquilo aconteceria e a nova situação insufla vida diferente ao terceiro ato. Os presentes que a criança recebe simbolizam a síntese que ela encarna: a peneira com a qual se abana o café e a miniatura da caravela de Martim Afonso de Souza.

Do ponto de vista temático, *Os Ossos do Barão* continua a história familiar iniciada com *A Moratória*. A peça termina, como algumas comédias do teatro latino, após o nascimento de Egisto Ghirotto Neto. É de imaginar que esse rebento terá também seu itinerário, que seduziria ao dramaturgo narrar. O filão não se esgota aí, como se calcula com facilidade. Onde o texto inicia um caminho novo, no teatro de Jorge Andrade, é no gênero que abraça. *A Escada* revelava maior leveza de tratamento que as produções anteriores, e por isso chegou com espontaneidade ao espectador. A nosso ver, seu êxito apoiava-se em transigências estéticas. Em *Os Ossos do Barão,* o tratamento é ainda mais leve, mas nada se concedeu ao gosto menor. O autor domina pela primeira vez a comédia, em padrão elevado. É certo que a peça não ambicionava tanto quanto *A Moratória* ou *Vereda da Salvação*. Devemos lembrar que, sob a aparente despretensão dos meios, escondem-se muitas vezes realidades expressivas. Palpitante sem ser sensacionalista, atual sem cortejar a última moda, brincalhona em omitir a seriedade intrínseca dos temas e das situações que fixa, a comédia *Os Ossos do Barão* se destina a entreter numeroso público. Na obra de Jorge Andrade, ela é signo de despojamento e de maturidade.

(1970)

23. A Procura de *Rasto Atrás*

Rasto Atrás é, em grande parte, a autobiografia de Jorge Andrade, terminada aos 43 anos pelo autor (a ação da peça, significativamente, se estende de 1922, ano de seu nascimento, a 1965, fixando o protagonista aos 5, 15 e 23 anos, além de mostrar-lhe a imagem atual). Quando o dramaturgo se dispôs a confessar-se, no palco, sentimos um certo receio, por motivos sem dúvida fundados: talvez ele fosse ainda jovem para pretender uma cristalização de sua experiência, esse gênero tivera recentemente duas obras de elevado teor – *Longa Jornada para dentro da Noite,* súmula do universo de O'Neill, e *Depois da Queda,* em que Arthur Miller se libertou dos fantasmas da tragédia pessoal com Marilyn Monroe; e a autobiografia se coloca sempre como coroamento, enquanto Jorge Andrade se encontra ainda em pleno processo de estruturação de seu teatro.

Foi *Depois da Queda* o provocador imediato para que o dramaturgo paulista desencadeasse dessa forma a sondagem na própria vida, tentando reavaliá-la em termos de balanço completo. As primeiras versões de *Rasto Atrás* anteciparam-se à obra do dramaturgo norte-americano, mas esta sugeriu a reelaboração da técnica, resolvida, depois, de maneira pessoal. Aliás, Jorge Andrade é o primeiro a reconhecer a força fermentadora das peças de Arthur Miller: *A Moratória* liga-se a *A Morte do Caixeiro-Viajante,* assim como *Vereda da Salvação* se prende a *As Feiticeiras de Salém (The Crucible).* Os problemas de *Rasto Atrás* diferem muito dos de *After the Fall,* mas a coragem do dramaturgo norte-americano de enfrentar as próprias misérias animou

Jorge Andrade a reviver o seu passado. As associações livres das lembranças, no texto de Miller, facilitaram ao escritor paulista mover-se com flexibilidade na técnica de atualizar momentos diferentes no tempo. A paixão no desnudamento do drama familiar, sobretudo da luta com o pai, veio-lhe da dolorosa procura de *Longa Jornada,* talvez a mais pungente peça do teatro moderno.

O primeiro esboço de *Rasto Atrás,* cujo título provisório foi *Lua Minguante na Rua 14,* data de 1957, quando se chamava *As Moças da Rua 14.* É curioso observar que, nessa versão, Vicente, o protagonista que encarna o autor, não aparecia como personagem. A peça tratava sobretudo das solteironas que se transformaram em *Rasto Atrás* nas tias de Vicente. Na realidade, elas vivem em Barretos, cidade natal do dramaturgo, mas não têm com ele parentesco. Amigas da avó de Jorge Andrade, transposta na peça na figura de Mariana, que é avó de Vicente, elas pertencem ao mesmo mundo da aristocracia em decadência, permitindo a liberdade criadora de uma fusão com fins dramáticos. A trama primitiva, que guardava nítida atmosfera de *As Três Irmãs,* de Tchécov, era bastante diversa: Etelvina, Jesuína e Isolina não contracenavam com a mãe Mariana, mas com o pai, então denominado Silvares. O autor acabou por suprimir Silvares como personagem porque lembrava muito o Quim de *A Moratória* e, como em *Rasto Atrás,* o diálogo decisivo é entre Vicente e seu pai João José, o jogo de forças dramáticas se equilibraria melhor com a inclusão de Mariana, personagem feminina forte, e não mais seu marido, agora denominado Bernardino, já morto, e por ela julgado responsável pela descendência de homens fracos. Elisaura, mãe atual de Vicente, falecida no parto, era em *As Moças da Rua 14* irmã e não cunhada de Etelvina, Jesuína e Isolina, e a única a permitir-se uma aventura poética: fugia com um cantor de circo, sendo depois abandonada por ele, que um dia voltava para buscar o filho nascido da ligação. O motivo do circo faz parte das lembranças familiares do autor, mencionando-se que um dos antepassados nasceu de um caso sentimental com um artista circense, o que na peça se sintetizará na imagem de Bernardino tocador de flauta. *Em Rasto Atrás*, na ausência da mãe Elisaura, a tia Isolina assume os traços biográficos da mãe do dramaturgo. Esse procedimento revela a cautela de Jorge Andrade em abandonar a biografia pura e simples, em função de um efeito dramático desejado. Seria mais exato falar em autobiografa espiritual, já que as modificações conscientes visam a fundamentar a mitologia secreta da personalidade.

A epígrafe da peça ajuda a introduzir o leitor em seu universo. Jorge Andrade encontrou na *Correspondência* de Eça de Queiroz, aparentemente tão distante de nós, uma síntese admirável de sua própria visão da literatura: "No mundo só há de interessante, verdadeiramente, o homem e a vida. Mas para gozar da vida de uma sociedade, é necessário fazer parte dela e ser um ator no seu drama; de outro modo, uma sociedade não é mais do que uma sucessão de figuras sem significação que nos passa diante dos olhos". O dramaturgo se pôs, sem dúvida, como ator no drama da sociedade brasileira moderna. E a dedicatória ao pai (falecido em 1956) sintetiza a pacificação interior, de que o texto representa uma lenta e torturada procura: "A meu pai, pelas paixões que nos separavam e que ao mesmo tempo nos uniam, jogando-nos em um rastejar tão diverso, mas que levava às mesmas caças: a compreensão e o amor". A idêntica linguagem de fazendeiro, expressa também no título, que é explicado numa fala de Vicente: "Papai dizia que certas caças correm rasto atrás, confundindo suas pegadas, mudando de direção diversas vezes, até que o caçador fica completamente perdido, sem saber o rumo que elas tomaram". Rasto, a marca deixada no chão, atrás, essa busca do tempo perdido, num despistamento que resultará, por fim, no encontro entre o caçador e a caça.

O ponto de partida da peça é a vontade que tem Vicente, dramaturgo consagrado de 43 anos, quatro vezes premiado como o melhor autor do ano, de decifrar o seu passado, libertando-se ao mesmo tempo do fardo que ele representa. A procura das raízes está indissoluvelmente presa a um diálogo esclarecedor com o pai, situação de que ele tem consciência, tanto assim que logo diz à esposa Lavínia : "Preciso encontrar meu pai. Ele está perdido no meio da mata, no norte de Mato Grosso. Há quase vinte anos! É necessário que eu compreenda, de uma vez por todas, o que se passou entre nós". Daí a volta à cidade do interior, em que nasceu, quando as tias telegrafam também a João José, pai de Vicente e irmão delas, para que reveja o filho. A primeira parte do texto, entrecortada de iluminações da memória, estende-se, no presente, da decisão tomada por Vicente de viajar ao momento em que reencontra as tias. A segunda parte abre-se com uma sessão literária oficial, em homenagem ao dramaturgo, e finaliza com a rápida cena entre pai e filho, não que o autor não soubesse desenvolvê-la, mas porque as palavras seriam supérfluas, e o diálogo incisivo é suficiente para selar a aproximação e a irremediável incomunicabilidade. O episódio do naufrágio do navio Titanic, o mais luxuoso do mundo, e no qual pereceu Lord Astor, figura lendária de aristocrata, é mais uma vez referido, num símbolo da ruína de toda a grandeza antiga, prenunciando a queda próxima dessa classe, com a crise de 1929.

As informações essenciais sobre Vicente adulto são transmitidas sobretudo nas cenas com a mulher. Os problemas do dramaturgo transcendem a esfera pessoal para definir, em grande parte, a intelectualidade brasileira, principalmente depois de abril de 1964. Sob esse aspecto, *Rasto Atrás* retrata o beco sem saída em que sempre viveu o escritor, agravado nos últimos anos pelo amesquinhamento progressivo dos salários. Vicente vem de um fracasso no palco (na realidade, Jorge Andrade se refere à conspiração que liquidou sua peça *Vereda da Salvação*, estreada no Teatro Brasileiro de Comédia, de São Paulo, em maio de 1961), de uma série de dívidas e da necessidade de sustentar a família com um emprego de professor (depois de lecionar no Ginásio Vocacional de Barretos, Jorge se transferiu para o Ginásio Vocacional do Brooklin, na capital paulista, experiência que, de resto, o está enriquecendo muito, sendo responsável até por um novo rumo que venha a tomar sua dramaturgia, segundo ele próprio admite). As cinco peças prontas permanecem na gaveta, sem que um empresário se disponha a montá-las, e pairam sempre os espectros: "Como um autor pode criar, se precisa pensar em número de personagens, temas proibidos, censura, intolerância política... ?"

No diálogo com a esposa, Vicente levanta a insatisfação, que sempre perseguiu o escritor brasileiro (e provavelmente de todo o mundo): "Enquanto não se encarar o teatro como manifestação cultural, será sempre assim". Porque o "teatro, neste país, é diversão para uma elite que não está interessada em resolver problemas". Instala-se a dúvida sobre se aquilo que deseja dizer tem importância. Ademais, nossos padrões de julgamento não obedecem a uma coerência razoável. O caso do último fracasso (que, segundo já observamos, na realidade foi o da peça *Vereda da Salvação*) continua a atormentar o Autor: "No governo passado, eu era aristocrata... um fascista! Agora, sou subversivo! Minha obrigação, como escritor, é denunciar o que está errado, é dizer a verdade, Lavínia. Doa a quem doer!" Ele havia escrito sobre acontecimentos reais – passados em Malacacheta, Minas Gerais, e que foram longamente tratados na imprensa.

Uma saída financeira para alguns dramaturgos tem sido o trabalho na televisão, e Vicente menciona uma experiência de Jorge Andrade. Da TV não devolveram seu trabalho, mas, como diz Vicente, "contrataram uma pessoa para reescrevê-lo... e eu não aceitei". O dramaturgo refere-se a um caso criado com um canal de São Paulo, que pretendia desenvolver em novela a comédia *Os Ossos do Barão*. As mudanças exigidas pelo pretenso gosto popular eram tão amesquinhadoras para o texto que Jorge preferiu romper o contrato e proibir a montagem no vídeo.

Como Tchécov em *As Três Irmãs* e *O Jardim de Cerejeiras*, Jorge Andrade sempre se debruçou com infinita compreensão e ternura sobre o passado, numa busca das origens, que nunca perturbou um veredicto consciente sobre a inevitabilidade de sua queda. *A Moratória, O Telescópio, Pedreira das Almas* e *A Escada*, por exemplo, recriam um mundo extirpado com a crise de 1929. Jorge Andrade, ao escrever sobre esses temas, valeu-se da sua memória afetiva, com uma penetração que não omitia a lucidez do intelectual moderno. Mas a dúvida, companheira inseparável dos escritores honestos, faz Vicente perguntar: "Será que fiquei apenas em lamentações sobre a decadência... sem ter saído dela?!" Vê-se que Jorge Andrade, além de querer justificar-se perante o público, discute com isenção os vários problemas de sua carreira.

Na versão anterior de *Rasto Atrás*, havia duas cenas, suprimidas na obra impressa: uma com uma empresária teatral e outra com um produtor de televisão. A primeira tinha o objetivo precípuo de mostrar que um trabalho do dramaturgo não seria levado porque a montagem era muito dispendiosa (fantasma de todo o teatro de Jorge Andrade...); e a segunda colocava a dificuldade de se encenar o seu texto, na TV, porque não o julgavam comercial (o juízo imutável sobre os autores exigentes...). Já nos ensaios do espetáculo, apresentado pelo Serviço Nacional de Teatro, no Teatro Nacional de Comédia, do Rio, em 1967 (a peça havia sido a primeira colocada no concurso promovido por aquele órgão do Ministério da Educação e Cultura, em 1966, e a montagem era parte do prêmio), Jorge Andrade sentiu a inutilidade das cenas, porque seu conteúdo estava subentendido em outras réplicas. Contratos firmados levaram o autor a manter as cenas, tendo a crítica do Rio observado depois que eram redundantes. No livro, o assalto ficou resolvido com o enriquecimento de alguns diálogos entre Vicente e Lavínia. Os dados do presente, transmitidos em síntese na peça, são um testemunho expressivo sobre a situação do escritor no Brasil, e a fazem suplantar o problema pessoal com o pai, para resolver-se em termos amplos de cultura.

O dramaturgo, se nem sempre se compensa com o êxito no palco, encontra satisfações na acolhida às suas provas de integridade. Nesse sentido, *Rasto Atrás* transpõe literalmente para o palco um fato lamentável, ocorrido com Jorge Andrade no Ginásio Vocacional de Barretos. Estudava ele com os alunos as vicissitudes do cientista moderno, através da peça *O Caso Oppenheimer*, de Heinar Kipphardt, quando um padre, em sua ausência, lhe fez críticas severas. Iam elas desde a calúnia política até a afirmação de que "esse autor nunca passou de um fazendeiro fracassado, que acabou vendendo a fazenda". Os alunos revoltaram-se contra a falta de ética do sacerdote, chegando a obrigá-lo a retirar-se da classe. A atitude do padre, que foi mais tarde condenada pelas autoridades eclesiásticas, exemplificou muito bem a questão da intolerância, da "caça às feiticeiras", um dos motivos mais insistentes de Jorge Andrade.

E *Rasto Atrás*, sob um certo prisma, não é senão um protesto contra essa caça às feiticeiras, que o persegue desde a infância. No fundo da peça, sente-se a mágoa do escritor, rejeitado longos anos pelo pai, por não ser um dos seus, por não ser caçador. A vocação literária ainda se aparenta, no interior do Brasil, a uma delicadeza feminina, incompatível com os atributos da virilidade. Em todas as discussões com o pai, Vicente ouve a acusação inapelável: fraco, molengão, vencido, estudar filosofia é profissão de mulher, "língua afiada você tem. Própria das mulheres!" A única forma de realizar-se é ser alguém, fora daquele mundo, e lançar depois a vitória na cara do pai. Vicente fala a João José: "Eu vou vencer. Volto aqui para ajustarmos contas. Aí... eu poderei lhe bater como um homem. Sabe como? Provando a você que sou alguém. Alguém que não tem nada seu. Que vence apesar de ser seu filho". Vicente não quer nem o nome do pai e Jorge Andrade é o nome literário de Aluísio Jorge Andrade Franco, no qual foi conservado o sobrenome materno e omitido o paterno.

A volta à cidade natal é menos a revanche aparente do dramaturgo que ficou famoso do que a busca ambígua da aprovação do pai, num momento de dúvida a respeito do próprio destino. Vinte anos depois da fuga e busca lúcida de realização (foi Cacilda Becker, na realidade, quem aconselhou o jovem interiorano a cursar a Escola de Arte Dramática de São Paulo), não há mais motivo para acirramento, e o homem maduro, que já percorreu o próprio caminho, pode encarar os seus fantasmas. A longa viagem interior de ambos dispensa o excesso de palavras, e o diálogo se resume às conclusões essenciais. João José cumprimenta "o grande homem" e confessa: "Eu não sabia. Eu... eu não podia compreender, meu filho!" Logo explica o significado de "na hora do pega": "Eu vim pr'a morrer, meu filho. Agora, eu posso!"

Para que o reencontro se bastasse nessa síntese era necessária uma preparação convincente dos desencontros. Jorge Andrade, fazendo que o passado aflorasse livremente nas associações da memória, escolheu três idades características do protagonista para serem revividas em *flashback*. Muitas vezes os Vicentes de 5, 15 e 23 anos aparecem simultaneamente no palco, porque a lembrança os reúne em momentos decisivos. Vicente menino é também parte da memória de João José, e a primeira recordação marca o conflito entre o gosto literário que desponta e a chamada à realidade do fazendeiro: "Papai! Por que a lua está quebrada?" E João José que replica: "Laçar é mais importante do que saber porque a lua é quebrada". O menino sofre porque a traíra come o lambari e solta os peixes, ouvindo do pai: "Estou tentando ensinar a você um divertimento de gente, de homem!... está ouvindo? De homem! E você com esta alma de mocinha". Vicente de 15 anos refugia-se na leitura e faz uma tentativa de fuga frustrada para São Paulo, sendo protegido pela tia Isolina em meio da incompreensão de todos. Finalmente, o Vicente de 23 anos rompe o noivado com Maria e parte à procura da cidade grande, depois da briga mais grave com o pai, quando ambos se acusam pela morte de Elisaura, e uma bofetada de João José sela a incompatibilidade definitiva.

Uma das virtudes de *Rasto Atrás* é o levantamento a que o autor procede de todo o mundo em que as personagens se movem. A *Moratória* situa os protagonistas em plena crise de 1929 e três anos depois, golpe de misericórdia contra as esperanças que se mantinham ainda. Os acontecimentos decisivos de *Rasto Atrás* encontram-se em 1922, quando já se podem sentir os sintomas que se agravariam em 1929.

Significativamente, Jorge Andrade reúne em 1922 a inauguração da estrada-de-ferro na cidade do interior, o casamento de João José e Elisaura (a viagem de núpcias se faz no primeiro trem que parte dali), o nascimento de Vicente (concebido no mesmo trem que 23 anos mais tarde traria o seu princípio de realização), e a morte de Elisaura, pondo-o para sempre diante do pai. Nessa época, preside o festim familiar a avó Mariana, figura de matriarca freqüente na dramaturgia de Jorge Andrade, e cujo modelo anterior mais vigoroso é a Urbana de *Pedreira das Almas*.

Mariana, alicerçada com os traços da avó real do dramaturgo, tem uma noção prática da vida e não esconde que agradece a Deus a morte do marido Bernardino, porque se ele continuasse vivo deixaria a família em completa miséria. Os trinta mil alqueires da fazenda crivaram-se de trinta mil dívidas, nas mãos de um Bernardino cujo prazer era tocar flauta. (Na realidade, o avô do dramaturgo chegava a anelar quatro ou cinco dias a cavalo, para tomar lições de flauta em Batatais, e sempre presenteava os amigos, nas transações imobiliárias, com alqueires de terra.) Essa flauta, posta por Mariana no banheiro, para ser xingada todos os dias, acaba penico de soldado na Revolução de 32, mas permanece o símbolo do gosto artístico da família e o antecedente justificador do caminho literário de Vicente. Como Mariana casara sem um diálogo prévio com o marido, não lhe custa, agora, tentar com o Dr. França o matrimônio para uma das filhas, numa das cenas mais sólidas da peça. E não aceita ela que o filho João José case com Elisaura, moça da cidade, portanto incapaz de fixá-lo na fazenda. Mariana assiste impotente à ruína da família, último protesto da realidade contra a dissolução dos bens materiais pela arte, e que, por paradoxo, se transformará numa das mais nítidas criaturas do dramaturgo.

O mundo das três irmãs vive indissociado, não obstante as características de cada uma. Feias, não tiveram a oportunidade de encontrar um marido, solução para um meio que não havia ainda integrado a mulher no trabalho produtivo. A velhice as encontra apenas nos vestidos de filhas de Maria, dependentes do preparo dos doces caseiros, feitos por Etelvina, que se tornou o homem da casa (a Lucília de *A Moratória*, costurando para sobreviver, é uma réplica de Etelvina). O pai Bernardino esbanjara a fazenda e o irmão João José se refugiou nos campos de Mato Grosso. Etelvina diz a Vicente a sua realidade: "Foi só isto que homens como você e seu pai nos deixaram. Consumiu-se tudo numa incompreensão odienta. A sua verdade! A sua verdade é a nossa agonia. É tudo e todos desta casa! Você fez de sua inclinação o mesmo que seu pai das caçadas: um meio de fugir para um mundo só de vocês" (aí está, sob um aspecto, o preço da vocação literária). As três irmãs venderam louças, móveis e todos os seus pertences, para serem entregues depois que morresse a última. Uma travessa que se quebra levanta um drama. Ao saber o que se passa, Vicente só pode ter uma exclamação, horrorizado: "Mas... isto é um saque contra a morte!" No seu recato, na sua linguagem naturalmente elevada e naquele apreço nostálgico por valores aristocráticos elas guardam uma tessitura tchecoviana, que se ambientou ao meio brasileiro. Completa a moldura das três irmãs a figura antiga de Pacheco, dividindo com elas as recordações de Lord Astor e do Titanic. Pacheco teve uma companhia de troles, destruída pela estrada-de-ferro (no início, ele quis apostar corrida com o trem). Resolveu plantar café, e o governo proibiu a plantação. O dinheiro, o governo mandou queimar. Comprou umas vacas, e foi proibida a matança. Restou-lhe, por fim, viver de uns jurinhos. No perfil de Pacheco, há traços, por exemplo, do velho Antenor, de *A Escada.* E uma contrapartida desse mundo é o tipo alegre, popular, comunicativo, do italiano Maruco, vendedor dos doces feitos por Etelvina, esboço do imigrante que se integra, desenvolvido no Egisto Ghirotto de *Os Ossos do Barão.*

A preocupação "documentária" de Jorge Andrade realiza-se a qualquer pretexto, assumindo um interesse particular na sessão literária em homenagem a Vicente. Eugênia é a cantora do interior, de boa voz, que o pai proibiu de fazer carreira, porque seria ofensa uma moça de família cantar o papel da mundana da *Traviata*... O poeta permanece nas composições acadêmicas. O jornalista exprime-se em linguagem empolada. O dramaturgo local escreveu uma peça para celebrar a fundação da cidade. Mas, como aconteceu muito pelo Brasil, o Teatro Aurora, belo e amplo, se transformou numa garagem de companhia de automóveis. O prefeito de uma cidade conhecida pelo gado não poderia saudar Vicente senão como "um puro-sangue da arte".

Nota-se a cada passo, aliás, a intenção de caracterizar as figuras através da linguagem. Isolina fala em "homem de escol", Jesuína em "sensação deleitosa" e "mimos", Pacheco em "mágoas insondáveis" (há um apuro machadiano na conversa de todos), e o jornalista interiorano qualifica o poeta citadino como "uma dessas raras flores que, brotando por aqui, têm perfumado nossos lares com a fragrância das pétalas coloridas de seus versos inspirados". João José utiliza o vocabulário típico de fazendeiro e caçador, e Vicente, na maioria das vezes, usa o diálogo direto e objetivo da dramaturgia realista moderna. Nesse terreno, Jorge Andrade se distingue como observador e quando deseja introduzir um comentário crítico, irônico, sobre as personagens feitas de um certo anacronismo. O estilo realista encontra nele um escritor que alcança, com freqüência, uma expressão poética, e não se peja de evocar passagens propositadamente literárias, que descambam para as metáforas de mau gosto, típicas do jovem interiorano. Veja-se, por exemplo, a réplica do Vicente de 15 anos: "Por que se encarniçam tanto contra mim, tia? Por que não posso ser o que sou? Cada gesto meu vira ninho de cobras. Cada palavra, um espinhar. Cada pergunta, um levantar de insetos daninhos! Por quê? Por que, meu Deus?!" Na discussão com o pai, Vicente perde também a noção da boa medida literária: "Usando um palavreado seu: nós vamos desamoitar esta caça! E então... soltaremos toda a cachorrada... e no entardecer, quando nos restar senão a noite, voltaremos com ela, já de olhos vidrados, pendente da garupa suada do nosso ódio". Seriam quase incompreensíveis essas falas num dramaturgo sóbrio, se ele não quisesse mostrar o adolescente encharcado da retórica apreendida na leitura de Pitigrilli e outros subliteratos.

Certamente a maior virtude de *Rasto Atrás* se encontra na estrutura dramática, fluente e engenhosa, aberta a todos os enriquecimentos da memória, com extraordinária economia de meios. As cenas aparentemente soltas no tempo, ligadas entre si por uma necessidade orgânica íntima, formam, aos poucos, um vasto painel, que insere o protagonista num mundo de contornos definidos. A ausência de cenário, preenchendo-se o palco de acordo com as sugestões do diálogo, ampliou de maneira convincente o espaço da representação, que passa, com total flexibilidade de um cinema para uma sala, de uma estação ferroviária para um trecho de mata. Sem precisar valer-se das ligações convencionais, exigidas pela linearidade do desenvolvimento temporal, Jorge Andrade se concentrou em cenas quase sempre antológicas, superpostas de acordo com um crescendo subjetivo que se comunica espontaneamente ao leitor. Essa técnica já está aproveitada em *A Morte do Caixeiro Viajante* e *Depois da Queda,* por exemplo, e Peter Ustinov, em *Photo Finish,* fez que o protagonista aparecesse aos vinte, quarenta, sessenta e oitenta anos, para dar um balanço das várias fases de sua vida. A liberdade de composição, porém, aparece reelaborada de maneira pessoal em *Rasto Atrás*, com uma eficácia própria e indiscutível. A propósito da técnica, observou a professora Cecília de Lara, em sua comunicação feita em mesa redonda no Serviço do Ensino Vocacional de São Paulo, quando a peça foi estudada sob vários aspectos: "Em *Rasto Atrás*, mormente na segunda parte, é tal a fragmentação do texto por cenas que se entrecortam, presentes e passadas, aqui e ali, que a técnica de simultaneidade se enriquece como num calidoscópio: a um giro surge uma imagem ou outra, num jogo vivo, que se concretiza na própria expressão *Rasto Atrás*. Expressão que, mais do que símbolo, faz-se elemento estrutural de vai e vem, encontro e desencontro no tempo e no espaço".

Jorge Andrade libertou-se do purismo da palavra para buscar uma comunicação efetiva de espetáculo, por meio também de recursos audiovisuais. Projeções várias e sons expressivos se integram num todo homogêneo, que fortalece o poder de choque do diálogo. Buzina, latidos de cães, apitos de trem, som de flauta se superpõem e se fundem, sublinhando a poesia da atmosfera ou o colorido evocativo da imagem. Todos esses meios se entrelaçam para percorrer como um fio tênue e nostálgico o espetáculo. A técnica cinematográfica informa em parte a própria estrutura do texto, sendo o único veículo, em certos momentos, para que se atinjam determinados efeitos, com eficácia maior. Talvez essa ductibilidade tenha sido facilitada pela relativa aproximação da peça com o tema do filme *Morangos Silvestres*, obra-prima de Ingmar Bergman. E Jorge Andrade se dirige, assim, para a elaboração de um instrumento cênico próprio.

Admite o Autor que *Rasto Atrás* seja a síntese de uma linha de textos cuja cronologia de acontecimentos remonta a *Pedreira das Almas.* Nessa peça, de sabor épico, habitantes de uma cidade mineira (São Tomé das Letras) a abandonam, depois de esgotados os veios auríferos, para instaurar uma nova civilização agrícola no Planalto, dando início ao que seria o ciclo do café paulista. Desse filão, fazem parte *Os Coronéis,* ainda não escrita, e *A Moratória* e *O Telescópio,* flagrantes da crise que derruba esse mundo, além de *Vereda da Salvação,* onde o problema agrário é fixado sob a perspectiva do colono e não mais dos donos da terra. Outra linha de peças vem de *O Sumidouro* (ainda em elaboração), cujo protagonista é o bandeirante Fernão Dias Pais. *A Escada, Senhora na Boca do Lixo* e *Os Ossos do Barão* põem em cena seus descendentes, podendo-se afirmar que *Os Coronéis* tratará da fusão deles com os mineiros saídos de *Pedreira das Almas,* e *Vereda da Salvação* é também o reverso de seu mundo. Essa linha terá a sua síntese em *Usofruto*, obra ainda não escrita, realizando-se a síntese geral dos dois troncos em *A Barragem.*

As outras obras de Jorge Andrade, não incluídas nessa sinopse, continuam o painel histórico para encarar a realidade social do momento. *O Incêndio,* de que o autor fará ainda uma nova versão, estuda a época através da proliferação dos partidos. *Sapato no Living* se voltará para os problemas da adolescência. *Os Avaliados* tratará da educação – a luta das novas proposições pedagógicas contra a mentalidade estabelecida pelo processo histórico e social vigente. *O Professor Subversivo* colocará a questão do negro em nossa estrutura, continuando o tema anunciado em *A Escada* entre Isabel e Omar, e, sob o ângulo do imigrante, já ampliado em *Os Ossos do Barão* entre Isabel e Martino. *As Colunas do Templo*, uma das primeiras peças de Jorge Andrade, cujo tema é o crédito, será reformulada, mostrando onde foram parar os descendentes dos dois ramos e fazendo um estudo econômico e humano da situação. *O Náufrago* retomará o Marcelo de *A Moratória,* no frigorífico, para examinar o problema operário. Por fim, em *As Confrarias,* Jorge Andrade tentará apresentar sua meditação sobre o homem e seu destino, abalançando-se a propor a sua "filosofia".

Esse enunciado deixa clara a inter-relação dos textos, embora cada um guarde a sua autonomia e se baste como unidade dramática. Explica ele, porém, porque uma personagem, esboçada numa peça, será desenvolvida em outra, posterior. Lembre-se que o próprio Vicente, protagonista de *Rasto Atrás*, é coadjuvante em *A Escada*, já com traços que foram agora ampliados. Talvez esse procedimento seja a causa de uma certa insatisfação que ainda sentimos com *Rasto Atrás*.

Ao observar o mundo à sua volta, Jorge Andrade procede com atenção e espírito recriador dos mais louváveis. Suas personagens são consistentes, despidas de sutileza psicológica mas com aquela garra de quem possui uma natureza autêntica e inteiriça. Vicente, contudo, deveria conter outros elementos, por ser sua autobiografia. Vê-se o dramaturgo inscrito numa realidade objetiva, da família, do passado e do trabalho. Há informações reveladoras sobre uma série de dados concretos – o matrimônio, o comportamento com os filhos, as dificuldades materiais, o magistério, o drama do fracasso de uma peça, a luta com os empresários teatrais e os produtores de televisão. Vicente, não obstante, é quase um clichê de dramaturgo, com uma série de episódios biográficos que têm um interesse reduzido. A vocação poética revelada na infância, a solidão, a incompatibilidade com o pai, a procura insatisfeita de novos horizontes, o êxito profissional que não suprime a dúvida – tudo isso faz parte da vida *exterior* do dramaturgo, precisando ser iluminado por uma visão do mundo. Está claro que a bastardia inerente a qualquer escritor se insere na peça (aristocrata e fascista, para uns, e subversivo para outros), e que não aceita ele o obscurantismo da caça às feiticeiras. Na tragédia que é realizar-se literariamente num país subdesenvolvido, surge também aquilo que poderia ser considerado egoísmo inevitável com a família (a mulher que paga qualquer preço pela carreira do dramaturgo e o filho que se queixa da pouca atenção recebida). Falta ainda a projeção do escritor no presente e no futuro, um sistema de idéias para sustentar o trabalho artístico e a sua maneira de encarar a sociedade e o lugar do homem na terra. É necessário mais do que a idéia implícita de que todo homem é um caçador, e precisa voltar com a caça, ao fim da jornada. A realização é a escolha, para cada um, de sua caça particular, pela qual paga um preço, como se ilustra sobejamente no caso de João José e Vicente. Essa lacuna foi apontada, também, em *Depois da Queda,* testemunho bastante diluído, sob esse prisma, da "filosofia" de Arthur Miller.

Jorge Andrade anuncia uma meditação mais profunda em *As Confrarias* e é legítimo esperá-la, já que poucos dramaturgos brasileiros têm mostrado como ele uma consciência tão clara da obra a realizar e de suas implicações artesanais. Por enquanto, o autor define uma responsabilidade de intelectual, que se debruça sobre a própria vida e a traz, sem véus embelezadores, para o palco. A franqueza em expor certos desvãos menos confessáveis da personalidade engrandece a tarefa empreendida, numa literatura tão pobre de documentos autobiográficos, em que essa, por certo, é a primeira tentativa de mérito no gênero, dentro do teatro. E o apuro do texto, no seu complexo mecanismo, demonstra por si a maturidade do dramaturgo.

24. Revisão de *Vereda*

Para chegar à forma definitiva de *Vereda da Salvação,* encenada pelo Teatro Brasileiro de Comédia em 1964, Jorge Andrade percorreu longo e penoso itinerário artístico, em que se atingiram aos poucos seguros efeitos teatrais e o significado mais autêntico dos problemas trazidos ao palco. Oitava versão de uma série iniciada em 1957, a peça que agora se edita apresenta o testemunho do autor sobre uma realidade da qual se distanciou suficientemente para, sem perder seu estímulo, extrair um mundo estético autônomo, informado por um sentimento claro da aventura humana.

Esclareça-se desde logo: *Vereda* recria, ao nível de um grupo de colonos, no interior de Minas Gerais, o drama do Calvário. Blasfêmia? Pretensão desmedida? Pode-se afirmar que nenhuma das hipóteses se aplica ao texto. A sugestão desse tratamento partiu dos próprios episódios ocorridos em Catulé, na fazenda São João da Mata, pertencente ao município de Malacacheta. Meeiros que eram membros da Igreja Adventista da Promessa, exaltados pelo ardor religioso da Semana Santa, mataram quatro crianças, que estariam possuídas pelo demônio, e reviveram à sua maneira a Paixão bíblica. A polícia, chamada pelo fazendeiro, liquidou com as armas aquele desvario e o tema, depois da exploração sensacionalista de alguns jornais, se prestou a exegeses psicossociológicas de grande interesse.

Jorge Andrade, atraído pela potencialidade dramática dos acontecimentos, documentou-se no volume que enfeixa, além de outros ensaios, capítulos de Carlo Castaldi, Eunice T. Ribeiro e Carolina

Martuscelli sobre "o demônio no Catulé"[1]. A leitura dessas pesquisas, feitas com rigor científico, já sugere a admirável teatralidade das personagens e das situações, as quais o dramaturgo soube aproveitar com aguda intuição dos reclamos e do rendimento cênicos. Na peça, a história real aparece despojada da ganga impura que sempre cerca o quotidiano, para ressoar na limpidez do universo artístico. Mais um *fait divers* que, na senda de *Madame Bovary* e *O Vermelho e o Negro,* se transfigura em obra de arte.

Na passagem da realidade ao teatro e da primeira à ultima versão o autor mostra o seu amadurecimento, que pode ser surpreendido nas sucessivas mudanças e na nitidez sempre maior do alvo. Ao crítico é prazeroso verificar como, por exigência dramática, a narração dos fatos se modela à economia dos diálogos e, para total eficácia, a estrutura se altera, com o objetivo de envolver num crescendo o espectador. As insuficiências dos tratamentos iniciais, debatidos pela gente de teatro, antes que o autor escrevesse o texto definitivo, talvez fossem responsáveis por uma certa saturação, que prejudicou a estréia do espetáculo paulista. É sabido que Jorge Andrade, desejoso de trabalhar suas peças, discute-as com amigos e críticos, e guarda do debate o que lhe convém. As dificuldades da montagem adiaram numerosas vezes a apresentação de *Vereda,* e o lançamento se deu quando ela quase submergia à fama de obra-prima irrepresentável. O malogro financeiro da encenação do TBC ilustrará um dia, por certo, uma sociologia do teatro. Não é simples definir-lhe as causas, e os depoimentos contraditórios apenas alimentam a confusão. O relato sucinto do que se passou visa, em última análise, a facilitar o exame do próprio texto.

Muitos apreciadores da peça atribuíram o fracasso à encenação. A sobrecarga de marcações, o excesso de movimentos, sugerindo que o espetáculo estava *over-acted,* teriam provocado, paradoxalmente, a frieza do público. Os diálogos não atravessaram a ribalta – é o que resume, em geral, esse gênero de críticas. Não cabe esquecer, porém, que dos poucos espectadores presentes cada noite, fora alguns que saíam ostensivamente da platéia, ao fim da primeira parte, a maioria se demorava em aplausos, numa prova de completa adesão. A bolsa de opinião registrou porcentagem muito expressiva de apoio à montagem. Algo diverso, portanto, sucedera, e não há indícios precisos para se fugir ao campo das conjeturas.

Certa conspiração subjetiva contra o espetáculo não pode ser omitida. A matéria de *Vereda* se aparentava, numa análise superficial, à dos panfletos reivindicatórios repudiados pela nova situação política do País. A própria diretoria do teatro reconheceu, num comunicado, antes que houvesse tempo para se aferir com exatidão a acolhida do

1. *Estudos de Sociologia e História,* São Paulo: Anhembi, 1957.

público, a inviabilidade total do espetáculo. Nos meios teatrais, mais que a reserva ao texto, vigorou um franco repúdio ao método de ensaios, que adotava exercícios para perda de auto-estima inaceitáveis aos olhos de muitos atores. Argumentava-se que, se desse resultado tanta "loucura" na busca dos meios interpretativos, tudo o que apelasse para os sistemas tradicionais ou comuns de trabalho teria a marca inevitável do academismo ou da inépcia. E era necessário defender a arte do desempenho das aberrações de qualquer natureza.

A verdade é que, tivesse ou não havido exagero no preparo do elenco, transparecia na montagem apenas a profunda identificação com os papéis. Todos os atores estavam integrados no espírito da encenação, o que valeu ao conjunto a homogeneidade e um equilíbrio raros no palco brasileiro. Provavelmente o público, sensível à propaganda oral, que se costuma considerar a mais produtiva no teatro, afugentou-se diante das implicações de *Vereda*. Um dado certo a respeito do nosso movimento cênico é que ele se destina a espectadores financeiramente favorecidos. Público popular, no Brasil, é uma ficção. A platéia que, durante mais de um ano, prestigiou *Os Ossos do Barão* (comédia do autor, que antecedeu *Vereda* no cartaz), assistia a uma aliança do imigrante enriquecido com a aristocracia em declínio – aliança que preservava os privilégios e lhes abria os horizontes com a passagem de uma rústica economia agrária para a sólida produção da indústria. A perspectiva de *Vereda* não é mais, como a de *A Moratória, o Telescópio, Pedreira das Almas* ou *A Escada,* a do fazendeiro (mesmo o fazendeiro decadente), mas a do colono, a do antigo posseiro que perdeu as terras, para tornar-se mero agregado. Para um público que guarda tantos vínculos com a aristocracia rural, *Vereda* parece quando menos chocante, senão um desagradável desafio, que se prefere não ouvir. Tanta exibição crua de miséria, num grupo reduzido à subumanidade, e que por desespero mistura o infanticídio com o exorcismo, deve provocar mesmo a repulsa numa platéia afeita ao teatro como divertimento.

A peça foi escrita, sem dúvida, para desagradar, para bulir com os nervos do espectador. O primeiro movimento deste é de contração, no ímpeto de negar aquela realidade. Não só episódios verdadeiros sustentam a ação, mas também logo se impõem a coerência e a verossimilhança artísticas, e a entrega se torna quase compulsória. Do horror à história retratada passa-se a uma profunda simpatia pelos protagonistas, e o esquema, assim, se aparenta ao da tragédia clássica.

Já na primeira versão de *Vereda* se encontram os ingredientes essenciais. Jorge Andrade tem a cautela e o faro de ficcionista para temperar as intenções maiores com uma dosagem objetiva de instintos e de fenômenos puramente naturais. Sustenta a trama um conflito de caracteres próximo do prosaico, uma inter-relação de personalidades que se basta no território humano. O substrato do grupo do Catulé não se diferencia das motivações psicológicas responsáveis pelos atritos normais em todas as coletividades – o desejo de poder, a luta pela liderança, o ressentimento do fraco contra o forte, os problemas de sexo extravasando em atitudes públicas, a procura de um sentido para a vida. Manoel fora o chefe, escudado na autoridade pessoal, na confiança de que gozava diante do proprietário da fazenda, no porte viril e nos demais atributos que distinguem ordinariamente o homem. Entretanto, todo esse mérito não era suficiente para modificar o *status* dos meeiros, sem valimento em face das circunstâncias adversas. Quando as soluções terrenas não se mostram exeqüíveis, ganham corpo as fugas sobrenaturais e o grupo do Catulé se dispõe a abdicar os valores palpáveis, em troca da prometida felicidade eterna. A melancólica permanência no efêmero é contrabalançada pela crença na salvação da alma, verdadeira vingança contra os sofrimentos do corpo. E, para que a verdade salvadora seja mais acessível, tanto maiores devem parecer as privações. Num aglomerado que já desesperou das melhorias materiais, o chefe cede lugar ao líder religioso, e Manoel se eclipsa em face de Joaquim. Uma disputa em termos correntes exaltaria o primeiro, para humilhar o segundo. Mas os padrões rotineiros se subvertem, na ordem religiosa, e nela a fraqueza de Joaquim se transforma em signo de preferência para a divindade. Joaquim furta-se ao domínio de Manoel pelo pretenso contato com o paraíso, e sublima a impotência, a incapacidade para o trabalho e a fixação materna (certamente explicáveis por um desvio alimentado na miséria ancestral), pela certeza de que Deus o libertará das amarras terrenas. Nesse primário universo maniqueísta, a terra inimiga surge como sinônima de demônio, enquanto o céu simboliza a bem-aventurança divina. Por isso o pecado medra por toda parte e a luta precípua do homem se concentra em extirpá-lo. A inconsciência do mecanismo social (condicionada também pela ignorância) determina esse deblaterar inglório, em que o simulacro de salvação redunda apenas em sacrifício da corporeidade.

As várias personagens não estão na peça para ilustrar um problema teórico ou para oferecer a réplica aos protagonistas. Jorge Andrade soube transmitir-lhes consistência carnal, e assim os conflitos, antes de alcançarem uma ressonância transcendente, se resolvem sem peias no plano das relações humanas. Dolor se esforça lucidamente para poupar o filho Joaquim do mergulho no nada, mas embarca no seu desvario, ao ter convicção da impossibilidade de um recuo. Já que seu único filho, o que restara das perdas sucessivas nas várias fazendas, não era mais recuperável na esfera terrena, ficava-lhe a saída de abraçar a mistificação, consolo para quem se vedaram os desfechos racionais. Em *Vereda,* todos se iludiram como processo inconsciente de autodestruição (por não saberem o caminho da revolta), salvo Dolor, solidária com o grupo e sobretudo com o filho, ao perceber que haviam sido rompidos os últimos liames com a realidade.

A primeira versão da peça satisfaz-se mais no âmbito psicológico. Dividida em três atos, no fim do segundo Joaquim tenta o vôo impossível, que o libertaria das contingências terrenas. Como não lhe é facultado desvencilhar-se da matéria corporal, aos olhos de todos permanece preso ao círculo do pecado. Depois que o grupo tenta isolar o demônio, o fracasso de Joaquim faz recair nele a suspeita de que o abriga e o assobio com o qual ele atravessa o espetáculo se transmuda em símbolo evidente da possessão. Mesmo o massacre posterior dos agregados pela polícia, instrumento da ordem dominante, não altera a tônica psicológica da presença do demônio em que se preocupava apenas em identificar nos outros. Era reduzido o alcance social desse primeiro tratamento.

Uma das conquistas da forma atual está no desnudamento mais amplo da realidade. Reconhecer que Joaquim é o possuído, mantém os episódios na esfera mística do grupo. Bastou ao autor inscrever as criaturas do Catulé no universo da fazenda, que ao mesmo tempo as contém e as rejeita, para encontrar o verdadeiro demônio. Uma acusação direta. Além de primária, incidiria nos alistamentos políticos deformadores da expressão artística. Ao abranger toda a realidade, a peça apontou implicitamente no sistema a causa dos males. O mecanismo econômico e religioso posto em andamento é o responsável evidente pelas contrafações do grupo.

Nesse aspecto, o texto acompanha de perto as exegeses sociológicas. Quanto às relações individuais, na base da rivalidade entre Joaquim e Manoel se encontra a mágoa pela tomada de terras, que o proprietário determinou ao último contra o primeiro. O catolicismo, sem meios para exercer a catequese e sendo a religião "oficial" dos donos das fazendas, não serve aos interesses contrariados do grupo, que perdeu a posse da terra. A impraticabilidade da racionalização conduz a um culto mais severo, no qual o sofrimento equivale ao castigo por culpas remotas. O adventismo da Promessa não supõe, em sua prática, os ritos exasperados a que chegaram os meeiros do Catulé. Mas a ética inflexível que prescreve favoreceu, naquelas circunstâncias específicas, o enlouquecimento místico da comunidade. Até então, segundo o relato sociológico, os fazendeiros preferiam os adventistas a outros agregados, pelo comportamento ordeiro, com o combate ao vício da bebida e o desejo de conformar-se aos mandamentos bíblicos. Na Semana Santa, antes da viagem purificadora ao Tabocal, onde ouviriam as palavras do enviado da Capital, aqueles "crentes" precisavam despir-se dos pecados, e as normas previam o jejum e o pedido coletivo de perdão, confessando-se publicamente as faltas. Acontece que, perdido o equilíbrio entre a satisfação espiritual e as exigências físicas, a conduta se desgoverna e o homem se torna presa da irracionalidade. Os "irmãos" do Catulé privaram-se de tal maneira dos alimentos terrestres que a mente girou no vazio, e a recusa tão absurda da convivência explodiu no autoflagelo coletivo. Os melhores e mais dedicados colonos passaram, ironicamente, a denunciantes involuntários do desumano estatuto do trabalho.

Vereda expõe os acontecimentos na sua inevitabilidade trágica, dada a lei que vigora. Na última versão, o espetáculo foi dividido em duas partes, ritmo que se coaduna melhor com o preparo e o clímax do desfecho, sem o repouso comum dos terceiros atos, depois que o segundo opôs os antagonistas. Transferindo a tentativa de vôo do final do segundo ato, na primeira versão, para a cena sobre a qual desce o pano, na última, Jorge Andrade realizou a síntese dramática mais contundente. Reconhecido o malogro da imaterialização, no tratamento inicial, o diálogo não pode fugir ao comentário, isto é, à conversa. A chegada da polícia, no fim da peça, não consegue mais sacudir o marasmo que se instalara, depois que se fechou a "vereda da salvação". No texto encenado, são simultâneos o ensaio de vôo e a resposta pela bala. O grupo, de um lado, quer escapar da terra para a viagem ao céu, e de outro os tiros policiais tornam premente a realidade. Alcança extraordinário efeito patético aquele despojamento das roupas e dos acessórios terrenos, para propiciar-se a leveza alígera, em contraste com a dura chamada dos tiros à condição humana, num momento em que a recusa celeste representa materialmente a queda do corpo no solo e a mistura do sangue com a terra.

Os caracteres foram também melhor elaborados para que *Vereda* se transmitisse sem equívocos. O exame psicológico não revela nenhuma incoerência ou omissão, que prejudicariam a clareza e a autenticidade dos episódios. Cada papel desempenha uma função precisa e seu atrito, nos acontecimentos, enriquece a estrutura dramática. Em quase todas as personagens ressumam traços de criações anteriores do dramaturgo, mas essa volta aos mesmos motivos dá a medida do hausto profundo em que se banharam. Íntimo da vida do campo, em que seu mundo é o do fazendeiro, Jorge Andrade não precisou violentar-se ou repelir as próprias origens, a fim de oferecer essa imagem. Como substrato, falam-lhe mais as constantes da natureza humana, certo denominador comum de toda a espécie, mais que as diferenças produzidas pelos diversos condicionamentos. Sem querer tirar-lhes a especificidade ou lançá-las na armadilha dos valores eternos, essas personagens, por certo, se entrechocam num terreno que transcende a rígida separação de classes e marcham para os arquétipos. Daí as implicações psicanalíticas, ressaltadas com mais freqüência no estudo de criaturas oriundas das classes economicamente superiores, aparecerem com naturalidade nos protagonistas de *Vereda*. Jorge Andrade, arranhando a superfície dos esquemas, investiga um homem menos sectário e mais devedor da totalidade da condição humana. Vale a pena precaver-se contra a possível altissonância desse conceito, já que os escritores que o proclamam preferem o conforto de uma tragicidade avessa ao reconhecimento das lutas sociais. Não é desagradável admitir a incomunicabilidade dos seres, quando ela conserva os privilégios. Os personagens de *Vereda da Salvação* se fundam na miséria da natureza humana, mas depois de conscientizar a miséria provocada pela ausência de meios dignos de vida. Não se trata, portanto, de filosofia escapista, tão ao feitio da literatura haurida nos eflúvios do individualismo. O dramaturgo realiza a fusão das pesquisas sociais e das sondagens ontológicas, num universo amplo em que o homem moderno não pode deixar de ser o produto da coexistência dos vários sistemas e teorias.

São quatro as personagens maiores de *Vereda:* Manoel, Artuliana, Dolor e Joaquim. Enquanto a situação se acha mais próxima dos elementos terrenos, o primeiro casal domina a cena. À medida que se impõe a fuga mística, mãe e filho tomam a dianteira, e os outros se curvam à sua influência. Não obstante as características atribuíveis à origem social, essas personagens se ligam por parentesco a outras figuras da dramaturgia andradina. Aqui e ali percebem-se sugestões aproveitadas de experiência anterior e se notam, nos textos mais recentes, ressonâncias das falas de *Vereda.*

Artuliana tem muito da Lucília de *A Moratória,* bem como parece uma ascendente de Izabel de *Os Ossos do Barão.* Os laços entre elas se explicam facilmente: são todas realistas. Nenhuma se ilude com sonhos impossíveis, mas sabe com exatidão o que almeja. A mulher apresenta mesmo essa função no teatro de Jorge Andrade – presa à terra, à origem, à imanência, constrói o seu mundo a partir de dados objetivos, e vence ou é derrotada com lucidez. Artuliana quer Manoel, o homem, apesar da idade, mais viril do grupo. E outro denominador das heroínas do dramaturgo é que pouco se abandonam como amantes – logo se exprimem na categoria de mães. A união dos sexos de imediato se abre à imagem dos filhos que vão nascer. O primitivo que é o autor desconhece as flutuações proustianas do sentimento ou a perplexidade contemporânea do cinema de um Antonioni. Os vetores do instinto ou da sensibilidade se organizam numa única direção, e dela não se afastam, pelos tão comuns apelos da morte em vida e do desgarrante efêmero de cada impulso. O papel de Artuliana é, assim, o de protestar pela verdade, pela desmistificação do meio, pela defesa de seu direito ao amor, visualizado na esperança de dias melhores em terras do Sul. Se ela sucumbe, é que no grupo não há mais lugar para nenhuma existência e o seu apelo à realidade ressoa no vácuo. A personagem vibra no palco pela firmeza granítica, sem zona obscura que separe o instinto do conjunto da personalidade.

Manoel é feito de seiva semelhante à de Artuliana. Aos cinqüenta anos (o modelo de Catulé tinha sessenta e quatro) já casou várias vezes e acaba de engravidar a jovem. No trabalho, ninguém é mais capaz do que ele. Seu prestígio, por isso, o alça ao posto de chefe natural do grupo, que ele protege e representa nas relações com o fazendeiro. Uma diferença fundamental, porém, o distingue de Artuliana: tamanho vigor não bastou, com a idade, para garantir a subsistência digna da família e do grupo. Como a força pessoal foi impotente em face da pressão econômica, a liderança que exerce fica minada pelo crescimento do misticismo religioso, preso à figura carismática de Joaquim. Manoel se esvazia diante de todos porque não tem capacidade para fazer reivindicações satisfatórias junto ao fazendeiro. Convertido ao adventismo, no que se solidariza com o grupo, dois outros fatores denunciam-lhe a perda de autoridade: a filha Ana permanece católica e o filho Geraldo se rebela contra suas determinações, para acatar o ensinamento de Joaquim. Sem apoio diante de tudo e percebendo, de súbito, a condenação violenta pelo infanticídio ali cometido, Manoel se curva, também, à liderança espiritual do seu anterior antagonista, para fundir-se de vez na irrealidade do grupo. As energias de Manoel se canalizam, depois do protesto inútil, para a identificação com seus semelhantes e a luta desigual e inglória contra os opressores.

Nome inventado pelo dramaturgo, o único não transposto dos relatos verídicos, Dolor encerra o símbolo mais expressivo e mais alto da peça. *Mater Dolorosa* é bem o continente de Dolor, fixada na imagem protetora de um só rebento, salvo da numerosa prole perdida. No início, ela procura defender Joaquim destinando-lhe mulher, integrando-o na ordem natural da coletividade. Ao ver que o filho atravessou a zona do racional, lembra que o pecado está nele e veio dela, porque nunca se uniu em matrimônio ao homem que lhe deu tantas crianças agora mortas. Quando Artuliana a interpela para proclamar a verdade, contudo, Dolor se entrega conscientemente à mistificação, porque não poderá evitar o sacrifício de Joaquim e a morte iludida machuca menos do que a tristeza da realidade. A cena em que Dolor responsabiliza Ana por haver acarretado a interferência da polícia é, talvez, a de mais pungente poesia na peça e uma das páginas antológicas da literatura brasileira. Fala Dolor: "Foi o que deixei nas fazenda: um filho em cada uma. Mas, deixei embaixo da terra, Ana!" Depois, ela acrescenta: "Sou Maria das pureza! Não tive tempo de saber o que é pecado, não conheci outra coisa que penação! Sofri p'ra meus filho nascer... e agoniei mais ainda p'ra eles morrer! A Maria do livro perdeu um filho na cruz... eu perdi oito! Na cruz tenho vivido eu! Demônio! Demônio é esse povo que você foi buscar! Que vai matar meu filho!" O desamparo da vida miserável leva Dolor a concluir: "Joaquim pensa que é Cristo, pois que morra assim! Essa alegria ninguém mais pode tirar dele!" A mãe, geradora num mundo adverso, tem resistência para suportar qualquer embate, mas resguarda o filho da realidade consentindo que ele se refugie na ilusão.

Tanto Artuliana como Dolor ou Ana não se mistificam. Essa última, ainda fiel ao catolicismo, reage com bom senso ao alheamento fanático. Mas no papel destruidor que ela desempenha, à própria revelia, Jorge Andrade mostra o prejuízo de uma lucidez que recorre à compreensão fora de seu meio. Avisando o fazendeiro do delírio infanticida no Catulé – atitude lógica e aparentemente louvável – Ana atrai para o grupo a cegueira assassina da ordem estabelecida.

Joaquim está bastante delineado nos estudos psicossociológicos de que se utilizou o dramaturgo. A recriação cênica atesta, aliás, com rara felicidade, o processo mimético em que se fundam grandes obras literárias. Carlo Castaldi sublinha no ocorrido em Catulé a importância de "alguns fatores de caráter pessoal – por exemplo, os problemas sexuais em Joaquim"[2]. Eunice T. Ribeiro chama a atenção para o conflito entre a liderança religiosa e a social, e a circunstância de que a "entrada, no grupo, da família de Joaquim, que não participava da estrutura anterior, parece precipitar o conflito"[3]. Sabe-se que, em muitas peças, a situação inicial é de aparente calma, logo rompida pelo aparecimento de uma personagem de fora, perturbadora da ordem instaurada. A realidade serve mais uma vez, nesse ponto, a um procedimento da ficção. Afirma ainda a ensaísta: "A crença também fornece novas possibilidades de aquisição de prestígio, criando o *status* de líder religioso, que substitui a antiga figura do líder, que era a do patriarca; e é em torno do problema da liderança que se desenrola o conflito entre o antigo e o novo sistema"[4]. Em termos humanos, essa passagem traz conflito, permitindo à pesquisadora concluir: "Realmente, a primeira agressão que se verifica no grupo é de Joaquim contra Manoel S., a partir do que então os acontecimentos tomam um rumo absolutamente inesperado"[5].

Pode-se afirmar que já existe, no quadro verdadeiro do Catulé, o estofo de uma grande personagem. Pelas limitações do espetáculo teatral, regido pela censura, Jorge Andrade nem poria no palco todas as sugestões reais. Jean Genet, no teatro, não acolheu certas ousadias, que se passaram em Minas e figurariam porventura com brilho no seu romance. Relata Carlo Castaldi que Joaquim começou a masturbar-se, no quarto de Onofre. "Quis que todos vissem o que era o pecado". Depois, passou ao terreiro, e "lá masturbou-se diante dos que tinham ficado do lado de fora, repetindo que todos deviam ver o que era o pecado". Não contente com a libertação, Joaquim confessou que se entregava a essa prática em louvor de Germana, e "abraçou-a, fingindo uma relação sexual"[6]. O delírio não termina aí, e comprova a riqueza e a ambigüidade definidoras das personagens privilegiadas.

2. Idem, p. 39.
3. Idem, p. 66.
4. Idem, p. 82.
5. Idem, p. 83.
6. Idem, p. 87.

Para os objetivos de *Vereda*, o dramaturgo precisava selecionar os episódios, e na escolha ele foi muito bem sucedido. Percebe-se em Joaquim, no começo, o desejo de ferir Manoel. Com a confissão pública dos pecados, ele poderia dar-se por satisfeito, autorizando a caminhada ao Tabocal. Mas, na insistência com que proclama ainda a presença do demônio, há o propósito maligno e sádico de experimentar o próprio poder, em detrimento do antagonista. A peça contém-se por enquanto em motivações puramente humanas.

No correr da ação, afirma-se a vitória de Joaquim. O misticismo presta-se a transformar a fraqueza em força, a insuficiência terrena em signo de sobrenaturalidade. Joaquim, impotente e presa do complexo de Édipo, está apto a manipular esses dados como prova de eleição. Na realidade, Artuliana é sua irmã, mas, para não sobrecarregar as indicações incestuosas, evidentes no comportamento com a mãe, Jorge Andrade aboliu o laço de parentesco unindo-o à jovem, e a pintou como objeto de disputa com Manoel, o que robustece o conflito na área humana. Desde que se identifica a Cristo, saída para as suas frustrações, Joaquim supera os ressentimentos e as mágoas, e passa ao exercício da divindade, onde importa sobretudo a salvação eterna do grupo, incluindo seu antigo rival.

Os outros meeiros do Catulé completam a ambientação, formando o pano de fundo indispensável ao relevo dos protagonistas. Na concentração dos acontecimentos, que vão de um crepúsculo a uma aurora (tempo que se presta, por sua vez, à incidência da simbologia noturna), não caberiam mais do que silhuetas, como são Geraldo, Onofre, Durvalina, Germana e outros, e ainda Homens, Mulheres e Agregados, nem identificáveis por um nome. Como denominador comum, enquadram-se na observação de Carlo Castaldi, colhida em Catulé: "o comportamento do convertido não tem por base uma visão realística da nova sociedade e das novas relações de trabalho, mas funda-se na esperança utopística de que o cumprimento escrupuloso de uma norma de vida lhe há de valer a salvação da alma"[7]. Preceitos muito exigentes fustigam a emotividade, e o grupo se entrega à histeria. A fim de evitar a referência a *As Feiticeiras de Salém,* de Arthur Miller, Jorge Andrade amputou, na versão final, o rodopio das crianças, apelando para o recurso ao demônio quando foram pegas em falta, e que o relato sobre Malacacheta de início lhe sugerira. As reações coletivas, por outro lado, deram-lhe matéria para cenas de violenta dramaticidade, como o pedido de perdão e sobretudo a mudança de nomes. Despindo-se da própria identidade, que os retém num mundo miserável, os agregados transfiguram-se nas personagens bíblicas, para ensaiar inconscientemente a compensação do Jardim do Éden.

7. Idem, p. 129.

O clima paroxístico da ação exigia um diálogo preciso, incisivo, semelhante à corda distendida do expressionismo. Jorge Andrade equilibrou a espontânea telegrafia da linguagem com uma inteligente transcrição do vocabulário popular, que ressoa, em meio ao cotidiano prosaico do público civilizado, como poderoso fluxo de poesia.

A sinceridade literária trouxe a *Vereda* uma carreira de dissabores, sob o prisma político. A esquerda dogmática reprovou na peça a entrega apaixonada ao processo do fanatismo messiânico, sem o corretivo didático de um "afastamento" ou de uma "mensagem" explícita. Era como se o texto, para ser bom, precisasse recorrer às fórmulas brechtianas. A direita julgou petulância tratar da miséria, num período da vida nacional em que haviam sido derrotadas as agitações em torno da reforma agrária. Equívoco, de uma e outra parte. Jorge Andrade trouxe ao palco fatos verídicos, e eles, por si, clamam pela mudança das condições de trabalho no campo e pela premência de um novo estatuto da terra. Se Joaquim e os outros agregados se politizassem, ficariam talvez risíveis, quando o clamor reivindicatório não padece dúvida, na expiação do grupo. Condenar a peça, também, por subversiva, equivaleria a esconder uma realidade, que foi fartamente veiculada nos jornais. O equilíbrio social do Brasil, qualquer que seja a forma de desejá-lo e lutar por ele, deve enfrentar situações como a de Catulé e da obra de Jorge Andrade.

Restaria discutir se essa visão do drama do Calvário não resulta, obrigatoriamente, menor que a narrativa bíblica. Um Cristo das roças não pode ambicionar a grandeza do Cristo verdadeiro, e assim o texto sofreria, na origem, uma diminuição. Os tratamentos modernos não conservam, em geral, a força mítica dos temas antigos em que se basearam. Do ponto de vista da criação artística, seria preferível descobrir os novos mitos que informam a nossa civilização, como se procedeu com *Hamlet, Fausto, Don Quixote* ou *Don Juan. Vereda,* porém, não se cingiu à história do Gólgota, reduzindo-se a recriação empalidecida de um tema que já se marcou de plenitude. Na irrisão dos episódios, no grotesco subjacente ao sublime do vôo inútil encontra uma das tônicas da literatura contemporânea. E se transforma numa das obras mais perfeitas que verberam a angústia do homem no mundo de hoje.

(1970)

25. João Cabral Dramaturgo

É curioso que João Cabral, um dos maiores poetas da língua, tenha afirmado que não se considerava com temperamento de poeta. Para ele, seu temperamento era de crítico. "Meu ideal foi sempre ser crítico literário", disse. E acrescentou, no primeiro volume de *Viver & Escrever*[1], livro de depoimentos dados a Edla van Steen: "Esse negócio que se chama metapoesia, poesia sobre poesia, é uma preocupação de crítico. Escrevi uma quantidade enorme de poemas sobre autores, sobre escritores, sobre pintores".

Concordando com uma observação daqueles que mais seriamente analisaram sua obra, ele confessou: "Há poetas que consideram a criação uma espécie de vômito. Eu acho o contrário: criação é composição. É a arrumação de coisas exteriores, junção de elementos para criar um objeto". E finalizando o depoimento:

> Em geral, os poetas não vêem a poesia como um objeto mas como um documento pessoal, uma expressão direta da personalidade, e tentam traduzir um estado de espírito escrevendo. Ao passo que eu acho que se deve criar um objeto que contenha aquele estado de espírito. Como o pintor faz, como o escultor faz. Eu vejo o poema como uma obra de arte.

Nesta sessão da saudade, porém, deixarei de lado a lembrança do grande poeta, para evocar o homem de teatro, condição que, propiciada pelo auto de Natal pernambucano *Morte e Vida Severina*, o tornou

1. Porto Alegre: L&PM, 1981.

extraordinariamente popular. E sem perda do seu decantado rigor, que em nenhum momento esqueceu.

A primeira tentativa de João Cabral de escrever uma peça de teatro nasceu da leitura do poema *Quadrilha*, de Carlos Drummond de Andrade. Não uma peça convencional, mas do que ele chamou teatro hierático. Trata-se de *Os Três Mal-Amados*, de 1943, logo depois de seu primeiro livro, *Pedra do Sono*, publicado em 1942. São onze monólogos sucessivos de três personagens – João, Raimundo e Joaquim –, num total de 33 intervenções. Só que ele não conseguiu escrever os monólogos das três mulheres, que seriam intercalados com os dos homens, e assim a parte pronta foi aproveitada como poema em prosa.

O auto *Morte e Vida Severina* foi escrito em 1954-1955, a pedido de Maria Clara Machado, que não chegou a encená-lo. Antes que alcançasse o palco, João Cabral fez outra experiência com esse mesmo destino, infelizmente frustrado. O diretor Antônio Abujamra montou, em Madri, um espetáculo com meia dúzia de pessoas enfileiradas de costas para a platéia. Elas se viravam, diziam poemas soltos de Manuel Bandeira, Carlos Drummond de Andrade, Augusto Frederico Schmidt e outros, e davam de novo as costas ao público. A força dramática do espetáculo levou João Cabral a escrever, em 1958-1960, um recital do gênero, denominado *Dois Parlamentos*, que se transformou também em livro. A primeira parte, "Congresso no Polígono das Secas", recebeu a rubrica "ritmo senador; sotaque sulista", e a segunda, "Festa na Casa-Grande", "ritmo deputado; sotaque nordestino". A evidente ironia não esconde a rudeza da temática social nos versos dos cemitérios gerais e dos cassacos de engenho, semelhante à fonte de inspiração de *Morte e Vida Severina*.

O *Auto do Frade*, "poema para vozes", que se passa no último dia de vida de Frei Caneca, um dos chefes da Confederação do Equador, líder da Revolução de 1817, fuzilado no Recife em 1825, foi escrito em 1981-1983 e publicado em 1984, não tendo encontrado ainda, apesar da beleza de seus versos, um encenador que lhe desse a mesma corporeidade cênica de *Morte e Vida Severina*. Por isso, até agora, o auto de Natal é a única obra do poeta a ter transposto com êxito a ribalta.

Para um leitor afeito apenas às regras tradicionais da dramaturgia, ele não parecerá ter recebido tratamento dramático eficaz. Ao invés da concentração típica do palco, *Morte e Vida* narra a caminhada de um retirante da Serra da Costela, nos limites da Paraíba, até o Recife. Severino emigra, na esperança de fugir da "morte de que se morre / de velhice antes dos trintas / de emboscada antes dos vinte, / de fome um pouco por dia". No longo percurso, ele só encontra a morte. De início, um assassinado ("sempre há uma bala voando / desocupada"). Depois, numa casa, cantam excelências para um defunto: "Dize que levas somente / coisas de não: fome, sede, privação".

Severino assiste ao enterro de um trabalhador de eito e ouve o que falam dele: "– Essa cova em que estás, / com palmos medida, é a conta menor/ que tiraste em vida./ – É de bom tamanho, / nem largo nem fundo, / é a parte que te cabe / deste latifúndio. /– Não é cova grande, é cova medida, / é a terra que querias / ver dividida".

Não obstante todas as vicissitudes, em que Severino pergunta "se em vez de continuar / tomasse a melhor saída: /a de saltar, numa noite, / fora da ponte e da vida?", anunciam ao mestre carpina José que seu filho é chegado. E ele fala ao retirante: "é difícil defender, / só com palavras, a vida, / ainda mais quando ela é / esta que vê, severina; / mas se responder não pude / à pergunta que fazia, / ela, a vida, a respondeu / com sua presença viva. [...] / Mesmo quando é uma explosão / como a de há pouco, franzina, / mesmo quando é a explosão / de uma vida severina".

João Cabral, com mestria poética insuperável, vinculou a odisséia do retirante nordestino ao tema universal do nascimento de Cristo. Um Cristo do Nordeste, marcado pelo sofrimento, mas fazendo do próprio ato de existir um sentido para a vida. É forçoso concluir que a poesia enxuta e cortante, composta de apreensões essenciais, resultou no mais belo auto de Natal da História do Teatro, em qualquer idioma.

(1999)

26. Dias Gomes

Embora eu tivesse começado a fazer crítica em 1950, no *Diário Carioca,* devo confessar que ignorava completamente a colaboração de Dias Gomes com Procópio Ferreira, na década de quarenta. Quando o diretor Flávio Rangel me participou que iniciaria a nova fase do Teatro Brasileiro de Comédia, em São Paulo, no ano de 1960, com *O Pagador de Promessas,* imaginei que se tratasse de peça de um dramaturgo estreante. Li com entusiasmo o texto e, antes da estréia, publiquei sobre ele um artigo, no Suplemento Literário de *O Estado de S. Paulo.* Dias Gomes o aproveitou como prefácio em sucessivas edições.

O Pagador tinha a qualidade de trazer um acréscimo expressivo às diversas contribuições à nossa moderna dramaturgia, assinalando-se as de Oswald de Andrade, Nelson Rodrigues, Jorge Andrade, Ariano Suassuna, Gianfrancesco Guarnieri, Oduvaldo Vianna Filho e Augusto Boal. Dramatizava-se o sincretismo religioso e, de outro lado, criticava-se a intolerância, de qualquer inspiração. O autor se afirmava com uma linguagem pessoal, num universo próprio.

A Invasão, A Revolução dos Beatos, O Santo Inquérito e *As Primícias,* entre outras obras, foram consolidando a imagem do dramaturgo, ainda que merecessem diferentes acolhidas de crítica e de público. *Dr. Getúlio, sua Vida e sua Glória,* que teve a parceria de Ferreira Gullar (a remontagem recebeu o título simplificado de *Vargas),* trouxe animador alento para o musical brasileiro, com o achado da narrativa dos últimos episódios biográficos do ex-presidente da República serem vividos por uma escola de samba, cujos membros participam de trama semelhante à histórica. Paralelamente à atividade desenvolvida no teatro, Dias Gomes se tornou o mais popular autor de telenovelas brasileiras de alto nível.

Seu senso de oportunidade o levou a fazer em *Campeões do Mundo,* logo que se efetivava a distensão, o primeiro balanço no palco da política nacional, de 1964 a 1979, sem o recurso à metáfora e a alusões utilizadas nos anos da ditadura militar, objetivando iludir a Censura. A peça debatia o terrorismo e o apoio financeiro de poderosos aos aparelhos de tortura, as várias facções da esquerda e se elas ajudaram ou retardaram o processo democrático, o exílio e a continuação da luta dentro do País. Um belo mural dramático, de um escritor em plena maturidade.

A última incursão cênica de Dias Gomes data de uma década: trata-se de *Meu Reino por um Cavalo,* em que ele problematiza exatamente a crise do homem maduro. Trama sob muitos aspectos confessional, o protagonista Otávio Santarrita parece um alter-ego, a ponto de dizer: "Engajamento não é sectarismo político, maniqueísmo ideológico, realismo socialista, essas bobagens. Nunca embarquei nessa. Mesmo quando militava no Partido, sempre preservei a minha liberdade de criação. Nunca submeti uma peça minha à apreciação de qualquer comitê. Sempre fui um indisciplinado e me orgulho disso. E hoje sou um livre-atirador". A honestidade intelectual de Dias Gomes induz Selma, mulher de Otávio, a observar para ele: "E agora você está apavorado porque não é capaz de fazer nada melhor do que já faz". O dramaturgo não admite nenhuma autocomplacência.

Dez dias antes da morte estúpida, Dias Gomes me contou, ao telefone, que escrevera uma nova peça. Desistimulado ultimamente pelo sistema de captação de verbas para montagem, dessa vez se sentia melhor, porque dispunha de uma produtora. O único problema era o encontro de um ator adequado para interpretar o papel principal e que estivesse disponível. Na televisão, coordenava o trabalho ficcional destinado a comemorar os 500 anos da descoberta do Brasil. No mais, estava muito feliz com a mudança da rua Visconde de Albuquerque para a Praia de São Conrado. Lá, dormia e acordava, como na Bahia natal, ouvindo o barulho do mar.

(1999)

27. Boal: Retrato do Brasil

Todos sabem que *Eles Não Usam Black-tie*, de Gianfrancesco Guarnieri, estreada em 1958, deu identidade artística e cultural ao Teatro de Arena de São Paulo, inaugurando nova fase em nosso palco – a da imposição do autor brasileiro. A ela seguiu-se, em 1959, *Chapetuba Futebol Clube*, de Oduvaldo Vianna Filho, depois de instalado o Seminário de Dramaturgia. As diretrizes iniciais do movimento renovador, distinguindo-o de outras tentativas de afirmação do produto nacional, eram certamente o caráter reivindicatório de melhores condições de vida para os explorados e a linguagem realista, haurida no sistema stanislavskiano, que se estendia ao estilo do espetáculo.

Nesse quadro, a estréia de *Revolução na América do Sul*, de Augusto Boal, na temporada de 1960, significou mudança imprevista de rumo. Conservou-se o forte cunho social da mensagem, mas o veículo se alterou substancialmente. O dramaturgo, a essa altura, já havia assimilado os procedimentos épicos de Brecht, a que transmitiu notória feição anti-realista, e os enriqueceu com os nacionalíssimos ingredientes da revista e do circo. Sob esse prisma, *Revolução* alcançava genuína expressão brasileira.

Espanta o espírito anarquista da obra, que na fatura quase se dissolve em forma anárquica. Estratégias dramatúrgicas, sem dúvida, porque está sempre muito claro o pensamento de Boal. Interessa-lhe acompanhar o itinerário do protagonista, o homem do povo José da Silva, e em sua defesa ele assesta todas as baterias, mesmo contra os que aparentemente se acham do lado dele. E o suposto caos da fragmentação da peça em quinze cenas se organiza pela presença contínua de José da Silva, que amarra o conjunto da ação em torno de sua personalidade. Técnicas semelhantes podem ser encontradas em *Don Juan*, de Molière, que a crítica acadêmica chegou a julgar mal feita, e em *Mãe Coragem*, de Brecht, cuja protagonista se desloca por cenários múltiplos, na busca da sobrevivência.

A postura do autor é radical, sem concessão a nenhum tipo de conveniência. Não se trata de texto que pondere aspectos positivos de um problema, discuta as táticas para se atingir um resultado, tema possíveis exegeses perigosas de sua tese. Na procura da solução para a fome que o devora, José da Silva apela para os deputados, representantes do povo. A peça desmonta o processo eleitoral, desmoraliza o fundo demagógico do discurso político, denuncia a trama de interesses escusos que há por trás de plataformas e acordos. Caberia considerar reacionário esse raciocínio, num momento em que se tenta fortalecer o Poder Legislativo, contra o longo período do Estado autoritário? Analisar sob a ótica dos meios adequados para se alcançar os fins representa não entender a proposta de *Revolução na América do Sul*.

Boal não está fazendo política, no sentido de encontrar o melhor caminho para que José da Silva sinta satisfeitas as suas necessidades. Ele pretende mostrar, brutalmente, o absurdo da situação. Por isso, mobiliza todos os elementos que ajudem seu ardor probante, sem se preocupar em que haja um mal menor do que outro. Tudo conspira para que se tire a vida de seu operário e, assim, ele revida indiscriminadamente, usando as armas da violência, do desmascaramento e da caricatura. Alguns dos fenômenos essenciais do nosso cotidiano estão postos a nu.

Veja-se, por exemplo, o ponto de partida: a mulher incita José da Silva a pedir o aumento do salário mínimo, porque a inflação corroeu o poder aquisitivo para o atendimento dos reclamos básicos. A segunda cena, farsescamente, intitula-se: "Grande Prêmio Brasil: corrida entre o salário mínimo e o custo de vida". Majorou-se o preço das utilidades, porque o salário cresceu, e tornando-se elas menos acessíveis, reduz-se a produção, provocando o desemprego. A culpa seria, então, do operário, que desejou ganhar mais. Ou melhor, da mulher dele, que o obrigou a pedir o aumento. Na lógica desse raciocínio absurdo, a responsabilidade caberia ao filho nascido ontem, que chorava de fome. José da Silva só pode fazer um comentário, entre cômico e patético: "Que garoto safado! Mal acabou de nascer e já está desorganizando as finanças do país".

Outra cena, de forte cunho didático, embora o autor evitasse incluir comentários inúteis, é aquela em que o Anjo da Guarda cobra *royalties* de José da Silva. Acender a luz, escovar os dentes, lavar as mãos, tomar até o nacional café, pegar bonde, ônibus ou táxi – tudo depende do capital estrangeiro. Para matar-se, ele precisaria de um revólver Smith & Wesson. A consciência dessa surbordinação não impede o protagonista de dar gargalhadas, por ter enganado o Anjo. Fala José à mulher: "Imagina se ele descobre que a minha cueca é de *nylon*. Eu acabava ficando nu..."

Na crítica ao processo democrático, dominado pelo poder econômico, o autor registra a falta de sentido da eleição, depois da morte de José da Silva, que se entupiu ao comer com fartura. Não há mais ninguém a governar, morto o protagonista, símbolo do povo. Esse "defunto fundamental" é erigido em estátua, no "Túmulo do Operário Desconhecido". Os chefes políticos rivais precisam descobrir outro trabalhador, para continuarem roubando, e se fixam no coveiro, que também é operário. O ciclo prossegue, sem interrupção.

A peça não faz cerimônia com nenhum recurso dramatúrgico. Se a hipérbole funciona como lente de aumento para se distinguir melhor uma situação, não há por que descartá-la. Realisticamente, não se aceitaria que o operário desconheça o que é sobremesa e tenha um filho todas as semanas. O exagero caricatural acentua o traço de verdade implícita na história. O drama incorreria no risco de tornar piegas a narrativa. A comédia, a farsa deslavada, o riso circense, o quase *sketch* de revista dão ao texto poder corrosivo incomum, de efeito muito mais seguro sobre a sensibilidade da platéia. As canções sublinham a marca popular.

Por que o título? Está patente seu intuito irônico, porque não há revolução verdadeira. Mesmo desejando, em certo instante, tornar-se revolucionário, José da Silva nunca se conscientizou a propósito do significado de revolução. Ele deve ser julgado o tempo todo herói negativo, como, de resto, não há na peça força positiva que se contraponha à crítica demolidora do autor.

Essa verificação não reduz em nada o vigor da prova feita por Augusto Boal. Aliás, no epílogo, à maneira brechtiana, o Narrador diz à platéia: "Lá fora começa a vida; / e a vida é compreender. / Ide embora, ide viver. / Podeis esquecer a peça. / Deveis apenas lembrar / que se teatro é brincadeira, / lá fora... é pra valer". A lição, sem didatismo enfadonho, está dada.

Na explicação que apresenta do texto, Augusto Boal pergunta se será necessária a personagem positiva: "O negativo já não contém em si o seu oposto? Se o Serviço de Trânsito exibe fotografia de desastre, precisará também exibir trevos elegantemente retorcidos, sobre os quais deslizam maciamente veículos recém-importados em velocidade moderada? O desastre basta como advertência". E completa: "Eu quis apenas fotografar o desastre".

Fotografando o desastre, com aguda percepção da realidade, que infelizmente não se modificou em um quarto de século, porque houve apenas uma "revolução na América do Sul"; ou, por outra, não se fez revolução nenhuma, Augusto Boal apresenta um dos mais lúcidos e esclarecedores retratos do Brasil.

28. Plínio Marcos Autêntico

O primeiro dado auspicioso de *Signo da Discothèque* é que Plínio Marcos voltou à dramaturgia com as suas características próprias, que provocaram o impacto de *Dois Perdidos numa Noite Suja* e *Navalha na Carne*. O longo silêncio, cortado apenas pelo frágil roteiro de *O Poeta da Vila e seus Amores*, obra de circunstância, não arrefeceu a garra de um autor que se impôs pela autenticidade e pela violência, empenhado permanentemente em externar sua revolta e seu inconformismo.

Signo da Discothèque retoma a crueza, o vigor, a liberdade do melhor Plínio Marcos. O texto não se intimida com falsas delicadezas, nem esconde as mazelas de um grupo social formado com valores errôneos. O título bem representa uma postura contra a moral (ou falta dela) nascida nas discotecas. Somam-se aí a continua defesa de Plínio contra a invasão do País pela moda estrangeira (os enlatados na televisão e a música de consumo, expulsando a criatividade nacional, por exemplo) e os distúrbios provocados por um gosto alienante.

A reunião, num apartamento em pintura, do operário, do estudante e da jovem encontrada na discoteca, poderia sugerir algo de forçado. Como estabelecer o vínculo entre o pintor e o rapaz de classe média, que não consegue vencer o vestibular? Como ponto de partida, o gosto pelo futebol nivela os brasileiros das mais diferentes classes. E o assunto da conquista feminina representa sempre um elo entre os homens de determinada formação. O estudante, sem meios para obter um local mais apropriado, promete ao conhecido que a jovem surgirá com uma companheira. E o constrangimento possível da situação se vence pela naturalidade com a qual o diálogo se estabelece.

A inadequação do apartamento torna-se mais um fator representativo da brutalidade com a qual se processa a conquista da jovem. Não importam as condições do encontro, mas que ele produza o resultado que se espera. Há, no caso; uma crítica implícita ao "machismo" brasileiro, que utiliza a mulher como objeto, não cogitando da participação dela como parceira. E, se só cabe usufrui-la, não se coloca impedimento para que os dois homens se revezem na posse.

As personagens estão delineadas com o costumeiro poder de observação de Plínio. Dir-se-ia quase estereótipos de um certo comportamento social, se o autor não tivesse o dom inato de humanizar as suas criaturas. O estudante padece a humilhação das derrotas sucessivas no vestibular, porque o pai repressor o obriga a trilhar um caminho contrário a seu impulso vocacional. O pintor se basta na sua inconsciência, longe de uma reflexão séria sobre os limites do cotidiano que o levam a viver. E a jovem tenta, nessa aventura, a fuga do trabalho de balconista, sem pensar nas conseqüências de um encontro com um quase desconhecido. É ela, de certa forma, a personagem mais realizada, porque seu espanto diante da agressão revela o absurdo do conflito criado.

Uma qualidade suplementar do texto está na descontração, na falta de compromisso com um pretenso teatro maior. Plínio se vale de uma comicidade simples, que não receia apelar para o anedótico, se o diálogo o pede. Assim, a ação progride por meio de réplicas sempre engraçadas, que provocam sem descanso o riso do espectador. O elemento humorístico tão pronunciado acrescenta uma faceta nova ao teatro de Plínio. E quebra a possível melodramaticidade da "curra" pelo toque indisfarçado da brincadeira.

Como situar a peça, então, na obra do dramaturgo? Com inteligência, Plínio qualifica *Signo da Discothèque* como reportagem. O cunho jornalístico, de observação objetiva dos fatos, pouparia o compromisso com o ensaio mais aprofundado. A reportagem aí está, funcional e lúcida. Algo falta, porém, para a plena realização do texto. Ele não adquire a densidade de *Dois Perdidos* ou de *Navalha*. Essas duas peças se desvinculam de um pretexto imediato e particular para se inscreverem num universo mais atemporal e genérico. Se Plínio tivesse trabalhado com menos pressa as cenas finais, enriquecendo-as com novos diálogos, talvez *Signo da Discothèque* alcançasse a definição de obra-prima.

29. O Lugar da Palavra no Teatro

Não é de hoje a disputa sobre o lugar da palavra no teatro. À primeira vista, o problema pareceria até impertinente: se a presença física do ator define o fenômeno cênico e se o homem utiliza a palavra para comunicar-se, por que a dúvida a respeito da utilização de um veículo essencial? A questão, porém, não é apenas a da legitimidade do uso da palavra. Discute-se o grau de importância que ela deve ter no espetáculo. Seu excesso desfigura a teatralidade, para abater o ator sob um pesado fardo literário. E a escassez da palavra apela para a mímica ou para a dança, que já são artes diferentes, com linguagem específica. Em princípio, há uma dose ideal para o perfeito rendimento da palavra no teatro.

Em nossa tradição ocidental, a tragédia grega do século V a.C. parece ter representado o mais correto conceito de equilíbrio do espetáculo, como síntese de vários elementos artísticos. Deixando-se de lado a cenografia e a indumentária, o desempenho propriamente dito reunia o diálogo, o canto e a dança, num ritmo interno de total eficácia. Depois que um episódio fazia a ação progredir, através do diálogo, o estásimo atribuía ao coro, por meio do canto e da dança, a função de comentar o sucedido e tirar as ilações. Preparava-se com mestria a descarga emocional, ao mesmo tempo que o exemplo da fábula lhe permitia refletir. Aqueles que dizem que o teatro épico de Brecht (1898-1956) foi o primeiro convite à meditação lúcida, enquanto o teatro dramático tradicional só fez mergulhar o público em torpor ilusório, desconhecem o papel didático exercido pela tragédia grega. Só que sua lição se baseava em outros fundamentos religiosos, políticos, filosóficos, éticos e sociais. E Brecht deu maior ênfase à análise racional dos conflitos.

Quando um dramaturgo escreve um diálogo, sua intuição faz que as palavras se sucedam nele para serem ditas. O diálogo de um romance, inserido na narrativa, não precisa ter o apelo coloquial, imprescindível para que o ator pareça uma criatura viva no palco. Muita coisa fica apenas sugerida, para que um gesto ou um olhar completem a metáfora cênica. Qualquer pessoa acostumada à leitura de textos sabe quando ele é teatral ou não funciona na representação. Está, claro que há exceções e que se costuma brincar, afirmando que um bom ator transmite vida até a um catálogo telefônico. Mas há uma qualidade essencial do diálogo, feita de economia, de carga dramática, de apelo para a réplica, e não de devaneio que prescinde da presença do interlocutor.

Dificilmente um dramaturgo pode ser mais teatral do que Shakespeare (1564-1616), porque ele reduziu o mundo à proporção do palco e ampliou o palco até a dimensão do mundo. Cada uma de suas peças é uma imagem do universo, captado numa linguagem extremamente rica e numa multiplicidade de cenas que já antecipam a narrativa cinematográfica. Nem todos, porém, têm essa visão do teatro shakespeariano. Gordon Craig (1872-1966), um dos maiores teóricos do teatro moderno, escreveu, no livro *A Arte do Teatro* (1911):

> As peças de Shakespeare, por exemplo, diferem grandemente dos antigos "mistérios" compostos unicamente para o teatro. *Hamlet* não pede representação no palco. *Hamlet* e as outras peças shakespearianas são na leitura obras tão vastas e tão completas que não podem senão perder muito ao serem interpretadas. A circunstância de que eram representadas no tempo de Shakespeare não prova nada. As verdadeiras obras de teatro daquela época eram as "máscaras", os "espetáculos", ligeiras e encantadoras ilustrações da Arte do Teatro. Se os dramas shakespearianos tivessem sido compostos para serem *vistos*, eles nos pareceriam incompletos na leitura. Ora, ninguém lendo *Hamlet* achará a peça enfadonha ou incompleta, enquanto mais de um espectador, depois de ter assistido à representação do drama, dirá com pesar: "Não, não é o *Hamlet* de Shakespeare".

Quando não se pode acrescentar nada a uma obra de arte, ela está "acabada", completa. Ora, a peça *Hamlet* estava "acabada" quando Shakespeare escreveu o último verso. Querer acrescentar-lhe o gesto, o cenário, os figurinos e a dança é sugerir que ela é incompleta e tem necessidade de ser aperfeiçoada.

Pode-se não concordar com o juízo objetivo de Gordon Craig a propósito de *Hamlet*, mas sua advertência para a teatralização do teatro teve uma grande importância histórica e aquilo que ele asseverou no começo do século XX assumiu um caráter profético, em face às preocupações dos mais avançados conjuntos em nossos dias. Afirmou ele que "chegará o dia em que o teatro não terá mais peças para representar e criará obras próprias da sua arte". Serão elas as criações coletivas de elencos como o Living Theatre?

Com a passagem do encenador ao primeiro plano, na estética do princípio do século XX, não se pretendeu diminuir o lugar da palavra, mas apenas subordiná-la à visão totalizadora do espetáculo. Gaston Baty (1885-1952), que foi um dos diretores que mais tomaram liberdades em relação à palavra, proclamou, no livro *Rideau Baissé*:

> O texto é a parte essencial do drama. Ele é para o drama o que o caroço é para o fruto, o centro sólido em torno do qual vêm ordenar-se os outros elementos. E do mesmo modo que, saboreado o fruto, o caroço fica para assegurar o crescimento de outros frutos semelhantes, o texto, quando desapareceram os prestígios da representação, espera numa biblioteca ressuscitá-los algum dia.

Jouvet (1887-1951), outro grande encenador moderno, admite em *Réflexions du comédien* que "o escritor é o elemento principal e ativo e o verdadeiro diretor". Outros teóricos advogam com maior veemência a autonomia do palco, sem prescindir nunca do elemento literário. Sabe-se como a carreira de Jean-Louis Barrault (1910-1994) fundamentou-se em textos literários, os quais, às vezes, a crítica julga pouco teatrais, como certas obras de Claudel (1868-1955), embora o encenador seja um paladino do "teatro total", contra o teatro "parcial", psicológico ou burguês. E escreve ele que "nesse teatro completo, o pé do homem é utilizado pelo autor ao máximo, a mão do homem, o peito do homem, seu abdômen, sua respiração, seus gritos, sua voz, seus olhos, a expressão de seu pescoço, as inflexões de sua coluna vertebral, sua glote etc." Ninguém deseja a abolição pura e simples da palavra, nem que ela sufoque o intérprete, que num teatro falsamente literário se transformaria em mero instrumento vocal, com prejuízo de suas totais possibilidades expressivas.

Uma empostação diferente para a palavra se colocou a partir de uma vaga irracionalista, que se espelhou no teatro com o prestígio sempre maior de Antonin Artaud (1896-1948). Com o seu radicalismo absoluto, o autor de *Le théâtre et son double* decretou, categoricamente: "Em tudo caso, e eu me apresso a afirmá-lo de imediato, um teatro que submete a encenação e a realização, isto é, tudo o que há nele de especificamente teatral, ao texto, é um teatro de idiota, de louco, de invertido, de gramático, de merceeiro, de antipoeta e de positivista, isto é, de ocidental". A concentração de sua fúria no Ocidente vem da descoberta do teatro balinês, que ofereceria uma idéia física e não verbal da arte dramática. Para Artaud, o grande erro do Ocidente está em considerar o teatro um ramo da literatura, e o palco a materialização da palavra. O visionário francês tem a convicção de que

> não se trata de suprimir a palavra no teatro, mas de fazer-lhe mudar sua destinação, e sobretudo de reduzir seu lugar, de considerá-la como coisa diferente de um meio de

conduzir caracteres humanos a seus fins exteriores, pois que não se trata nunca no teatro senão do modo pelo qual os sentimentos e as paixões se opõem uns aos outros e de homem para homem na vida.

Está implícito aí que o mundo moderno, não encontrando uma saída no uso pleno de razão, cujo instrumento próprio é a palavra, acabou por apelar para as práticas mágicas, rito encantatório que se aproxima de um certo mito religioso... Daí o palco transformar-se em altar, o espetáculo converter-se em liturgia.

A influência de Artaud exerceu-se, em primeiro lugar, nos autores da chamada vanguarda, que, por motivos diferentes, descriam da palavra. Se a palavra é o veículo natural da comunicação humana e se a incomunicabilidade se mostra característica irrecusável do homem moderno, destruir a palavra se tornou a forma de comprovar a incomunicabilidade. *A Cantora Careca*, *A Lição*, *As Cadeiras* e outros textos da primeira fase de Ionesco (1912-1994) timbraram em decompor o discurso lógico e a palavra, para que o absurdo da linguagem definisse um homem incomunicável. Sartre (1905-1980) e outros críticos de esquerda aceitaram sem reservas a obra inicial de Ionesco, por julgar que ela testemunhava o beco sem saída da burguesia, que substituiu a autenticidade pelo clichê. Não se pode negar, de nenhum modo, que a tentativa de destruição da linguagem verbal tinha em Ionesco um objetivo crítico, de denunciar o esvaziamento da palavra. Depois que ele despiu a palavra das roupagens falsas, passou a utilizá-la com o maior respeito para as indagações sobre o que é para ele a essência da condição humana – o trágico exílio terrestre, a morte, o silêncio cósmico ante a angústia humana. E seu verbo se articulou de novo, a partir de *Rinocerontes* e principalmente em *O Pedestre do Ar*, *O Rei Está Morrendo* e *A Sede e a fome*, para exaltar a grandeza do destino solitário, que se orgulha do estigma com o qual o marcou o silêncio indecifrável da natureza.

A evolução de Samuel Beckett (1906-1989) foi diferente. *Esperando Godot* conseguiu transformar-se, sem dúvida, na obra-prima do teatro do absurdo, por sintetizar a perplexidade do homem contemporâneo, desamparado de qualquer explicação exterior, que o salvaria. Os *clowns*-vagabundos Vladimir e Estragon esperam Godot, que chegaria para decifrar o seu destino. Mas Godot não vem, ao fim da primeira jornada, como não virá, ao fim da segunda, nem – como se pode prever – em nenhum dia. E a falta de justificação para os seus atos paralisa o homem, votado à inércia, porque não há sentido na ação. Em *Esperando Godot*, o Prêmio Nobel de 1969 realizou a síntese do niilismo radical, onde, para o homem perdido no cosmo, só resta a ternura de agasalhar o repouso do companheiro. Depois dessa imagem brilhante do desamparo humano, Beckett não teria muito o que dizer, para ser coerente com a sua filosofia. Seu teatro posterior não repete o feito dessa obra-prima, e ele se volta cada vez mais ao silêncio. Se Beckett fosse coerente, sem fazer uma só concessão, sua filosofia do silêncio o conduziria a exprimi-lo, bastando-se em ficar silencioso no seu recesso solitário. Nascidas de uma contradição insanável, essas obras não podem ter validade, e rescendem o perfume falso de quem exibe com trombetas a própria mudez. Não se consegue levar a sério quem insiste em comunicar que não se comunica... No fundo, Beckett não tem mais o que dizer.

A sociedade em expansão do Brasil dificilmente se reconheceria no teatro do absurdo, embora a maré montante do irracionalismo procure transformar o cotidiano numa aventura sem sentido. As repressões de toda ordem solapam a crença fundamental numa harmonia orgânica, e proliferam as fugas irracionais, triste compensação de um cotidiano emasculado. Esses sintomas que se vêm verificando no teatro começam a inquietar os espíritos preocupados com o futuro, porque indicam uma tendência perniciosa, que na melhor das hipóteses se acompanha na prática de uma aceitação tácita do nazismo. Não há melhor preparação para o domínio nazista do que o inconseqüente exercício das faculdades irracionais. Recentes espetáculos tornaram-se em São Paulo porta-vozes de uma voga de irracionaismo cujos males não se podem ainda avaliar. Ressalve-se a hipótese de que esse cansaço da razão seja a descaída momentânea de quem, ante a impotência diária demonstrada pela palavra, prefere engajar-se nas fileiras do irracionalismo.

José Celso Martinez Corrêa, depois de confessar uma total descrença nas proposições racionais, encenou, no Teatro Oficina, *Galileu Galilei*, talvez a mais racional das peças de Brecht. Ainda bem que o diretor não se mostrou coerente com as próprias declarações. *Na Selva das Cidades*, pertencente à primeira fase brechtiana, expressionista e com forte cunho anárquico, teve ressaltada pelo diretor, no desfecho, a saída irracionalista. Mas era tão lógica e organizada, em cada cena, a construção e a destruição, que se podia pensar numa racionalidade dessa constante, sintomática de um processo social que estava a pedir crítica. E a palavra nunca foi desvirtuada, nesse teatro de invulgar criatividade cênica.

O problema se mostra mais agudo em duas produções posteriores, *Rito do Amor Selvagem* e *Plug*. Na primeira, o autor José Agrippino de Paula acha que a palavra não tem mesmo importância, e por isso deixa que seu sentido se dilua ou se perca no conjunto da expressão corporal. Assim, Mussolini vocifera à vontade, sem que ninguém acompanhe a sua arenga. Gostaria o autor que a realidade histórica tivesse essa característica? Ou o texto, minimizando a força persuasória dos discursos do ditador, acaba por torná-los inofensivos para a platéia, e em conseqüência mais audíveis e aceitáveis? Não cremos que tenha sido intensão do espetáculo, em hipótese nenhuma, justificar ou oferecer sob cores menos sinistras o horror do fascismo. Mas a falta de cuidado com o papel das palavras traz riscos imprevisíveis.

Plug revela um deliberado preconceito contra a palavra. Não é somente o caso da cantora que emite sons, sem articular uma frase. Um grupo teatral interpreta o espetáculo *Júlio César*, de Shakespeare, superpondo de tal maneira as falas, por intermédio de vários atores, que desaparece o sentido lógico do discurso. A arbitrária decomposição das réplicas acarreta a incomunicabilidade.

A História tem demonstrado que todo surto irracionalista se acompanha de um regime férreo, de que são exemplos o nazismo e o fascismo. A razão, de maneira nenhuma, sufoca o florescimento do instinto. O que se precisa é reavaliar o poder racional da palavra, para que ela ajude a nos livrar de qualquer forma de obscurantismo.

TEATRO NA PERSPECTIVA

O Sentido e a Máscara
Gerd A. Bornheim (D008)

A Tragédia Grega
Albin Lesky (D032)

Maiakóvski e o Teatro de Vanguarda
Angelo M. Ripellino (D042)

O Teatro e sua Realidade
Bernard Dort (D127)

Semiologia do Teatro
J. Guinsburg, J. T. Coelho Netto e Reni C. Cardoso (orgs.) (D138)

Teatro Moderno
Anatol Rosenfeld (D153)

O Teatro Ontem e Hoje
Célia Berrettini (D166)

Oficina: Do Teatro ao Te-Ato
Armando Sérgio da Silva (D175)

O Mito e o Herói no Moderno Teatro Brasileiro
Anatol Rosenfeld (D179)

Natureza e Sentido da Improvisação Teatral
Sandra Chacra (D183)

Jogos Teatrais
Ingrid D. Koudela (D189)

Stanislávski e o Teatro de Arte de Moscou
J. Guinsburg (D192)

O Teatro Épico
Anatol Rosenfeld (D193)

Exercício Findo
Décio de Almeida Prado (D199)

O Teatro Brasileiro Moderno
Décio de Almeida Prado (D211)

Qorpo-Santo: Surrealismo ou Absurdo?
Eudinyr Fraga (D212)

Performance como Linguagem
Renato Cohen (D219)

Grupo Macunaíma: Carnavalização e Mito
David George (D230)

Bunraku: Um Teatro de Bonecos
Sakae M. Giroux e Tae Suzuki (D241)

No Reino da Desigualdade
Maria Lúcia de Souza B. Pupo (D244)

A Arte do Ator
Richard Boleslavski (D246)

Um Vôo Brechtiano
Ingrid D. Koudela (D248)
Prismas do Teatro
Anatol Rosenfeld (D256)
Teatro de Anchieta a Alencar
Décio de Almeida Prado (D261)
A Cena em Sombras
Leda Maria Martins (D267)
Texto e Jogo
Ingrid D. Koudela (D271)
O Drama Romântico Brasileiro
Décio de Almeida Prado (D273)
Para Trás e Para Frente
David Ball (D278)
Brecht na Pós-Modernidade
Ingrid Dormien Koudela (D281)
O Teatro É Necessário?
Denis Guénoun (D298)
O Teatro do Corpo Manifesto: Teatro Físico
Lúcia Romano (D301)
O Melodrama
Jean-Marie Thomasseau (D303)
João Caetano
Décio de Almeida Prado (E011)
Mestres do Teatro I
John Gassner (E036)
Mestres do Teatro II
John Gassner (E048)
Artaud e o Teatro
Alain Virmaux (E058)
Improvisação para o Teatro
Viola Spolin (E062)
Jogo, Teatro & Pensamento
Richard Courtney (E076)
Teatro: Leste & Oeste
Leonard C. Pronko (E080)
Uma Atriz: Cacilda Becker
Nanci Fernandes e Maria T. Vargas (orgs.) (E086)
TBC: Crônica de um Sonho
Alberto Guzik (E090)
Os Processos Criativos de Robert Wilson
Luiz Roberto Galizia (E091)
Nelson Rodrigues: Dramaturgia e Encenações
Sábato Magaldi (E098)
José de Alencar e o Teatro
João Roberto Faria (E100)
Sobre o Trabalho do Ator
Mauro Meiches e Silvia Fernandes (E103)
Arthur de Azevedo: A Palavra e o Riso
Antonio Martins (E107)
O Texto no Teatro
Sábato Magaldi (E111)
Teatro da Militância
Silvana Garcia (E113)
Brecht: Um Jogo de Aprendizagem
Ingrid D. Koudela (E117)
O Ator no Século XX
Odette Aslan (E119)
Zeami: Cena e Pensamento Nô
Sakae M. Giroux (E122)
Um Teatro da Mulher
Elza Cunha de Vincenzo (E127)
Concerto Barroco às Óperas do Judeu
Francisco Maciel Silveira (E131)
Os Teatros Bunraku e Kabuki: Uma Visada Barroca
Darci Kusano (E133)
O Teatro Realista no Brasil: 1855-1865
João Roberto Faria (E136)
Antunes Filho e a Dimensão Utópica
Sebastião Milaré (E140)
O Truque e a Alma
Angelo Maria Ripellino (E145)
A Procura da Lucidez em Artaud
Vera Lúcia Felício (E148)
Memória e Invenção: Gerald Thomas em Cena
Sílvia Fernandes (E149)
O Inspetor Geral *de Gógol/Meyerhold*
Arlete Cavaliere (E151)
O Teatro de Heiner Müller
Ruth Cerqueira de Oliveira Röhl (E152)
Falando de Shakespeare
Barbara Heliodora (E155)
Moderna Dramaturgia Brasileira
Sábato Magaldi (E159)
Work in Progress na Cena Contemporânea
Renato Cohen (E162)
Stanislávski, Meierhold e Cia
J. Guinsburg (E170)
Apresentação do Teatro Brasileiro Moderno
Décio de Almeida Prado (E172)
Da Cena em Cena
J. Guinsburg (E175)
O Ator Compositor
Matteo Bonfitto (E177)